穿越古今的法律智慧

马建红 著

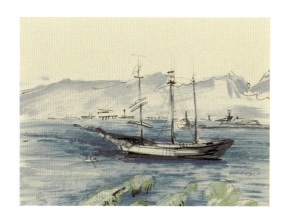

北京大学出版社
PEKING UNIVERSITY PRESS

目　录

推荐序   001

自　序   001

培根的"水流"与"水源"

培根的"水流"与"水源"   003

民众的法律观与法官的"课业"负担   009

打官司的"成本"   014

日本法官的那些事   018

"以法律为准绳"之不易   023

法官的"革命性"贡献   029

法官的"能力"   034

法律"缝隙"漏掉的司法公正   039

责任分配不是"吃大户"   044

法官的"苟且"与"诗和远方"   049

法官是"弱势群体"？   054

谁来缓解法官的道德压力   058

邓析之死与律师职业伦理

邓析之死与律师职业伦理　　065

法治乃律师与法官的共同产品　　071

从"救护车追逐者"到法庭的主演　　075

用心且有效的辩护　　080

于细小中彰显正义　　085

屈原的"宪令"及其他

"普通人"管仲　　093

"恕"之道与法律人的修养　　098

屈原的"宪令"及其他　　103

不可复制的法律人品格　　107

民初城市的"气息"　　112

法学家的风骨　　118

子凭父贵，抑或父凭子贵　　124

"他国的"法律　　130

肯尼迪大法官退休了　　135

大法学家的小故事　　140

"鄙视链"末端的法史学科

法政教育能否"速成"　　147

"鄙视链"末端的法史学科   153

书斋里的"对策"研究   158

守望正义：法律人一生之志业   164

防护栏与救护车

法网之密的利与弊   171

细节中的法制   177

防护栏与救护车   181

"细事"入典   187

非执行难也，实不履行也   192

公共生活中的"底线"

公共生活中的"底线"   199

不止一分钱的事   202

让春天里的花事只剩下美好   208

人生不能无群   214

被讹者的"义务"

因爱之名与人伦之殇   221

我们都需"入境问禁"   226

担不起的担保   231

家庭的守护神 236

骗子年年有，如今特别多 240

被讹者的"义务" 245

只当消费者，不当上帝

诚实守信乃经商之王道 253

我凭什么相信你 258

只当消费者，不当上帝 264

账折与水牌中的商业信用 269

讨价还价与公平交易 274

民间借贷的规制 279

我的价值不多，但也不比你少

与厨房无关的地位 287

我的价值不多，但也不比你少 293

防不胜防的家暴 301

"三八妇女节"里的遐思 307

新时代的女人怎样做女人 313

远去的"江村"风景

远去的"江村"风景 321

何为"中国司法的精神"   *327*

民间习惯与公序良俗   *332*

往日不再来   *338*

如何"古为今用"？   *343*

为"争讼"正名   *349*

乡土社会契约的订立与履行   *354*

情法兼顾之两难   *360*

从身份到契约：我们准备好了吗？   *365*

强扭的瓜是苦的   *370*

彩礼啥的，政府就别管了   *376*

"随份子"之礼尚往来   *381*

Enoch Wood Perry (1831-1915)
The True American

推荐序

武树臣

　　我们党和国家实施的"依法治国，建设社会主义法治国家"的方略，已经有二十余年。可以说，我们每一个人都以不同的方式参与了这一伟大的社会实践，并发挥着各自不同的作用。法律人更是肩负着特殊的使命：一方面以积极的态度投身其中，以自己的方式来推动这项前所未有的事业；另一方面，还要记录、总结和反思这一社会实践，以期为将来提供借鉴。马建红女士的作品《穿越古今的法律智慧》，可以说是兼具二者之功用的一本很有意义的书。

　　这本书中的文章，体裁是杂文或随笔，可读性较强，面对的读者群体比较广泛。但是，仔细读来，不难发现，全书的基本知识范围是以法律人为对象的。我个人把这本书界定为"法律时政评论"。这一点儿也不奇怪，因为作者就是法律人——山东大学法学院的老师。马建红女士虽以研究中西法律思想史为业，但对法律实践领域的时政课题和社会舆论焦点始终抱有极大热情，且文笔犀利、风趣、纯熟。因此，她才能够锲而不舍地坚持著文以见诸报端，如今方得以结集成书。我有幸先览书稿，颇有感触，借此机会，谈几句感想。

建设法治国家，离不开法律人的努力实践。法治建设是一项极其浩大且久远的社会工程，需要社会全体成员的持续参与。同时，这项工程又具有它的专业性。比如立法、司法、行政、法学研究和教育、法律咨询服务、法律宣传等领域，都需要具有专门知识和经验的人来参与其中。法治建设的核心群体是立法、司法、执法人员。他们的业务水平、工作态度和能力，直接决定着法治建设的状态和水平。长期以来，应当说，这个核心群体在知识构成方面取得了质的飞跃。他们在整体上是适应形势发展需要的，而且取得了非凡的成绩。但是，我们也应当看到，作为一名法律专业人员，仅有专业知识是远远不够的，还应当具有相应的阅历和经验。这样才能避免死守法条，避免就案判案而不及其余的简单做法，避免法律与道德价值、社会舆论的对立。阅历和经验的积累，常常表现为对以往的故事先例的总结和研究。其实，今天出现的所谓疑难案件，往往曾经发生过，而且已被较为合适地处理和解决。我们应当注意从以往的经验中去寻找智慧。

建设法治国家，离不开社会文明的整体推进。法治是一种价值观，更是一种社会生活的状态。法治国家不可能仅仅通过立法、司法、执法的过程就自然形成。法治国家一定是社会文明达到相当程度的一种结果。正如我党领导人曾经指出的，我们国家封建历史很长，又是农民小生产者的汪洋大海，在近代没有经历完整的资本主义阶段。新中国成立后，长期实行计划经济，在领导国家的方法上基本是靠政策、干部、群众相结合，没有经历发展市场经济和与之相配套的政治文化建设的完整过程，当然也就没有形成与法治国家相匹配的制度和思想观念。因此，我们一定要清醒地认识到，在我国的国情之下建设法治国家，是一个十分艰难的历史课题。必须咬定青山不放松，稳扎稳打，步步为营。世界各国的经验告诉我们，离开法治是无法建设和管理现代国家的。

建设法治国家，离不开广大民众的参与。我国有十四亿人口，而且大部分人生活在农村。建设法治国家，一定不能忽略广大民众的作用，不能无视广大民众的积极性。法治建设不是少数精英闭门造车，不是艺术家雕刻象牙之塔，不是学者撰写学术论文，不是搞文艺比赛。它是全体人民的共同事业，必须有广大民众参与。怎样才能吸引广大民众参与呢？应当做到以下几点：第一，要让广大民众亲身感受法治国家带来的利益和好处。让广大民众切身体会到他们日常出行、上班、旅游等是安全的，不会遇到抢劫、诈骗、刁难；他们作为劳动者的权利是有保障的，不会遭受非法待遇；他们的财产是安全的，不会无端蒙受损害。第二，要让广大民众懂得，在自己权利受到不法侵害时，如何勇敢地依照合法程序自我保护。要敢于并善于运用举报、委托律师、诉诸媒体等方法，同各种违法行为作斗争。对此，国家公权力应当自觉保护广大民众的权利，而不是害怕、厌恶、不作为甚至排斥广大民众的正当行为。第三，国家各类公权力机关应当建立一套密切联系广大民众的机制，经常了解广大民众最关心的问题，及时解决他们反映的问题，果断处理民众举报的违法事件，不拖延，不推诿，不官官相护，这样才能得到广大民众的理解和支持。法治建设只有得到人民发自内心的拥护，才能具有雷打不动的生命力。

建设法治国家，必须科学地认识处理"法"与"人"的关系。从宏观角度来看，治理国家的总方针是"法治"。就公认的普遍含义而言，"法治"的本质特征是法具有无上权威，排斥超越于法律之上的其他权力，特别是个人意志。从微观角度来看，"法治"不是在一般意义上否定人的作用。恰恰相反，一个忠于法律而严格依法办事的国家公权力群体，是实现"法治"的核心力量。同时，法律值得敬畏，却不可被盲目崇拜，因为法律本身具有局限性——它既不可能包揽无遗，又难以随机应变。因此，必须以"人"的主观能动作用来补救。孔子说："其人存，则其政举；其人亡，则其政息。"孟子说："徒法不足以自行。"荀子说："法者，治之端也；君子者，法之原也，"朱熹说："未有无弊之法，其要只在得人。"因此，在法治建设过程中，国家必须拥有一大批忠于法律、通晓法律的法律人，这样才能保证法治建设的正确方向。

此书付梓之际，马建红女士希望我作序。我不揣冒昧，写了这些文字。

自　序

对于法律学人来说，从来不缺少言说的话题。举凡日常生活中发生的大事小情，其背后都有值得探究的学理，凡研习所得，皆可落笔成文，或洋洋洒洒，撰成论文专著；或笔调轻松，来篇随笔时评。

一般人印象中的法学，是呆板的，严肃的，中规中矩的；当一个人在讲学理的时候，似乎应该正襟危坐，不苟言笑。这是因为，法律的面孔总是那么"刚性"，让人不敢有半点儿随性轻忽。至于说理的文字，也似乎只有高头讲章，才能担得起"学术"的分量。

然而，板着面孔的法学论文或专著，难逃曲高者和必寡的命运，其读者群大抵局限在学者的朋友圈儿内，至于在社会上有着怎样的影响"因子"，那可就不好说了。相反，那些兴之所至、率性随意的时评，尽管难入专家学者的法眼，却较易引发普罗大众的共鸣。读者花几分钟看完一篇短文，心有戚戚焉，随手点个赞；而作者不期然地就可收获一众"粉丝"。

不过，在大学的评价体系中，二者的性价比可谓天壤之别。论文专著是实实在在的"硬通货"，无论是职称评聘、职务晋升，还是评优评奖，不仅可以一文多用，还可赚得令人咋舌的科研奖励。而那些发表在报刊上的随笔时评，则命运迥异，无论你写得再多，也算不上"成果"，挣不到"工分"，无法给作者带来好处。于是，人们自然也就降低了写作此类文字的热情。毕竟，谁愿意去做这些无用功呢？

收录在本书中的文章，是我近年来写下的一些不挣工分的作品。若问为什么不算成果，还写得乐此不疲？原因固然很多，比如说它不需要长篇大论，不需要添加注释，不必罗列参考文献，不用遵守严格的学术规范；而且，发表周期短，稿子发出去，无须好几个月在忐忑不安中等待编辑的回音，诸如此类。然而，更重要的原因，其实也就两个字：喜欢！

平日里读书教学，或者看到社会上发生什么事情，偶有所感，喜欢信手记下来。最早是写在日记本上，没有读者，只是过段时间，自己翻翻，自娱自乐。后来，开了博客，在上面写些杂感，有人来阅读，就与留言评论的人沟通交流一下。再后来，博客式微，微信兴起，于是转移阵地，随性而写的小文也为更多的人点击阅读。不过，写或者不写，全赖心情，不拘时间，不拘字数，不拘主题。这种散漫，既是一种心情，也是一种生活方式。

2014年春天的一个午后，在读完《曹汝霖一生之回忆》后，有感而发，用了不到两个小时，草成一篇名为《律师与法官关系的"民国范"》的短文，发在微信朋友圈。此文被担任《北京青年报》文艺评论版编辑的高中同学张向红女士读到，她遂推荐给评论版的姬源编辑。文章很快以整版的篇幅见报。看到自己的文章白纸黑字发表在国内有影响力的报纸上，自然很是开心。此后，当有法律事件发生时，姬源编辑会约我写篇评论，我也不推辞，因为这正契合了我喜欢发感慨写心得的习惯。

转眼到了 2015 年春天，姬源编辑邀请我在报纸上开个专栏。我一方面跃跃欲试，另一方面也很忐忑。毕竟，专栏一旦开设，就需每周交一篇稿子，且至少要开三个月或半年的时间，我怀疑自己是否有那么多的话题要写。抱着能写多久就写多久的想法，我答应下来。未曾想，这专栏一开就没停下，到写这篇自序时为止，已经持续七年有余，成文三百余篇！在这期间，除了每年的国庆及春节休停两期外，其余时间雷打不动，一周一篇，准时见报。当然，被毙掉并且已没有时间重写的情况偶尔也会发生。如今，写文章似乎成了我的主业，当老师倒像是副业了，因为当老师还有寒暑假呢，写专栏可没有！我也没想到自己居然这么"能写"。人们常说，不逼自己一把，就不知道自己有多大的潜力。信乎！

专栏之所以能够坚持下来，得益于编辑给予的几乎不受限制的空间，可任我自由发挥。专栏以我的名字命名，并没有诸如"史海钩沉""学海泛舟"一类框定的范围。我在这个平台上既可谈天也可说地，既可评古也可论今，凡事皆可成为言说的话题。生活是鲜活的，丰富多彩，在经历和见证的同时，我们总会有所感悟，或赞赏，或同情，或悲悯，或激愤，而这也成为专栏中时评议论永不枯竭的源泉。在这里，感谢生活是发自内心的，绝非虚应风景的套话。

讨论的话题虽然宽泛，却并不意味着信口开河，乱发议论。事实上，每个人言谈话语的背后，无不由他所学的专业在支撑。作为一名法学教师，我所聚焦的问题和言说的视角，大多与法律、规则及其背后的学理有关。所以，在北京大学出版社柯恒编辑的建议下，我将专栏中与法治话题有关的部分文章结集，于是就有了读者诸君面前的这本小书。

收入本书的文章，写作于不同的年份和背景，依主题大致可分为以下几个版块：有关法官、律师、法律人和法律学科的，有关法制规范、普通人的生活规则与商业习惯的，有关女性权益保护的，有关散落在现代社会中的民情风俗的。每个版块虽然关涉的都是法治的大词，但均是从日常生活中发生的小事入手，抽丝剥茧，在并不"宏大"的"叙事"背后，揭示出其中的法理意蕴。如此行文，意图是让法治的种子能在普通人心中生根发芽。

写这些随笔时评，有时候会有意想不到的收获。在 2015 年的 4 月下旬，发生了一件小事：一名大四的女生小陈，因父亲在高速公路上开车接打电话，遂拍照并向交警举报，由此引发社会上的热议。基于法史研究者对古代"亲属容隐"原则的联想，我写成了《因爱之名与人伦之殇》这篇小文，在当年 5 月的专栏上发表。二十多天后，全国高考。语文考试甫一结束，我便收到许多信息，因为高考语文全国统一试卷的材料，正是小陈举报其父之事！于是，我就成了押中高考作文题的神奇人物！其实，哪有什么神奇，只不过因为小陈的故事，正好契合了法制史上的容隐原则，又正好与我们现代法庭上亲属作证的义务有关罢了！

一个社会法治的进步，说到底，需要每个社会成员的参与。学者的理论素养固然重要，民众在世俗生活中对法律理念的践行也必不可少。当我们面临纠纷，不再去托关系找"人"，而是通过律师去找"法"时，我们才有资格说，社会正在跨入法治的门槛。法律学人的随笔时评，若能通过对纷纷扰扰的世相百态的分析，让我们的生活离法治更近一点儿，也算是有所贡献吧。

在小书付梓之际，本人不揣冒昧，向法史学者武树臣教授索序。武老师是中国法律思想史学界的领军人物，他对我国法治发展的历史与未来，有深入而通透的思考。他的序言让我们体会到一位法学大家的格局与情怀。

感谢姬源编辑，以及《北京青年报》提供的平台，使我这个懒散的人有动力将心得感悟撰成一篇篇文章；感谢柯恒编辑，以及北京大学出版社，让散落的文章有了汇聚在一册图书内与读者相逢的机会。

2022 年 6 月于济南

Luc-Olivier Merson（1846-1920）

Une Larme pour une goutte d'eau

培根的"水流"与"水源"

民众的法律观与法官的"课业"负担

打官司的"成本"

日本法官的那些事

"以法律为准绳"之不易

法官的"革命性"贡献

法官的"能力"及能力以外的

法律"缝隙"漏掉的司法公正

责任分配不是"吃大户"

法官的"苟且"与"诗和远方"

法官是"弱势群体"?

谁来缓解法官的道德压力

培根的"水流"与"水源"

培根的『水流』与『水源』

Thomas Hovenden（1840-1895）
The Last Moments of John Brown

培根的"水流"与"水源"

在中国，只要是上过学的人，恐怕没有不知道弗朗西斯·培根的。他的那句名言"知识就是力量"与他的画像一起，出现在全国各地小学、中学或大学教学楼的走廊上，来来往往的师生，总能不经意地与他的眼神相遇，感受到一种"力量"的存在。

人们大多知道培根是一位哲学家、文学家，是经验主义大师，而他和法律的渊源却甚少有人知道。其实，他的另一句与司法裁判相关的名言也广为流传："一次不公正的裁判，其恶果甚至超过十次犯罪。犯罪虽是无视法律，好比污染了水流，不公正的审判则毁坏法律，好比污染了水源。"这一"水源"与"水流"的比喻，正说明了人们视司法不公为社会最大的不公甚至是社会公害的主要原因。即便再严重的犯罪，它的侵害都是有限的，而且涉事的人们可寄希望于通过司法审判对犯罪分子给予制裁和惩罚，以恢复被破坏的社会秩序，或者在一定程度上安抚人们受伤的心灵，让人有"退而求其次"后绝处逢生的期待。假如司法不能给人以公正，诉讼的相关个体甚至全社会难免陷入类似窦娥那种"地也，你不分好歹何为地？天也，你错勘贤愚枉做天"的绝望。一个司法水源被污染了的社会，势必是一个可怕的、让人绝望的社会。

培根的这句名言，出自他的随笔作品《论法律》。这篇小文虽然以"论法律"命名，其实通篇讨论的都是法官的修养问题（有的译本将其译为《论司法》，也不无道理）。在英国的"法律帝国"中，决定司法的源头之清浊者，是法官，因此，司法是否公正，"使人民幸福就是最高的法律"的目标能否实现，直接取决于法官。"论法律"或"论司法"的落脚点，最终都会回到法官身上。

为保证"水源"的清洁，培根认为法官应当富有知识而不是机敏多变，应当持重庄严而不是热情奔放，应当谨慎小心而不是刚愎自用。具体来说，法官要处理好几个方面的问题，比如与律师的关系和对待辩护的态度。培根认为，法官在审判中，只应当做四件事情：一是调查证据；二是主持庭审时的发言，制止与审判无关的废话；三是审核通过发言所陈示的证据；四是根据法律宣示审判的标准。在法庭上，耐心听取辩护是法官的重要责任之一，法官如果缺乏听取证词和辩护的耐心，记忆力低钝或注意力不集中，都将无法做出公平的裁决。法官与律师不可过从太密，否则就难免有不公正的嫌疑。对于正直而主持公道的律师，法官应当表示赞许，而对于歪曲事实真相的律师，法官则应当给予批驳。

培根是在一般意义上谈论法官与律师的关系和辩护问题的，这对于我国目前"法律职业共同体"的构筑不无建设性的意义。我国当下法官和律师的关系有些"拧巴"：一方面，法官往往认为律师都是利欲熏心之徒，为了打赢官司不择手段，律师在法庭上即便只是正常辩护，也被认为是哗众取宠，其合理的意见也不为法官所采纳；另一方面，律师又认为法官大多心术不正，忙于纳贿吃请，罔顾事实和法律进行裁判，所以才出现了司法腐败，污染了"水源"。于是，律师要么"勾兑"，要么"死磕"；法官则或与律师沆瀣一气，或固执己见，刚愎自用。在这种信任阙如和互相指责的氛围中，法官与律师两败俱伤，受到损害的却是司法环境。如若中国的法官和律师之间能如培根所言，各循本分，各守其志，各司其职，这一定有助于司法公正的实现。而法官在庭审中"集中注意力"，耐心地倾听律师的辩护，则是一种必备的职业修养。

培根还认为，法官在面对复杂的案件时，不应被任何压力、诡辩和阴谋左右，也不能被贪赃枉法的警吏包围，这些都容易污染"水源"，造成冤案，而"在世间的一切苦难中，最大的苦难无过于枉法"。

不过，培根虽然深知枉法裁判对当事人来说是一种苦难，是对司法公正"水源"的污染，但他自己在担任大法官的时候，却因受贿而被判有罪。丹宁勋爵在《法律的界碑》中曾详细讲述了有关培根受贿的故事。培根曾在《论法律》中引用《圣经》上的话，"诉讼是一枚苦果子"，而拖延不决的诉讼更是给这枚苦果染上了酸味。可是根据丹宁的介绍，培根在面对奥贝里先生的案件时，却"迟迟未予审理"。当奥贝里抱怨案件被拖延时，一些"接近大法官大人"之辈奉劝他，一百英镑也许会有帮助。当奥贝里将从高利贷者手里弄到的一百英镑通过其他人转交给培根时，培根满口答应"我保证他能打赢"。可在培根收了钱后，案子却依然没有得到审理。奥贝里先生于是便给培根写了几封信。直到最后，培根才蛮横地回信，"如果你再纠缠我，我就抓你下狱。"最终的结果是，案子审理了，却"对奥贝里先生作出一个非常不利的、非常苛刻的决议"。在其他一些事例中，培根也都接受了贿赂，但又都判行贿人败诉。于是，行贿人向下议院提出申诉。包括奥贝里先生一案在内，控告他受贿的物证总共有二十八件。培根因自己的受贿罪和其他类似的腐化罪，被判罚款四万英镑，囚禁在伦敦塔，"他将永远不能在联合王国内担任任何公职或得到任用。"培根为自己的受贿行为付出了沉重的代价，但这一事件却为净化英国的司法环境开其端绪。丹宁勋爵又举了一些后来法官受贿的事例，同时坦言，在1718年被任命为大法官的麦克尔斯菲尔德勋爵之后，"我们就没有受贿的大法官了。"没有受贿、没有枉法裁判、保证公正审判，这也是英国法官普遍受人尊重以及司法具有较高权威的原因。

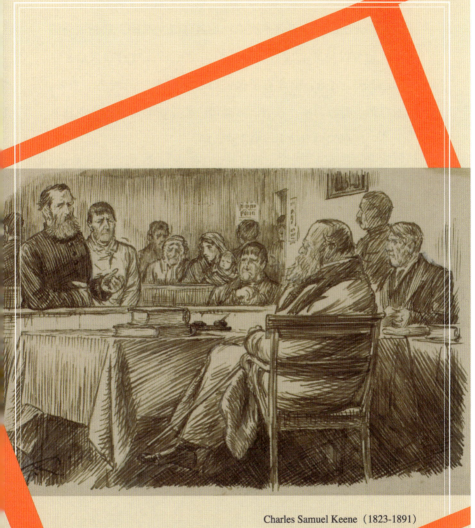

Charles Samuel Keene（1823-1891）
Court Scene

我们无法断定培根《论法律》的具体成文时间，从相关介绍中，大致可以判断它或许写于培根因受贿罪而被判罚以后。在"痛定思痛"之余，他才有了保证司法"水源"之清洁的主张。从自己的经验教训中，归纳出实现司法公正所必需的法官的修养和品质，培根倒也不愧为经验主义大师。

民众的法律观与法官的"课业"负担

因为有"拿起法律武器，维护合法权益"的倡导，加上为解决"立案难"问题而推行的立案登记制的改革，各地基层法院受理的案件大有"井喷"之势，法官的工作量和工作压力陡增。一个只有几十名员额法官的法院，一年受理上万起案子，每个法官平均要审多少起是不难推算出来的。我们平常关心中小学生的课业负担，常有相关人士呼吁要给学生"减负"，而法官们的"作业"如此之多则少有人关心。而且，学生们的作业是可以由自己支配时间来完成的，法官们要完成审理这么多案子的"作业"就没那么简单了，他需要很多人来配合——原被告双方或多方当事人、公诉人、代理人、证人、书记员、法警……"一个都不能少"。而要想把"庭"一个一个"开"下去，开庭前得先行"预习"，熟悉案情；开庭过程中要主持庭审，维持法庭秩序，认真听取并仔细辨析证人证言，依常识或法理决定"采信"或"不采信"的证据；庭审结束了，要在情、理、法的平衡中写出一份判决，在让每个案件中的当事人都感受到"公平正义"的同时，还要兼顾案件判决后是否会引起上访的后果。案件终身负责制这一"紧箍咒"可不是说着玩儿的，被"问责"的机会很多。

再加上年终结案率的考评要求，法官们的"课业"负担之重可想而知，这也难怪有些法官放弃曾经的法治理想而忍痛出走。

不过，法院受理的案件虽有较大增幅，但并没有呈现刑事民事行政"全面开花"的局面。在承平年代，犯罪率一般保持着相对平稳的比例，不会畸高畸低，因而刑事案件的数量变化相对较小。在行政诉讼方面，由于人们对官民关系认识的转变和法治意识的增强，民告官的案件越来越多，以往的"立案难"也大多"难"在这一部分，所以立案登记制恰好解决了这方面的问题，行政案件也确实有不小的增幅。不过，无论如何，每天和行政部门发生交集并且要闹到打官司程度的老百姓，还是少数。在经济发展变化较快、商品流通活跃的时代，呈"井喷"状的案件，主要集中在民商事领域。由是，审理民商事案件的法官也就成了定分止争的生力军和领头羊，他们亦因此而成为"课业"负担较重的那部分人。

要想出给法官们"减负"的办法是不容易的。毕竟，公民由于其权益遭受侵害而向法院提起诉讼并请求公正裁判的"诉权"是不可剥夺的；回应老百姓的"诉"求，也正是法官职责所系，法院自然不能采取什么措施去"禁民讼"。但从另一个角度引导百姓少打官司，倒不失为一个可行之策。即便是"走速裁程序"，打官司也是大量消耗财力、精力和时间的事情，千辛万苦地终于等到判决出来了，双方当事人早已筋疲力尽，这也是古人崇尚"息讼"的原因吧。可见，"诉权"虽贵为一项"权利"，但为个人生活安定考虑，这项权利还是尽量不去行使为好。这不是要人们"冤死不告状"，而是希望人们能养成一种法律观念和法律意识，既预防官司缠身，有效"避讼"，又可以避免滥诉或无理"缠讼"，打一些不必要的官司。

一般人认为"家事法庭"的法官们处理的都是些婆婆妈妈、鸡毛蒜皮的小事情，殊不知这"家事"绝非小事。在法庭上能为针头线脑争得面红耳赤甚至大打出手的，基本上都是家人或者曾经的家人（如离婚案中的配偶），哪怕刀锥之末，也寸权必争。古代那些能言善断的县官们，处理的也无非是兄弟争财之类的案件，只不过他们在讲一套温良恭俭让的大道理后，百姓们大多就羞愧难当地回家了，从此以后天下太平。如今的兄弟姐妹争产可没那么简单，每个人都认为自己有权分得甚至多分一份儿财产，而且还都手握有分量的"证据"，在法庭上振振有词。法官们在调解中的"动之以情"，往往只能感动自己，斗得乌眼鸡似的兄弟姐妹们可是油盐不进。古人说"清官难断家务事"，而家务事之所以难"断"，大概和中国人不善于提前对自己的财产做安排有关，如果父母在世时就将自己或多或少的财产立个遗嘱，处分妥当，自然会减少日后子孙们"法庭上见"的尴尬。梁实秋先生在《教育你的父母》中说到过这个现象，"我们一般中国人没有立遗嘱的习惯，尽管死后子女打得头破血出，或是把一张楠木桌锯成两半以便平分，或是缠讼经年丢人现眼，就是不肯早一点安排清楚……等到父母病革，快到易箦的时候才请他口授遗言，似乎是太晚了一些。"如今好多遗产纠纷案件皆由此引发。只是，要让人们养成早立遗嘱进行善后的习惯，何其难也！

现代人在进行商业合作、贸易往来时，大多会提前拟订一份合同，对未来可能出现的经营风险做必要的防范。不过，在实践中，仍然有人基于对他人的"信任"做交易，事先不好意思把权利义务说清楚，而一旦产生纠纷，不得已法庭相见，才发现自己手里的证据证明力不足，甚至关键证据阙如。当法官做出败诉的判决时，当事者才悔不当初"看错了人"。古人说"亲兄弟明算账""先小人后君子"，这真是"多么痛的领悟"！与工商时代的人做交易，不能再辅之以农耕时代的思维，否则，即便与对手"法庭上见"，也难有维权成功的机会。

还有一类官司之所以能"打"起来，源于当事人契约精神的缺失。这两年各地房价波动较大，有时候房主刚把手里的一套房处理掉，就发现房价已暴涨不少。损失了房款的卖方大多心有不甘，于是便找出各种理由，或者不腾房，或者对已入住的买房者采用砸门换锁停水断电等极端方式，逼其退房。在与买方软硬兼施却协商未果的情况下，卖方最终诉诸法院，希望法官能支持自己的诉求。不过，卖方因政策调整或市场波动而收入减少，虽值得同情，然而市场经济本身既是风险经济也是法治经济，这就要求参与者既要有对交易风险的预判，也要有对契约精神的尊重与遵守。法官在裁判中对守约者的认同和奖掖，恰恰体现了对市场经济的有效护持。

在现实生活中，上述一类官司本是可以不必打的，只因为受到某些观念和意识的影响，我们才步入了一个"健讼"社会。其实，只要我们能就生活中的某些习惯做些改变，就既可使自己免受诉讼之苦，也可为法官们"减负"。权利可以行使，也可以放弃。让诉权长期休眠，未尝不是好事。

打官司的"成本"

在一条有关法院系统如何落实司法体制改革的会议新闻的评论区，有网友认为，现在办一件"小案件"，都得消耗太多的时间和精力，"打官司成本太高，大家上有老下有小的，都要等着吃饭，没时间耗下去，希望能够简化法庭程序。"有的网友建议，"应当多设立简易法庭。并且因为有不少当事人采取自诉的方式，但大多数人对法律流程却一窍不通，因此应提前告知当事人权利、义务、开庭流程及需要准备的证据、材料！不能靠当事人自己猜！"相信这是真正打过官司的当事人的切身体会和感受。

不过，当我们回过头来看法官们对此的反应时，却发现他们也是满腹委屈，同时还不敢抱怨，因为他们不仅要完成本职工作，还要有"大局意识"。当事人嘴里所谓的那些"小案件"，个个"麻雀虽小，五脏俱全"。再小的案子，所涉的程序也是"一步都不能少"，从立案到最后做出判决，整个流程下来，自然需要消耗一定的时间和精力。法院是不可能像其他行业那样提供"立等可取"的"服务"的。每个当事人都希望法官能先办快审自己的案子，可法官手头待审的案件却并不只有你这一件，所以那些打算走司法程序的当事人，应当预先做好"慢慢来"的心理准备。自从实行立案登记制以来，法院受理的案件数量日增，再加上员额制的改革，实际上能审案的法官人数有所降低。承办案件的法官们即便三头六臂，上紧发条，在工作日里开足马力全部安排开庭，也只能穷于应付，写判决书的时间唯有安排在晚上或双休日。而"审限内结案"的要求又使法官们不敢怠慢，"自觉"加班早已成为许多法院法官的日常。加上终身追责这一紧箍咒的约束，法官们的压力也越来越大。"司法体制改革"的落实，确乎有深入研讨的必要。

关于司法体制改革，法院系统不应只是关起门来自力更生，而是要多倾听来自社会各界尤其是诉讼当事人的声音。比如上述关于多设立简易法庭，以及简化法庭程序的呼吁，虽然不全面也不"专业"，可能恰恰反映了当下司法体制中真正存在的问题。从日常的经验看，一个人下决心走上法庭去"维权"或解纷，往往已经进行过许多庭外的努力。比如在决定离婚之前，为了孩子的成长教育，夫妻双方思前想后，经过无数次的冲突、妥协、退让，诉讼是在各种权衡之后的无奈选择；在债务纠纷中，债权人可能已经试过很多"招数"，催讨多次——可能去债务人家堵过门，甚至想到过要"绑架"债务人——可债务人却赖账不还，在焦虑与不安中，债权人迫不得已才"拿起法律的武器"；那些处于弱势地位的公司员工，签订用工合同时，不敢对显失公平的条款表示异议，在多次讨要血汗钱无果后，只得求助于法院，希望司法为自己提供救济；市民以省吃俭用的积蓄买了房子，却遭遇无良开发商一房多卖，在有家难回的情况下，只好到法院去讨个"说法"。每个走上法庭的当事人，都源于生活中各种各样的不得已；一旦进入到诉讼程序，则无论输赢，都希望官司能早日有个了结，平息纠纷，以期重新出发；而案件的拖延所带来的未来的不确定性，无疑会增加当事人内心的焦虑，甚至使本就已无品质可言的生活变得更糟。弗朗西斯·培根在《论法律》中有言，"《圣经》上曾说：'诉讼是一枚苦果子。'而拖延不决的诉讼更是给这枚苦果染上了酸味。"确实，不得已而经历的诉讼，已经使当事人不堪其苦，久拖不决的诉讼则消耗人们更多的时间与精力，让人不胜其烦。因此，我们在探求司法体制改革之路时，不能不重视前文提及的网友呼求。

在我国古代，也曾有过对审判效率问题的讨论。朱熹是南宋著名的思想家，理学的集大成者。他除了一般性地讨论德礼政刑的关系，还曾谈及具体的法律问题，主张要"明谨用刑而不留狱"。朱熹对南宋时期审判效率低下的状况颇为不满。如他所言，当时处理案件，不论大小，稍有疑虑，就要逐级上报审批，"奏案一上，动涉年岁"。有一些小案件，即便"罪状明白，初无可疑"，最终也会"凡经二年有半"，致使当事人苦不堪言。所以，他建议在中央设置专门的机构，"严立程限"，把各地案件"依先后资次，排日结绝"，使"轻者早得决遣释放，重者不至仓卒枉滥。"如此解决之道，颇有现代司法程序的意味。

其实，在我们今天的司法制度中，针对"拖延不决的诉讼"或"留狱"的情况，早已有各种解决的对策——各类诉讼法中规定的"审限"，即为此而设。为了落实这些规定，法院系统内部还经常进行审限内结案率的排名考核等；另外，适用"简易程序"的法庭并非阙如，只是在数量上似乎还不够"多"而已。不可否认的是，在司法实践中，确实有些法官责任心不强，不能急当事人之所急，即便有各种考核压力，"依然故我"，拖拖拉拉，将一些简单案件办成"长期未结案件"。如此一来，不仅增加了当事人打官司的时间和精力"成本"，招致不满与投诉，而且还会影响法官的声誉，使司法的公信力遭受普遍的质疑。

事实上，在所有纠纷解决机制中，诉讼的成本应该是最高的。且不说诉讼费的问题（当然有些案件的诉讼费是很低的，低到人们觉得"闲着也是闲着，不诉白不诉"的地步），只要"打"上官司，就得按"程序"一步一步走下去，这就需要当事人搭上相应的时间和精力。有网友提出"简化庭审程序"的建议，殊不知这些程序设置的目的在于确保审判结果的公正，为了公正，法庭上的程序恰恰是一步都不能少。所以，当有人咨询纠纷解决之道时，除律师之外的法律人，尤其是法官，一般都会劝当事人寻求别的途径，比如协商，比如调解，比如仲裁，而诉讼则大可作为最后的选择。我们通常说司法乃社会正义的最后一道防线，这也是理由之一吧。

日本法官的那些事

《法官因何错判》一书的作者秋山贤三先生，身份有些特殊：他从 1967 年起，先后于横滨、东京、德岛地方法院以及东京高等法院担任法官；二十五年后，即在五十一岁时，他辞去法官职务，加入东京律师协会，当了一名律师。他为许多冤案事件辩护，并最终成为日本知名的冤案问题专家。在该书中，除了分析法官错判而导致冤案发生的原因外，他还以自己从业的经历和经验，介绍了日本法官的日常生活，为我们展示了法律从业者的"他国"样态。

究竟以多大年龄任职法官较为合适？秋山先生在书中很关注这个问题。根据法律规定，在日本，一个人通过司法考试，并在司法研修所经过两年（现在是一年半）的司法修习之后，如果被最高法院评价为"称职"，就可以担任助理法官。秋山先生讲述了他参加"司考"及入职法院的心路历程。据他说，在东京大学法学部学习期间，他对自身的法学资质并不自信，脑海中没有法律家的具体形象，身边也没有一个法曹（律师、检察官、法官统称为"法曹三者"）相关人员，印象中的律师就是"有钱人的化身"，而法官与检察官又散发出强烈的权力味道。同时，他也没觉得法律学习多么有趣，所以读书时"就净搜罗古典和通俗小说来读"了。可是到了1963年大四毕业季，当身边那些曾经一起高谈阔论社会与人生的朋友们纷纷回归现实，进了大银行或政府机关后，他自己的工作却没有着落。因自觉愧对乡下的家人，他才"最终用排除法作出了挑战司法考试的决定"。从大四后半年开始，秋山先生正式备考司法考试。于是，"法律的学习一旦开窍，学力立即快速提高，类似登山快接近山顶时，视野豁然开朗一般。看似难，实际也不过如此。"1964年，他顺利通过司考，经过两年司法研修所的修习后，于1967年入职法院，担任助理法官。

在法院充任法官助理的，都是像秋山这样二十五岁上下的年轻人。他们都很"优秀"：通常是应届考入名校，在校期间便通过司法考试，经过研修所的修习后，成为助理法官。然而，"若只论考试上的'优秀'，大家都会承认日本的法官十分出色。可问题是，一个'优秀法官'的资质仅靠'纸上优秀'是远远不够的。"因为一个学生在高中时期接受的是高强度的应试教育，考入法学院后，经过专业课程的学习、司法考试及司法研修，这个体系培养的只是"从考试中脱颖而出的年轻人"，至于除了成绩优异之外，优秀法官所需要的"社会性、洞察力以及关爱弱者等资质"，则是无法"考"出来的。这些缺乏实际社会经验的年轻助理法官，却要去做对被告来说有着极其重要意义的"判断"与

"评价"工作，其能力、威望与公信力难免让人担忧。因此，日本社会也有一种强烈的呼声，倡导应从律师等法律界人士中挑选有十年以上实务经验的优秀者来担任法官。这个问题其实也是我国当下司法实践正在探讨的。

在日本法院，似乎也存在"案多人少"的矛盾。秋山先生在书中分析，日本大城市里的法官通常每月人均负担二百五十到三百起民事案件。按照惯例，法官一周要开庭三天，一个月就是十二天左右，一个开庭日则必须处理二十五起案件，这就意味着在开庭日前一天，法官必须阅读二十五起案件的卷宗，以做好备忘的确认工作。如果每个案件的双方当事人都请了律师，那么在开庭当日，法官一天中就要见五十名律师，与他们讨论沟通。在这样的工作压力下，法官甚少有闲暇的时候，他们日常只能埋头于阅读卷宗或撰写判决书，"法官最大的负担就是判决书，判决书多半都是法官在家起草。"而要在宣判日期前顺利完成判决书并宣读判决，则格外艰难，"不少法官在生活中日日被判决书催逼"。

除了日常的工作外，日本的法院也会制作每个月新受理案件、结案数量的"案件处理表"，谁勤快，谁偷懒，一目了然。工作进展顺利的部门与工作堆积如山的部门，形成了鲜明对比。秋山先生说这些"表"会无形中加重法官的负担，因为大家都很在意那个"表"上的数字，"默认案件处理表上的处理案件数等同于实务能力。这在任何一个行业内都一样，没有哪一个职员不关心领导如何评价自己的能力。"其结果是迫使大家都"不顾一切"地提高处理案件的数量。只是，"迅速解决案件的数量"上去了，工作质量却无法得到正确的评价。那些"细致处理案件的法官"，会因认真研磨而使案件一拖再拖，在数字主义（即案件数）的支配下，这类法官在职务评价中无疑是要"吃亏"的。

看到日本法官的这种生活日常，相信他们的中国同行会心有戚戚焉。说到当下我国司法中存在的问题，"案多人少"的矛盾可谓相当突出。法官几乎在每个工作日都要正常开庭，开庭前的阅卷与开庭后判决书的撰写，则只能利用晚上或周末的时间，所以，基层法官在周末加班几乎成了常态。除了一个萝卜一个坑，自己的案子自己办，如秋山先生说的"无法期待有人施加援手"外，每天出现在电脑屏幕上的"收结案比""结案率""一审服判息诉率""发改率"等，都会成为压在法官心头的巨石。虽然有人可能不在乎自己是不是"办案能手"，不过办案数"不好看"总是有伤颜面的。这样的压力，再加上责任终身制的紧箍咒一念，使得法官的职业越来越缺乏吸引力，"青黄不接"绝不是危言耸听，而是一种实态。

秋山先生谈到他在转行律师之后对法官与律师工作的认识。他认为，共同点在于二者都是从事法律工作的，也都会与普通市民相遇在他们一生中最重要且最艰难的时刻。不同点则体现在"工作方式"上：法官总是保持一个"等待的姿态"，因为他只需评论或评判当事者的材料是否"美味"即可；律师则不然，他们必须亲自前往事发现场，要全力以赴，分析第一手材料并呈交法院，令法官信服。从事律师工作后的秋山先生充分体会到了"审判席的高度"——它造成了法官与被告之间距离的遥远，也使法官习惯性地俯视被告，进而缺乏作为生活中一个常人站在底层人士的立场上思考问题的视角。他认为，法官若能低姿态地换位思考，案件"错判"的几率也会大大降低。近年来，在我国，出于种种原因而辞职改做律师的法官不少，不过，除了对"收入"方面的变化偶有提及外，鲜见秋山先生这样的省思，不知道他们是否同意秋山的这一说辞？

他山之石，可以攻玉。《法官因何错判》虽然说的是日本法官的事，背后的法理却与我们相通。把异邦的经验与反思"拿来"，也可为司法改革的路径选择提供一种借鉴。

"以法律为准绳"之不易

以事实为根据，以法律为准绳，是人民法院审判案件的基本原则。一般人认为，法官的工作，无非就是在查清案件事实的基础上，准确适用恰当的法律进行判决而已，这没什么难的。不过，话说起来容易，做起来就不是那么回事了。

就说"以事实为根据"吧，其前提是要查清事实，这一点就比较麻烦，因为"事实清楚、简单"的案件虽然也不少，但缠夹的是非却很多。比如在民事案件中，"公说公有理，婆说婆有理"，原告和被告都认为自己是对的，也都同时向法院提交了对自己有利的证据，并有意无意地遮蔽对自己不利的证据。那么，真实情况到底如何？这就不仅需要法官具有相应的洞察力，善于开动脑筋，运用思想智慧，而且他们还得依据生活常识，在对各种合同的真伪、协议的效力等进行分析研判后，找出自认为已"查明"的事实。有时候，忽略了签字墨水颜色的深浅，都可能误判一笔财产的归属。而在刑事案件中，法官所面对的"犯罪事实"，永远都是一个不可逆转的过去式。一方面，犯罪嫌疑人会尽可能地掩盖自己的所作所为，有时甚至会故意转移侦查人员的视线；另一方面，检控机关也可能因技侦手段或认识方面的不足，造成对犯罪事实认定的偏差。即便如今有覆盖面较广的摄像头，也难免存在"死角"或"盲点"，而法官要想真正还原犯罪时的"真相"或"事实"，绝非易事。因此，"以事实为根据"的事实，从来都是需要经法官依证据"证实"的"法律事实"。至于这个"查明"的过程，既需要一遍一遍地阅卷，回放录像中的每个细节，也需要对主犯从犯所起作用的详细甄别，以及在庭审中对控辩双方理由的聆听与辨识。所以，那些在外人听来简简单单的"经审理查明"几个字，背后凝结的是法官的案牍劳形甚至殚精竭虑，个中甘苦只有法官自己知晓。

"以法律为准绳"也不是件容易的事。按照常人的理解，适用法律就和我们做数学题套用公式定理一样，"套用"法律就可以了。比如，法律规定"杀人者死"，现实中张三杀了人，那就判处张三死刑，这种简单的三段论，谁都能做出来。在生活中，如果遇到什么不好解决的问题，大家也都会说，"我们还没有这方面的规定，我们的法律还不健全"，仿佛只要有了相关规定，问题就能迎刃而解。殊不知，法律规定永远不可能囊括丰富多彩的现实生活。再细密的法规，也只能规定大致的情形，而生活中千差万别的冲突与纠纷，不可能都可丁可卯地与法律相契合。一方面是"百密难免一疏"，另一方面，由文字组成的法条，会因解读者的不同而产生不同的理解。所以，"适用法律错误"的情形在所难免，法官若能做到"基本上"以法律为准绳，已属不易，而所谓的"严格"依法办事，只不过是一个永远不可能实现的理想。

关于法律规范不可能穷尽列举所有纠纷和冲突这一"局限"，古今中外的法律都曾遇到过，这就需要或者由法学家进行法律解释，或者由法官进行比附类推。只有这样，才可能用条文或文义有限的法律，去处理实践中五花八门的纠纷。

《十二铜表法》是古罗马最早公布的成文法，在适用的过程中，曾经由祭司们进行过解释。不过，由于在解释过程中的形式主义，往往以法律字面的含义来指导实践，这就导致了一些在当代人看来匪夷所思的裁决结果。在马里奥·塔拉曼卡的《罗马法史纲》中，曾讲到一个经盖尤斯记录下来的古老的解答意见。某人提起一项诉讼，声称他的葡萄枝被另一人非法砍伐了。《十二铜表法》有一般意义上所说的砍树的规定，这样就"赋予其葡萄枝被他人不法砍伐的人以诉权"。不过，此人虽有诉权，但他肯定会败诉，"因为在诉讼程序中他本应提及的是树木"，而非"葡萄枝"。这里虽然说的是"葡萄枝也是树"，也即"白马亦马"，但在诉讼中却只能笼统地说是"树"被砍了，若说"葡萄枝"或"葡萄树"被砍，则因法律条文并无这样的"明文规定"，其权利无法得到保障。法官这样"严格"地依此解释来适用法律，虽说做到了"以法律为准绳"，但实质性的纠纷未得到解决，法律的定分止争功能自然也就无从发挥。

Peter Paul Rubens（1577-1640）

The Judgement of Solomon

中国古代的法律，倒是赋予司法官以比附类推的方式来解决法律规定的未尽事宜，当然，这种比附类推是很严格的，并非法官的随心臆断。比如，唐律中对法无明文规定的行为，允许类推适用，"诸断罪而无正条，其应出罪者，则举重以明轻；其应入罪者，则举轻以明重。"其中的"出罪"，指的是免除或减轻行为人的法律责任，司法官对此要比照重于该行为的重罪规定，推定轻于该规定的行为应减免刑罚。如法律上规定了"贼盗"深夜"无故入人家"，主人将其杀死者"勿论"；而在现实中，主人只是将贼盗打伤，轻于将其"杀死"的行为，对主人当然更不应该处罚，这就是所谓的"举重以明轻"。而"入罪"则指追究或加重行为人的法律责任时，要"举轻以明重"，即比照轻于该行为的轻罪规定，推定重于该规定的行为应加重处罚。如法律中规定了对谋杀期亲尊长的，不论已伤、未伤，都要处以斩刑；如果实践中行为人已经杀死期亲尊长，重于已伤、未伤，类推的结果当然就更应该将行为人处死。有了这样的规定，司法官在法律有"疏漏"的情况下，也可以依情势做到"以法律为准绳"。这样的"比"，在后世都有延续。《宋史》的"列传"中，记录了杜镐的事迹，说他自幼好学，"博贯经史"，其"兄为法官，尝有子毁父画像，为旁系所讼，疑其法不能决。镐曰：'僧道毁天尊、佛像，可比也。'兄甚奇之。"在这个故事中，虽着笔处在于杜镐的博学，也未交代其兄是否以其所"比"之事处理了该案，但为我们提供了一个"法官"解决法无明文规定时的"比附"裁决之道。

现代社会的法律体系要比古代健全得多，司法实践也要比古代复杂得多。作为法官，不惟从复杂的案情中析出真相，还要在诸多抽象概括的法律规定中检出与案情最相"匹配"的法条；有时，还要做法律条文的"释明"，在疑似与法律不相允协的地方进行"某地某某案"的类比。诸如此类的工作，足资证明"以法律为准绳"并不是件轻而易举之事。明白了这一点，当我们在键盘上对某案件中法官的工作"口诛笔伐"时，不妨更加慎而重之。

法官的"革命性"贡献

一般来说，在法典法国家，法官的职能就是要准确地适用法律，它虽然也承认法官可以解释法律，却只限于阐明法律的"真意"，离开法条而自我"创设"法律规则是不被允许的。相反，在英美这样的判例法国家，法官则可以创造先例，可以对先例进行扩张或限制解释，即便是在适用制定法时，法官们对法条的解释也有较大的伸缩空间，也即所谓的"法官造法"。由是之故，在法律史上，法典法国家的法官总是籍籍无名，而判例法国家的法官却声名远播。

比如十三世纪中期的法官布雷克顿，他提出了"类似案件类似处理"的原则，首开英国判例制度之先河。同时，他还因指出"国王在万人之上，但却在上帝和法律之下"而成为英国法治原则的宣示者。亨利八世时期的红衣主教托马斯·沃尔西，虽因承办国王的离婚案件不力而被砍了头，却也在担任大法官时，因"在某些案件中有必要离开法律文字去追求理智和公正所要求的内容，追寻公正本来的意图，去减轻和软化法律的残酷性"，而使彼时的英国法在暴君统治下具有了一丝温情。对于学习商法的人，不可能忽视十八世纪的曼斯菲尔德伯爵威廉·默里，因为他在担任王座法院的首席大法官时，通过判例，使英国的封建法律开始适应工业化、商业化的需要，在商法领域做出了里程碑式的贡献。

同样地，作为判例法国家的美国，建国的历史虽短，但在法律发展史上留名者却数不胜数。提到司法审查制度，人们自然而然地会想到首席大法官约翰·马歇尔；在言论自由方面，"明显而即刻的危险原则"与霍姆斯大法官捆绑在一起；而厄尔·沃伦振聋发聩的"隔离本质上就是不平等"，则打破了种族隔离的藩篱，掀起了美国民权运动的风暴。当然，他们都是联邦最高法院的大法官，是聚光灯所在，审理的又都是大案要案，其裁判作为终局性的裁决，别人没有说"不"的机会，这些大法官自然也就容易出名。相较而言，作为州一级的法官，即便审理的案件事关每一个人，但由于其判决有可能被上级法院推翻，所以他们也就较少青史留名的机会。然而，这样的人也不是没有，本杰明·内森·卡多佐就是一个例外，虽然他最后也被任命为联邦最高法院大法官，不过他的"革命性"判决却是在担任州法官时做出的，而这项裁决的影响力早已超越时空，影响着当今世界各个角落人们的生活。

从传记材料来看，卡多佐于 1870 年出生。1891 年，在尚未取得法学学位的情况下，年仅二十一岁的卡多佐就获得了律师资格。1911 年，他在被称为"全美国最忙碌法院"的纽约州上诉法院担任助理法官，后来升任法官、首席法官。卡多佐从未结婚，是一个苦行朴素的人，几乎与俗世隔离。然而，他在处理"俗务"中的法理问题时，却有浓烈的人间烟火气息。纽约州上诉法院于1916年判决的"麦克弗森诉别克汽车公司案"，在确立产品责任方面具有里程碑式的意义，而该案法律意见书的捉刀人即是卡多佐。

在该案中，麦克弗森是一名消费者，他从汽车经销商那里买了一辆别克汽车。一天，麦克弗森送生病的邻居去医院，车辆突发故障，他被摔出车外并受伤。事故的原因是其中一个轮子"是由有缺陷的木材制成的，而且它的轮辐已经碎裂"。易言之，因产品质量方面存在严重瑕疵而导致了事故的发生。麦克弗森将别克汽车公司告上了法庭。在今天看来，这是消费者麦克弗森稳赢的案件，在当时却是充满了不确定性。因为在此之前，被广为认同和接受的是一项古老的"默契"规则，即买方可以控告任何卖给他商品的人，除此之外他不可以控告任何人。在本案中，这也意味着麦克弗森只能控告卖给他汽车的经销商，他起诉别克汽车公司是告错了对象。

对于一个严守遵循先例原则的法官来说，这个案子的判决会非常简单，直接驳回起诉即可。而卡多佐却没有这么做。"我并不认为先例是法律的终极渊源，它们只是提供了法律武器库装备，在其背后是一些司法的基本理念，而理念背后则是生活、习惯乃至社会，正是它们决定着、影响着、修正着先例。因此，法官的第一步工作就是考察、比较而不是盲信先例。"卡多佐认为，在产品制造商和购买产品的个人之间，存在一种隐含的安全保证，即使有居间的零售商；因此，在加以适当注意后，如果消费者因使用产品而受到伤害，都可以对产品制造商提出诉讼。该案的结局是作为消费者的麦克弗森胜诉。而卡多佐也由此"静悄悄地完成了普通法的革命"，因为他提出的这一原则，不仅为普通法国家所普遍采用，而且还影响了现代各国产品责任法或消费者权益保护法原则的确立。

就在前不久，中国法院网报道了一起案件的判决结果。重庆市民李先生家的热水器，在正常使用过程中突然爆炸，导致李先生受伤，家中物品亦受损毁。李先生将热水器销售商周某及生产商某锋公司诉至法院，请求赔偿其损失。重庆市第三中级人民法院认为，因产品存在缺陷造成人身、缺陷产品以外的其他财产损害的，生产者应当承担赔偿责任。因此，法院判决产品销售者周某不承担责任，热水器生产厂家某锋公司赔偿李先生各项损失二十四万余元。在今天，这类案件可以说是司空见惯，这个案件的报道也并未引起什么反响。这是因为"制造商必须为自己的产品造成的伤害承担责任"早已成为一项原则，既然"理当如此"，自然也就无须太多关注了。只是提起诉讼的李先生，或许不知道他的诉讼之所以成立，源于一位一百多年前的美国法官的支持。

正像本文开头所说的，法典法国家的法官，依其职能是不容易影响本国法律发展的；而即便是判例法国家的法官，要作出具有"革命性"贡献的、惠及普罗大众的判决，机遇也不是太多。不过，法官若不拘泥于法条文字，在面对诸如麦克弗森这样的普通人时能够本着公平和正义的司法理念，步步为营，则中国的法治未来可期。从另一个角度而言，这种贡献也是"革命性"的，只不过属于"渐进式"的而已。

法官的"能力"

　　阿尔弗雷德·汤普森·丹宁的系列丛书,是法学院学生的案头参考读物。丹宁勋爵于 1899 年出生,从 1923 年开始当律师,1982 年在英国民事上诉法院院长的任内退休,到 1999 年去世,活了整整一百岁,和法律打了一辈子交道,被称为"第二次世界大战以后英国最著名的法官和享有世界声誉的法学家之一"。他在八十岁以后完成的几部著作——《法律的训诫》《法律的正当程序》《家庭故事》《法律的未来》《最后的篇章》和《法律的界碑》——则为中国法学院学生了解英国法律的历史和现状提供了门径。

　　写这篇文章的目的,倒不是为了介绍丹宁勋爵某本书中的某个观点,而是为了抒发阅读丹宁勋爵的些许感慨,那就是做法官不易,做英国(也包括美国等判例法国家)的法官更不易。亨利三世时代的大法官布雷克顿说过的几句话——"如果出现了相同的案件,就应该用一种相同的办法来判决:因为从判例到判例比较好处理"——开创了英国判例制度的先河,也使此后的英国法律人跌进了判例的"深渊"。由于判例法的规则并不总是清晰可见,所以,几乎所有法律人的职业训练,都要从阅读大量的判例，以培养归纳和总结法律规则和原则的能力开始。作为法律精英人士的法官，这只不过是履责的基本素养而已。仅从这一点，就能明白做英国法官真不是件容易的事。

丹宁勋爵的系列丛书，大多以其辩护和审判的案件为例，用类似讲"故事"的形式，介绍了战后英国司法机关审案和判案原则的确立过程，内容涉及宪法、民法、刑法、行政法和国际法等几乎所有的法律分支，其影响所及，"可以说，在英国和施行英国法律的国家和地区，不读丹宁的书就无法从事司法工作。"他在阐释法律规则和原则的时候，对判例的了解和把握可谓信手拈来，"以判例说话"正是他的写作风格。即便在《法律的未来》这样的书中，他也没有为英国的法律发展"建构"一个宏观的框架，而是一如既往地将各个主题淹没在对判例的述评中。陪审团审判、法律援助、人身伤害、诽谤罪、隐私与秘密、《权利法案》和权力的滥用，等等，无不从案例开始。他介绍相关判例争论的焦点、其他法官的观点、自己的观点、上议院的观点，如数家珍，娓娓道来。他还在此基础上对法律的发展提出建议或预期。他的脑子里究竟装了多少个判例，可能永远是个谜。

做好英美法系国家的法官，既要能跳进判例这个无底洞，还要能跳出来。在面对时代的挑战时，要有能力在空白处做填补工作，"以追求自由和进步，实现公平和正义为目的"，对法律进行大胆的改革。要做到这一点，就需要担任法官者具备各种素养，诸如渊博的专业知识，冷静理性的思考，维护公正公平的使命感，对人类生命的怜惜和悲悯，等等。丹宁勋爵的身上具备了这一切，这也成就了他职业生涯的优秀和辉煌，使他成为第二次世界大战后"英国最伟大的法律改革家"。身为一名法官，既能通过判决，在个案中实现具体的正义，又能通过创设新的法律原则，"以自己的司法能力担负起改变法律的任务"，夫复何求！

当然，我们也不能忽视丹宁自身"能力"之外的那些因素。丹宁所受的法律教育与职业训练，以及英国从阅历丰富的优秀律师中遴选法官的方式，都让法官这一群体能保持专业和精英的水准。而更为人们所歆羡的则是英国法官的从业环境——高薪制与终身制保障下的司法独立传统，使法官可以心无旁骛地专注于公正与公平的事业，实践自己的司法哲学，不必虑及其他。

与此相似，中国的法官同样需要具备与丹宁勋爵一样的履职能力，只是法典法的体制让我们的法官无须在浩如烟海的判例中去发现法律，他们只要了解和掌握法条即可。当然，我们的法官也不存在"造法"的空间。不过，因为执业环境的不同，中国的法官似乎更着力于职业素养之外其他能力的"培养"。比如，我们正在进行的司法改革，将法官精英化通称为实行员额制，那么，入不入"额"，就有许多裁判能力以外的考量；立案登记制实行后，在案件数量大幅增加的情况下，法官需要有在不变的审限内审结案件的能力，于是他们只好牺牲休息日，集中"精力"

Honoré-Victorin Daumier（1808-1879）

The Three Judges

和"体力"来提高结案率；由于法官要对承办案件终身负责，而败诉当事人又极有闹访的可能，法官只好在审前拿出精准的"预判力"，让本来没什么疑难的案件"上审委会"，让院领导在闹访实际发生时有个抵挡和缓冲；因为有"调解撤诉率"的考核，法官会"发动"好友打个不必要的官司，再在"程序进行"中通过"调解"而"撤诉"；不是要求百分之百的人民陪审吗？那正好可以安排一些人做陪审员，让他们挣个小钱，这样既可完成任务，还交了朋友，何乐而不为！司法要"为民"，所以法官就拿起国徽，把法庭开到田间地头；而随着"互联网＋"时代的到来，便有了通过微信开庭的"创新"之举！

如果以此为标准来考核丹宁勋爵，他肯定是一个不合格的法官。然而，当法官都致力于这些"能力"的培养时，又会花多少心思在案件的公正审判上呢？谈到这些话题，法官们也是一脸委屈。制度设计本身有诸多违反司法职能和司法规律之处，身处其中的法官又能奈之何？丹宁勋爵所处的英国自有其特殊的法治环境，我们无法照搬也无须照搬。不过，为法官发挥其司法裁判力创造条件，以实现社会公正，不正是我们司法改革的初衷吗？

法律"缝隙"漏掉的司法公正

有时候，我们对某个行业的总体评价，往往依据的是个别从业人员的表现。比如说，近年来，由于一些法官个人的业务水平不高，道德修养欠缺，导致了一些冤假错案，在社会上造成了恶劣影响，于是，人们就笼统地认为"司法不公"已成为一种普遍现象，而之所以有如此"大面积"的"司法腐败"，原因则在于每个法官都是"吃了原告吃被告"的主儿。由此，人们得出了司法已"黑暗"到了"无可救药"之地步的结论。这样的判断当然是显失公允的。在其他行业里也存在一些丑恶现象——在医院里会有医生收红包，媒体从业者中会有记者"有偿新闻"或"有偿不新闻"，律师群体中不乏无良的"司法掮客"，而纪检队伍内部也免不了"灯下黑"——我们自然不能因此就否定整个行业的"行风"。贴标签式的论断貌似简单直接，却难以做到客观公允，这既不利于人们发现问题的症结，也无助于行业风气的改良。

以业内也并不讳言的"司法不公"为例，法官中固然有原被告"通吃"的害群之马，不过，仅仅因此就怀疑整个法官队伍都在有意制造不公，则有以偏概全之嫌。公正与否，来源于个体的判断。在司法裁判中，总是有胜诉方和败诉方，胜诉方认为判决公正的案件，败诉方必定会认为是不公的。所谓的"胜败皆服"，只能是不谙司法常识者编造出来的梦呓。正像武树臣教授在他的自传体著作《长歌行》一书中所言，"不管是'司法公正'还是'司法不公'，这都是大众化的、多少带有感情色彩的、缺乏定性分析的语言。"因为这本身就是两个很难界定的概念，只有"'司法统一'才是可以操作的东西"，而所谓的"司法不公"在许多场合下是因为"裁判不一"造成的。事实上，人们的"不公"之感，来源于"同案不同判"产生的情绪，而"类似的案件类似的处理"，恰好是化解这种"不公"之感的良方。

造成"同案不同判"的原因之一，在于不同的法官对法条会有不同的理解。在《长歌行》中，武树臣教授举了这样一个例子：多年前，不同地区的养鱼专业户买了同一个三无厂家的鱼饲料之后，造成鱼大批死亡，于是这些养鱼户就把饲料厂分别告到当地法院。有的地方法院认为，养鱼专业户诉称鱼的死亡与饲料不合格有直接的因果关系，那你就应该负责举证；而当时的老百姓举证很困难，国家也没有关于饲料的鉴定标准和鉴定机构，于是养鱼专业户的诉讼请求被驳回。另一个地方的法院对此却有不同的解读。承办法官认为饲料厂生产的饲料没有合格证，不能证明你的饲料是合格的，当然也就排除不了鱼的死亡结果和饲料有直接的关系，于是判决饲料厂赔偿养鱼户的损失。同类的案子出现了两种不同的判决，结果是两个案件的败诉方都认为判得不公，也都提出了上诉。

由于举证责任的分配导致不同判决结果的类似情况，在以往的司法实践中并不鲜见，而这和法官"受财枉法"没有一点关系。

"鱼饲料"案是不同法院的法官就同类案件作出了不一样的判决，而有的案件则是同一个案件由同一个法院在初审和重审时作出了不同判决，著名的"许霆案"即是如此。2006年，山西小伙儿许霆在广州打工，利用ATM机的故障，通过自己仅有一百七十多元余额的银行卡取走了十七万元的巨款。一年后，许霆被公安机关抓获。2007年12月，广州市中级人民法院认为许霆以非法占有为目的，采用秘密手段，"盗窃金融机构"，数额特别巨大，其行为已构成盗窃罪，遂判处其无期徒刑，剥夺政治权利终身。案件判决后，不仅许霆及其家人觉得冤，社会上也是一片哗然。民众普遍认为判无期徒刑显然"太重"且"不公"。在银行卡早已取代存折的时代，谁都有遇到取款机故障而自动"吐钱"的可能，因而谁都有成为下一个"许霆"的可能，毕竟，人的贪念是防不胜防的。在各种质疑声中，法院依程序对许霆案进行重审。重审判决依然认定许霆构成了盗窃罪，只是刑期由无期徒刑骤减至五年有期徒刑。同一个案件，同一个事实，适用的是同一部法律中的同一个条文，许霆的命运却如同坐过山车般，从无期徒刑的山巅，滑落到了五年有期徒刑的山脚。对于这样一个结果，许霆表示服判，他的父亲却依然不满，民间依然有各种质疑的声音，法学界也在罪与非罪、此罪与彼罪之间争论不休。这样的判决给人以太"随性"的感觉，原判和改判似乎都无法令人满意。

其实，该案之所以引起轰动，固然和网络时代容易推动热点问题的形成有关，与"有卡一族"感同身受有关，不过，它背后深层次的原因同样值得剖析。前后两次相差巨大的判决，一是由于时代的发展变化、立法的滞后（比如 ATM 机是否属于传统金融机构的范畴，没有明确界定）及法官适用法条时的僵化与机械所致，二是与法律条文本身即赋予法官以相当大的自由裁量权有关。比如对于盗窃罪的规定，法官有对数额较大、巨大和特别巨大的判断空间，而量刑方面则有从三年以下有期徒刑、三年以上十年以下有期徒刑、十年以上有期徒刑或者无期徒刑的裁量幅度。在法律规定的"缝隙"如此之宽的情况下，"同案同判"的司法公正当然就可能被"漏掉"了。对同样的事实，适用同样的法律，却得不出同样的判决，当然会引发强烈的社会反响。

针对这些因"裁判不一"所造成的所谓的"司法不公"，武树臣教授的建议是建立中国特色的判例法，以弥补成文法失之笼统和宽泛的不足，由此而形成一个混合法的体系。若想提高司法的公信力，让人们在每一个司法案件中都能感受到公平和正义，既需要完善法律体系，避免法官们因"刻板"地适用有"缝隙"的法律而造成同案不同判，也要预防和清除受财枉法裁判者。毕竟，作为社会正义最后一道防线的司法本身也很脆弱，经不起蠹虫们的肆意侵蚀。

Honoré-Victorin Daumier（1808-1879）

The defense compliments the talent of the prosecution, while the Attorney General admires the eloquence of the defense. The judge applauds both of them and everybody is satisfied, except he accused...

b.D.

责任分配不是"吃大户"

与古代中国人诉讼意识淡薄、"冤死不告状"的传统观念相比，现代人多少显得有些"健讼"了。有了纠纷，"走司法途径""告他去"几乎成为人们的不二选择。这也难怪法院如今总是"门庭若市"，不管想出什么招数来应对，案多人少的矛盾总也解决不了。也许有人会说，打官司的人多了，说明人们的法治意识增强了，是好事啊。可事实上，有些官司之所以能"打"起来，是因为人们在打官司之前还不习惯做诉讼成本的评估，认为不管谁的错，只要有损害结果发生，就"得找个人出来负责"，于是就去法院告状。结果，在走完所有司法程序后，浪费了时间精力金钱又没得到一分钱的赔偿不说，还占用了本就紧缺的司法资源。这样的诉讼，当事人若能理性一点，对案件做些合理评估，官司本来是可以不打的。有的时候，人们诉讼意识的"增强"，恰恰反映的是其规则意识的薄弱，这话听起来似乎有些矛盾，不过，看几个案例，我们或许就明白了。

据报道，刘某因病于2017年6月去佛山某医院住院治疗。入院当天，医院即向刘某及其家属出具了《护理安全知情同意书》，告知其为防止意外发生，须留人"二十四小时在床边陪护";在《住院须知》中也告知病人不得请假或擅自离院,否则,造成的后果由病人或监护人承担。刘某及其家属陈某分别签名予以确认。几天后的一个晚上,陈某因事短暂离开病房,刘某即自行离开医院,随后在某机动车路段内行走时,被一辆货车撞击身亡。经交警认定,刘某在这起交通事故中承担主要责任。

刘某遭逢这样的意外和不幸,其家人之悲痛可想而知。他们认为之所以造成这一恶果,是由于医院在管理和提供服务过程中没有尽到应有的审慎、注意、安全保障等义务,在深夜放任病人随时离开而不过问,院方对刘某遭遇事故负有一定的责任,应赔偿其损失。为了讨说法,刘某的家人起诉,要求医院赔偿128万余元。在庭审中,院方辩称,刘某是一个具有完全民事行为能力的病人,医院作为医疗机构,不能限制其活动自由,并且《住院须知》已经明确告知患者不能擅自离开医院,医院已按要求尽到了护理义务。一审法院综合各方面情况,认定医院在履行医疗服务合同中,并不存在违约行为,不应承担赔偿责任。刘某家属不服一审判决,提出上诉。二审法院经审理后认为,医院主要为患者提供诊断和治疗等医疗服务,而刘某系因自行离开医院后发生交通事故而死亡,这与医院的诊疗行为之间没有因果关系。在刘某住院期间,医院的安全保障义务是在医院管理范围内保障患者或他人的安全,而不包括限制其人身自由,刘某在医院外发生交通事故,不属于医院安全保障义务的范围。据此,二审法院驳回了刘某家属的上诉请求，维持了一审判决。

终审判决作出后，医务工作者们长舒了一口气，认为这一判决是对医护场所医疗本质的回归，明确了广大医护人员是"专注于看病，而不是看人"，有利于其专业水准的提高。

在另一起案件中，法院的判决也获得了人们的赞同。2017年3月26日下午，在南京高铁站发生了一出惨剧：男子杨某跳下站台，横穿轨道，试图爬上对面的站台时，被驶来的动车夹住。民警、医生及消防人员合力处置，仍未能救回杨某，一个年轻鲜活的生命就在众目睽睽之下瞬间消失，令人扼腕。杨某的家人在悲痛之余，将上海铁路局和南京高铁站告上法院，索赔80余万元。2018年7月13日，南京铁路运输法院经审理后认为，杨某作为完全民事行为能力人，受过高等教育，具备预测损害发生的能力，对于损害结果也具备预防和控制能力，如能自觉遵守相关规则，就不会发生本次事故。车站已采取了充分的警示与安保措施，并给予行人在车站内的各项通行权利。而杨某未经许可、不顾警示擅自闯入危险区域，事实上是对自身生命健康受到损害的一种漠视和放任。据此，法院作出一审判决，认定死者杨某对这一事件负全责，其父母要求铁路部门赔偿的诉讼请求被驳回。

在这两起案件中，悲剧的酿成都与死者个人不遵守规则的行为有关。患者刘某的直接死因是在机动车道上发生的交通事故，而他之所以"出走"，则与其擅自离开医院有关；乘客杨某之死则因自行穿越车站危险区域所致。另外，这两起案件的被告方——医院和铁路部门——同属于"有钱"单位。在类似的情形中，原告一般都会产生一种"不能人财两空"的心理，如果"闹一闹"，对方多少会给些赔偿；而作为被告方的单位，则本着息事宁人或"人道"救助的想法，也会给予一定的补偿；至于法院，即便认定责任在原告一方，但出于对个体"弱者"的同情，一般也会做一做涉事单位的工作："反正你们也不缺钱，多少赔点儿，大事化小，小事化了，这样大家都省心。"经这么"调解"后，法院的案子倒是结了，却使原告方因自己的错误行为获利，被告单位则为他人的错误买单，至于因支付赔偿款而造成的"公家的"损失，则无人关心。在实践中，这类"吃大户"的案子不在少数。关于这种情形，美国著名法学家罗斯科·庞德在二十世纪五十年代的一次公开演讲中有言："人必须承担无过错导致的所有损害结果，这是我们日常社会生活的一部分。损害结果首先由有能力立即支付的一方承担，再由其通过收取服务费或者提高产品价格的方式，转嫁给大众，最终由社会加以分担。"我们谈及的上述两起案件即与此类似，假如法院支持了当事人的诉求，判决医院或高铁站承担赔偿责任的话，最终的结果就会变成由其他病患或乘客来买单。这种责任的分担，无论从"法理"上，还是从"道理""情理"来看，都是说不通的。

因此，在类似的案件中，不能因被告"有钱赔"，就认为其

"应当赔"。无论是个人、公司、单位或是政府，责任的承担均应与其过错相对应。那种由"大户"大包大揽地承担责任的模式，固然能收到暂时平息纷争的效果，但对于树立公民的规则意识，维护社会秩序的长期目标却有百害而无一利。所以，通过法院判决厘清责任，辨明是非，让人们为自己的过错负责，恰恰是一种公平的体现。民众为上述两案的判决点赞，也反映了这样一种共同认知：人不能从自己错误的行为中获利，也不应为自身没有过错的行为付出代价。

法官的"苟且"与"诗和远方"

无论大学四年或研究生三年的生活是怎么度过的,学习成绩如何,大多数法科学生在离开校园的时候,多少都会怀揣一份公平正义的法治理想,这也算得上是法律人的"诗和远方"吧。不过,在社会上待得久了,慢慢地,或许就只剩下"眼前的苟且"。

当法官的,一生中并没有多少审理大案要案的机会,尤其是在基层法院,涉及的多是些家长里短的纠纷。由于案多人少的现象普遍存在,毕业不久的学生很快就会被安排在审判执行的第一线。不出两年,他们就会成为工作中的行家里手,比在学校里几年间收获的东西要多得多。生活远比课本上的内容更丰富,这也是学生们和老师的共同感慨。

林语堂先生在《吾国与吾民》中讲到中国古代有关法律和裁判的情形,认为老百姓由于怕上"公堂",所以百分之九十五的争执都是在本地长辈面前解决的。如果不幸卷入诉讼案件,会被认为是一种事实上的羞耻,因此,年老的安分良民常引生平未进衙门、未上公堂以自夸。在农村,基本上是受着习俗和惯例的统治,偶遇争端,常请出年老者或族长来公断是非曲直。公断的标准,是"人情公理"兼顾。没有律师的参加,反而容易察觉谁是谁非，尤其当两造同系生活于同一社会传统之下，彼此系属相识者时更是如此。因无律师在场，使公正的判断益见可能，而判断公正，常使人心折服。临到争执不能用这种方法解决，诸如犯了伤害人命的刑事案件，或如分家析产，或其两造都决心争取面子誓不甘休的时候，他们才会去请教衙门。在林先生的笔下，中国古代社会确曾是崇尚无讼且和谐的。

不过，以今人的眼光来看，林先生所描述的景象算是老皇历了。当今社会，百姓的维权意识已普遍提高，"走司法途径"早已成为一句习语。不惟如此，甚至连一向迷信以行政手段解决问题的政府部门，也已转而开始寻求以司法途径化解官民纠纷。加上法院现在实行的立案登记制，使打官司的人益发多了起来，法官办案的压力自然加大。有一位在基层法院工作的学生，说他一年办理近四百起案件，数量只属中上，那些办案"能手"的业绩多达六百余起，当然其中也包含了一些走速裁程序的案件。即便一年所有的工作日都安排开庭，这么大的工作量也让人感觉不可思议。他们能看完案卷吗？开庭时能有充分的调查和辩论吗？遇到疑难案件，在较短的审限内，能捋清案情吗？能找准适用的法律吗？能写出有理有据让人信服的判决吗？在这种压力下判出来的案子能保证公正吗？不管人们有多少疑虑，案子还是要结的，这就难怪法官自嘲，说他们只不过是司法"民工"罢了。

与古人信奉"家丑不可外扬"的家训不同，在如今的民事纠纷中，涉及到家事的居多，且若论锱铢必较和好勇斗狠，无过于那些本该最需相互扶持的人。尤其夹缠不清的，便属父母子女与兄弟姐妹之间的是非，因为当他们走上法庭时，最缺乏的也正是法庭上最看重的证据！在讲求伦理亲情的社会中生活的人，怎么可能要求他们之间凡事都立个字据呢！我那些曾经以为一谈钱就"俗"了的学生，往往进入法院后不久就会跌入分家析产的是非窝中。近年来，基层法院关于继承的案件日渐增多。颁行于二十世纪八十年代中期的继承法显然没有料到人们手中财富积累的程度和速度，而且在高调宣示了男女享有平等的继承权之后，也没想到女儿"真的"会要求从家产中分得一杯羹。以前不屑一顾的一两间破房子，如今偏偏赶上了拆迁而升值，兄弟姐妹自然都来主张权利。儿子说依"老理儿"女儿没份儿，女儿说"按法律"继承权平等。儿子把拆迁款花了，拿不出钱来给姊妹们，法官们苦口婆心劝说不通，不得已裁定要拘留儿子时，姊妹们又觉得"毕竟是自家兄弟，不落忍"。在钱与情之间纠缠着的当事人，会把刚刚走上审判岗位的年轻法官逼得寝食难安。这么难解的题，课堂上可是没学过的。

婚姻自由宣传了多年后，离婚早已不再是什么大事，不过，还没有步入婚姻殿堂的年轻法官审理离婚案件时就会发现，问题没那么简单。比如妻子起诉离婚了，丈夫跑到法院对承审法官骂骂咧咧，"我的家务事，用得着你们管吗?"还有的当事人在开庭前给法官打电话，威胁说如果敢判离婚，他就从"树上"跳下去，而当事人此时真的就坐在法院对面一棵大树的树杈上。更奇葩的是，两口子闹离婚，出庭的竟是婆婆，因为老太太说了，"我儿子什么都听我的，他们离不离婚由我说了算。"每当这个时候，法官们想起课堂上庄严的法律和律政剧中威严的法官，就会有种被书本和剧本骗了的感觉。

让人无语的还有离婚时的财产分割。有位法官给我讲过，由他主持达成的一份财产分割协议，在确定了结婚时买的塑料假花、暖瓶等的归属后，还有处分衣物。"呢子外套一件（格状）、毛衣两件（一件红色、一件粉红）归被告所有，一条灰色秋裤归被告所有！"当然被告是女方。连这个都写得一清二楚，可见做法官真不容易！当这些法官在适婚年龄里遭遇了过多诸如此类的离婚案件后，他们只好"再也不相信爱情了"。

在听够了法庭上这些鸡毛蒜皮、喋喋不休的"苟且"之事后，法官们可还记得"远方田野"上公平正义的法治理想？其实，每一个法官都是促成公平的一分子，当人们在每一个司法案件中都感受到公平正义时，法官们所致力解决的"眼前的苟且"，自然也就具有了"诗和远方"的意义和价值。

Lester George Hornby（1881-1956）

The Outposts Christmas Letter

法官是"弱势群体"?

这是一个人人自谓"弱势群体"的时代，比如，在某年的"两会"期间，建行的行长就说"银行是弱势群体"。他这么说的时候，不仅记者们笑了，就连总理都忍不住笑了。不过，当法官们也以"弱势群体"自娱时，却有很多人深以为然。确实，代表国家进行审判的法官们，有时候真的是"弱势群体"。

这么说，可能有人会认为法官矫情。法官职业是典型的铁饭碗，每个案件都要在他们手里有个结论：两口子能不能离婚；离婚后财产如何分割、子女抚养费怎么分摊；合同是不是有效；损害赔偿责任比例如何划分；刑案中有罪抑或无罪，罪轻或罪重，刑期是十年以上还是以下，缓刑还是实刑……都要由他们决定。这么有"权"的人怎么会是"弱势群体"呢？

笔者曾在课堂上问过学生一个问题，"提到哪种职业会让你顿时肃然起敬？"在五花八门的回答中，竟然没人提及法官！而培养以维护公平正义为职志的法官可是我们法学教育的目标之一！连未来的从业者都缺乏职业尊严感时，这个问题就不能不让人深思了。

法官职业无法让人"肃然起敬"，一方面来自部分法官对职业的"自我作贱"。当集体嫖娼、吃请受贿、暗箱操作、枉法裁判这类负面传闻与这个群体联系在一起时，要让人尊敬也难。另一方面，则确乎来自法官的"弱势"。一位做法官的学生在朋友圈里发牢骚，"有这样的法官吗？当事人无理取闹到下班以后，还得开车把她送回去。"这一牢骚引发了他的同学"同僚们"的吐槽。"这太常见了，我们这儿的当事人闹到夜里十二点，法官也得把她送回去。更有厉害的，一老太太直接在法院里吃喝拉撒好几天。"甚至当事人在庭审中对法官揪头发、扇耳光的事也时有发生。更多的时候，当事人还会用上访来"威胁"，要"断了法官的前程"，逼使法官做出对自己有利的判决。这种情况下，法官又谈何职业尊严！

不检点的法官确实有，不过这只是整个群体里的极少部分。经历了虐心的职业资格考试和残酷的招聘竞争，从校园里走出的年轻法官，他们需要不断地学习以应对变化着的法律，慢慢摸索和积累审判的经验，在个案裁决中践履守护公平正义的理想。他们还得学会在晋升之路狭窄、行政化氛围浓厚的法院系统内周旋。可以说，在成长为一名合格法官的路上，他们艰辛备尝。另外，他们还须承受因个别法官的不公正不廉洁带来的负面评价，要为无法掌控的外界干预下形成的冤假错案当替罪羊，要做当事人耐心的倾听者或出气筒，要完成各种非职业的任务。而当他们做这些事情的时候，还必须有一颗无私奉献的心。在经济欠发达地区，法官们还得忍受几乎多年不变的少福利和低工资！

司法改革正在向前推进着。本以为会有越来越多的人争着抢着当法官，然而事与愿违，在"顶层设计"逐项推出后，却有很多法官选择了离开。人们在选择职业时，影响因子会有很多。除了薪酬外，个人天赋、理想、兴趣、社会地位和声望等都是重要因素。而提高法官收入，让法官从执业中体会职业的尊严，则是顶层设计者必须关切的。

美国有史以来最年轻的联邦最高法院大法官约瑟夫·斯托里曾在写给朋友的信中描述其接受任命的理由。"尽管我现在生意上的报酬远远超过这份薪水，我仍然决定接受这个职务。它所拥有的崇高的荣誉、终身制的任期、这份薪水的体面（如果我可以如此形容），和它所提供的让我去追寻那最崇高的司法研究的机会，这一切都促使我如此决定。"对于斯托里大法官来说，与这份职业相携而至的荣耀，足以抵消收入减少所带来的困扰。颇负盛名的美国联邦第七巡回区上诉法院法官理查德·波斯纳在《波斯纳法官司法反思录》中也谈到他接受任命时的各种权衡和考量。"收入减少可以容忍"，因为做联邦上诉法官"有机会在真实世界的环境里运用经济学分析"，并且"用往昔的伟大法官做标准来检验我自己"。有意思的是，波斯纳还想到自己曾经被年轻律师交叉盘问、来回折腾时的场景，这使他非常"想坐到法官席的另一边"！

一份让人欣羡的职业，取决于薪水，更取决于它所代表的社会地位、声望、荣誉，以及守护公平正义的个人理想实现的机会与可能，这些都会让法律精英趋之若鹜。这里所说的薪水高低，只是相对而言的，足以维持一个人"体面"的生活是其最低限度。时下的法官既居于"弱势群体"的地位，职业尊严和荣誉相当匮乏，工资又低到"体面"生活都无以为继，要求他们安心于这个职业确乎有点儿难。

谁来缓解法官的道德压力

经常看到一些当事人因为对法院的裁判不满，就在网上发布"教科书式"的"控诉"材料。格式一般都先鼻涕一把泪一把地将自己的案情或"冤情"用极具煽情性的语言叙述一遍，然后再把一审、二审甚至是再审的结果公之于众，接下来除了谴责裁判的不公外，还会对法官提出种种质疑，认为法官一定是收了对方当事人的钱，所以才会枉法裁判。这些"作文"所用的词汇极尽侮辱和诽谤，让一般心理脆弱者难以承受。比如"某某某法官，你如此枉法裁判，简直是丧尽天良，泯灭人性"；"你这样判，难道你的良心就不会痛吗?"在种种丑诋的烘托下，仿佛法官个个铁石心肠且恶意错裁，简直比真正的犯罪分子还要可恶。更有甚者，一些当事人会把人生的不如意归结为多年前自己所经历的一场官司，由此迁怒于法官，并向法官寻仇。可以说，法官是最容易和人结仇的一种职业，因为他审理的每个案件都要有输赢，赢了官司的自然高兴，而输了的一方就会觉得你偏袒对方。有媒体宣传的当事人对法官"胜败皆服"，这如果不是写稿子的人缺乏司法常识，就是法官在判案中和了稀泥，因为这在现实生活中根本不可能。

在平常的日子里，我们每个人都能感受到来自生活或工作中的各种压力，只不过有大小之分，以及内在和外在之别。而法官这一群体的压力，应该是大小内外兼具。随着普通百姓诉讼意识的提高，社会上寻求以法律途径解决纠纷的人日渐增多，再加上立案登记制的推行和诉讼费偏低等原因，"告那家伙"早已不再是美国人的偏好和专长，而是成了许多国人在面对利益冲突时的首选，这也必然造成法院受理案件数量呈"井喷"状态。而且，员额制的改革虽以实现法官专业化、职业化为初衷，但在客观上减少了有资格办案的法官的数量，案多人少的矛盾并没有得到有效解决，反而有越来越突出之虞。作为上级法院，经常还要进行各种收结案的评比以"自我加压"，法官们则只能以加快庭审速度来完成工作。曾经有律师抱怨说自己为案子准备了好长时间，不远千里地赶到了法庭上，结果法官问了三句话就把庭开完了，使自己的"辩才"没有发挥出来。可对于法官来说，这一天还有三个庭在等着他开，怎么可能有时间在法庭上欣赏你的才华呢！也许法官是世界上最不担心无事可干的职业，因为人与人之间利益的冲突是必然且永恒的，涌向法院的案子源源不断，法官当然也就没有审完案子的那一天。"没完没了"用在这里，最恰当不过了。

因案件多导致加班加点超负荷工作是一种外在压力，此外还有一种无形的内在压力。为了提高司法的公信力，当下的司法机关对法官提出了实行"案件终身负责制"的要求，认为只有这样才可能促使法官在办案中认真核查了解每个问题、每个步骤、每个细节，实现无冤假错案的目标。殊不知这在给法官戴上紧箍咒的同时，也使他们变得谨小慎微，生怕一不小心酿成被终身追责的错误。一个人如果长期处于紧张和压力之下，就会失去工作的乐趣，并且产生厌倦的心理。在这种状态下，希望法官让每个案件中洒满公平正义的阳光是根本不可能的。法官是人而不是神，囿于知识和证据的有限性而发生判断的失误是难免的，只要从法律上证明他并未故意枉法裁判，就应该对其错判留有一定的谅解空间。事实上，我们的法律程序中，本已设置了各种纠错机制，比如公检法三机关之间的互相制约和监督，比如法院上诉审及再审程序等，只要其正常且有效地运转，完全可以发挥消除冤假错案的作用。

无论是来自纯粹工作数量的压力，还是源于对终身追责之后果的担忧，似乎都有从技术上缓解的可能。然而，对于法官判案中所遭遇的道德压力，既无法排解，也没有引起人们的足够重视。当看到据称法官裁判不公的案件时，大多数人也会和当事人一样质问法官，"难道你的良心就不会痛吗?"其实，法官的良心会痛，只是我们常人不了解而已。而且，即便是在被告"罪有应得"和裁判"罚当其罪"的情况下，大多数法官的良心也会痛。试想想，我们普通人可以对一个案件品头论足，说某人"不杀不足以平民愤"，可是"杀某人"的判决却无须我们做出，因而我们并没有道德上的负担。作为法官，他有可能做出剥夺他人生命的判决；他的笔在起落之间，就能决定被告在牢里时日的长短；

他的同情心稍微偏向离婚案件中某一方当事人，就可能涉及财产的不同去向。你可以说于欢杀人的起意是缘于对方的"辱母"，而法官的评判则必须在纷繁复杂的证据中辨别其是正当防卫还是防卫过当。法官并不能根据自己的良心来判决，而只能根据法律来判决，即便他的良心不允许他这样做。法官或许每天都面临这样的道德压力，却缺乏缓解压力的通道和机制。

大多数人对美国刑事司法制度中的"排除合理怀疑"原则耳熟能详，却对其渊源不甚了了。耶鲁大学法学院教授詹姆斯·惠特曼在《合理怀疑的起源》一书中谈到，在中世纪，法官的灵魂救赎会在每天做出的判决中受到威胁，因而才产生了"存疑时有利于被告"这一举世闻名的规则。它要求法官在面对可怀疑的证据时必须选择"更仁慈"和"更谦抑"之道。而正当程序则为缓解法官道德压力所必需，"法官绝不能急于惩罚，而是必须仔细斟酌所有事项。他必须遵守正当的程序，然后尽力确定真相，只有做完这些以后，他才能判决。"

由于我们的法官多为无神论者，身处审判的道德或良心困境时，只能"所有的问题都自己扛"，从自身的省思中求解。域外的制度经验虽可以借鉴，其背后的神学背景却无从移植。这就要求法官与当事人之间必须相互理解，推己及人。只有这样，才可以在减少冤假错案发生的同时，减轻法官良心上的负担，减少当事人的质疑。

Arthur Burdett Frost, Sr. (1851-1928)

De King Im Sit Right Flat in a Chair

邓析之死

邓析之死与律师职业伦理

法治乃律师与法官的共同产品

从"救护车追逐者"到法庭的主演

用心且有效的辩护

于细小中彰显正义

与

律师职业伦理

LES BONS BOURGEOIS.

21.

— Dire pourtant que nous avons un fils qui est enfin avocat..... voilà un honneur pour la
famille . Adolphe, je veux que tu restes costumé comme ça toute la journée !...

Honoré-Victorin Daumier （1808-1879）

" *Isn't it marvellous to have a son who is a lawyer…*
what an honour for the family…Adolph, I want you to
remain dressed like that all day long!…"

邓析之死
与律师职业伦理

邓析之死与律师职业伦理

　　每种职业，都有其创始人或曰"祖师爷"，比如：做老师的要去拜孔子，当木匠的要供奉鲁班，典狱官则把皋陶奉为狱神。至于律师或"辩士"的鼻祖，虽不是太明确，不过大家一般都认为是邓析。他是较早从事这项营生的，而且从文献记载来看，他在这一行做得还不错，收入也颇为可观。据说生活在春秋初期的邓析，也和先秦时期的其他士人一样，招收门生，聚众讲学，只不过他讲解、传授的是法律方面的知识和诉讼方面的方法技巧。此外，他还具体切实地帮助人们打官司，为人们解决纠纷出主意。不过，他提供的可不是免费的"法律援助"，而是要收费的。《吕氏春秋》记载，邓析"与民之有狱者约：大狱一衣，小狱襦裤。民之献衣襦裤而学讼者，不可胜数"。意思是说他按照案子的大小与复杂程度，分等解答问题并收取费用，大的案件收一件外衣，小的案子则收一条短裤，而当时拿着长衣短裤来咨询和学习诉讼的人络绎不绝。可以说，邓析所从事的这一职业，有着非常好的发展前景——找他咨询和寻求帮助的人很多，说明社会对讼师有广泛的需求，案源不愁；对于从业者来说，收入高，获利丰厚，当无生活之忧。

只不过邓析最终"被戮"而死，而后世讼师、辩士这一职业备受官府打压，这就给相应的从业者心理上蒙了一层挥之不去的阴影——"祖师爷"的结局不好，职业前景自然堪忧了。

那么邓析到底为何"被戮"呢？据史料记载，邓析是春秋时期郑国的大夫。他在中国法制史上之所以能保有一席之地，是由于他曾私自制定过一部刑法，因为书写在竹简上，所以被称为"竹刑"。关于邓析之死，则有两种说法。一说是郑国的执政驷颛，因其"不受君命而私造刑法"，故"杀邓析而用其竹刑"，而驷颛也因此受到"君子"的批评，认为他的做法是错误的：如果有人做了对国家有利的事，就可以不惩罚他的邪恶，若采用了一个人的主张，就不应该惩罚这个人，那么，既运用了邓析的竹刑，又杀了他，这说明驷颛不会"劝能"，不能鼓励贤能人士为国家出力。

另一种说法则是邓析为子产所杀。子产在郑国任执政期间，对内对外进行了一系列改革，并"铸刑书于鼎，以为国之常法"。子产公布成文法的举措，为人们研习法律和诉讼创造了条件，民间因此而出现了帮助人们打官司的职业诉讼人，邓析即是其中之一。不过，邓析对子产的各种改革措施，总是持批评驳难的态度（"子产治郑，邓析务难之"），对子产的刑书也多持否定意见，认为其不够好，于是私自制定了"竹刑"（"当子产执政，作《竹刑》，郑国用之，数难子产之治。"）不仅如此，邓析在帮助民众解决纠纷时，还经常颠倒是非，没有曲直对错界限，一日之间，在是与非、对与错之间变化不定，想要某人胜诉就找让其获胜的理由，想要治其罪则用使其入罪的说辞。（"操两可之说，设无穷之辞""以非为是，以是为非，是非无度，而可与不可日变。所欲胜因胜，所欲罪因罪。"）

邓析这种"操两可之说"的"做派"，还有确实的事例为证。据《吕氏春秋》记载的一个故事，洧水曾经发大水，郑国有一富家之人溺水而亡。有人打捞到了溺亡者的尸体，富人想要花钱赎回来，而打捞尸体者却要价甚高。富人去找邓析，邓析出主意，劝其不要着急，告诉他，因为你是唯一的买主，这尸体也不可能卖给别人（"人必莫之卖矣"）。富人沉住气了。而捞尸体的人这一来却着急了，也去找邓析。邓析同样让其不要着急，告诉他，因为富人不可能到别的地方去买尸体，只能在你这里买（"此必无所更买矣"）。在这个故事里，富人与捞尸体的人本来是去找邓析解决这一纠纷的，但他却谁找上门就向着谁，不辨是非，"可与不可日变"。史料未给出最后的答案，但从这些有限的记载来看，事态的发展是富人与捞尸体的人非但未能解决纠纷，反而陷入了更大的僵局。可邓析的做法，虽然"甚察而不惠，辩而无用，多事而寡功"，但因"其持之有故，其言之成理"，足以"欺惑愚众"，造成"郑国大乱，民口讙哗"。子产对此非常担心，"於是杀邓析而戮之"。自此之后，郑国民心安定，有了统一的是非观，其制定的法律也得到了推行。

其实，若从职业伦理的角度看，讼师或律师应以维护当事人的合法权益为最高准则。在现代社会，即便民众普遍认为某罪犯十恶不赦，他的辩护律师也要为其找出各种减刑或免刑的理由，这是辨明是非、解决纠纷所不可缺少的环节。作为律师，如果接受原告的委托，自然要替原告说话；若是收了被告的律师费，当然要向着被告。因此，从收谁的钱就为谁说话这一点来看，邓析的"所欲胜因胜，所欲罪因罪"并无不妥，只是他同时代理了如"富人"和"捞尸体的人"这样的双方当事人，同时为双方出主意，那就不再是解决纷争，而是几乎变成了一个挑事搅局者。难怪作为执政者的子产会担心邓析对民心的蛊惑和煽动，只有杀之而后快了。

像邓析这种原被告通吃的情形，今天已不复存在。根据我国律师法的规定，不仅不允许同一律师代理同一案件原被告双方，即便是在同一律师事务所的律师，也不可以同时担任同一诉讼案件原被告双方的代理人，不可以担任同一刑事案件被告人的辩护人和被害人的代理人。律所要按规定对委托事项进行利益冲突审查，指派的律师不能同时或先后为有利益冲突的各方当事人担任代理人或提供相关法律服务，否则，律所将承担相应的法律责任。有了这些规定，律师也就不必因代理人的不同而"是非无度，可与不可日变"了。邓析之死，既死于子产的担忧，更死于

Un défenseur en Justice de Paix causant affaires dans son cabinet habituel.

Honoré-Victorin Daumier (1808-1879)

A defence lawyer at the Court of Arbitration discussing business at his usual office premises.

讼师职业兴起之时相应制度的缺失，并因此而影响了一个行业领域的生存——既让讼师的职业走上了讼棍的歧途，也使古代法制因辩士的缺席而存有先天的缺陷。这是邓析之悲，讼师职业之悲，又何尝不是古代社会法制之悲呢！

法治乃律师与法官的共同产品

对于一个正在走向法治社会的国家来说，律师这一职业阶层是必不可少的，他们在案件细节上较真、在诉讼环节上挑毛病、在起诉书和判决书字里行间发现漏洞，有助于提高司法的精准性、公正性。可以说，律师在法庭上的锱铢必较，对司法工作人员法治思维的养成和法治的进步大有裨益。

忠实地维护客户利益，是对律师的职业伦理要求。作为负责任的律师，应该通过运用自己所掌握的法律方面的技术性知识及实践智慧来为客户提供优质服务。判断一个律师职业素养的高低，主要依据的是他在庭审中的表现，毕竟，法庭是律师的主战场。然而，在当下中国的律师界，不乏在法庭外"用功"的诸多乱象，造成了人们对律师的负面评价。

曾有一个做律师的学生在朋友圈发牢骚："作为一个律师，你说的每一句话，提出的每一个观点，最起码应该从事实出发，找不准案件的切入点是你的能力问题，不依据法律说话就是你的道德问题！口口声声'我以为，我以为'，你凭什么以为？把庭审硬生生表演成了自己的满口胡诌及文字游戏，你和骂街的大妈又有什么区别？我可怜你的委托人，更为你把律师这个职业当做骗钱维生的工具感到可恨和可耻。"该学生之所以这么火大，原因是他在开庭时，对方律师罔顾事实，故意曲解合同约定，完全不能提出法律支撑，却又胡搅蛮缠。这样的律师在法庭上貌似挺"卖力"，其实只是在向他的委托人进行"表演"。更有一些连表演都懒得做的律师，开庭时完全不清楚案件的情况，需要法官自问自答才能完成庭审。

有些律师则对庭外表演情有独钟。接受委托时他就告诉当事人，说现在的法官都受贿，要想打赢官司，一定得给法官送礼。当事人给律师一笔钱去"打点"。结果败诉了。律师又告诉委托人，说肯定是送的不如对方多，上诉时一定要比对方送得多才行，然后委托人又给律师一笔钱继续"打点"。结果二审还是败诉。这时的律师一定会"悲愤"异常，大骂法官"天下乌鸦一般黑"。而真实的情况可能是，律师把"打点"法官的钱"截留"自用了。若遇上较真的委托人，就可能会去法官那里求证，揭穿律师的谎言；如委托人自认倒霉的话，法官可就戴上了"吃了原告吃被告"的帽子。

当下还有一类律师，喜欢对着法院的安检"较劲"，认为法院对律师进行安检是一种"歧视"，因此而拒绝出庭。这样的律师只能用"无良"来形容。客户花钱是为了让你上法庭去辩护，以争取和维护他的权利，你却在法庭外为争取你"免检"的权利而"斗争"，丢下你的客户独自面对庭审。律师的对手是法庭上的公诉人或对方律师，绝不是安检门。人们对此难免心生疑虑：律师或许只是以安检门做挡箭牌，他根本就没有准备好或没能力为当事人辩护吧？

律师职业的旨趣，是站在法庭上，通过精彩的辩论来维护当事人的权益。当辩论有说服力时，能使法官心悦诚服地接受并采纳你的建议。律师真正有力的武器是语言，要运用清晰、准确、智慧和讲究技巧的语言，让法官相信你的委托人的主张在法律上是正确的。律师不应该把心思花在策划庭外舆论、金钱贿赂、倒地撒泼等非正常手段上。其实，今天的律师群体并不缺乏理性、客观、负责任的辩护人——斯伟江律师在某案辩护中那句"正义不在当下，但，我们等得到"的辩护词，依然回响在法庭的上空！

曾担任耶鲁大学法学院院长的安东尼·克罗曼教授在其著作《迷失的律师：法律职业理想的衰落》中说到，"律师和法官共同生产的这个产品就是法治本身。"当下中国的法治建设，也仰赖律师、法官等法律人在"庭上"或庭下的共同努力。我们抱怨当下法治环境不尽如人意的时候，每个诉讼参与人是否应该扪心自问：我对法治生态的改善有什么贡献？

Jehan Georges Vibert （1840-1904）
Trial of Pierrot

从 "救护车追逐者" 到法庭的主演

　　尽管每年的毕业季，都有人说法学毕业生就业难，但依然挡不住人们报考法学专业的热情。在浩浩荡荡的考研大军里，每年报考法律硕士的人数都在增加。在大学里学外语的、学工程管理的、学药学的、学汽车制造甚至园林园艺的学子，很可能在四年后发现自己的 "热爱" 竟是法学，于是义无反顾地报考法律硕士，以开启人生的一片新天地。或许正因为如此，法学专业学生的就业才增加了难度，这反过来又成为人们诘难法学的口实。

　　其实，许多 "转行" 法学的人，未必不清楚其就业口径的宽窄，只不过一个人选择专业的原因有很多，即便是纯粹为了公平正义这样高大上的 "法治理想"，又有何不可呢？退一步说，即便在体制内就业不易，还有律师这样的自由职业。事实上，不仅有许多毕业生选择了加入律师团队，也有一些法律人从体制内出走，跻身律师行业。不消说，律师的队伍是越来越壮大了。

　　不过，理想和情怀毕竟不能当饭吃，律师从业者多了，必然会加剧同行之间的竞争。印象中的律师，应该是法庭上口若悬河、滔滔不绝，生活中精明干练、睿智多金的。可是，对于那些刚刚入职的 "小律师" 来说，广开案源以养家糊口，才是生活中的头等大事。这在以"健讼"闻名的美国也是如此。

　　劳伦斯·弗里德曼在《二十世纪美国法律史》一书中描述过小律师们的生存业态。美国的司法界是一个"高度分层级的行业"。在二十世纪初期，居于这个行业顶端的是所谓的"华尔街律师"，他们是一些优秀敬业、头发灰白、能干且保守的男人，专门处理大规模的业务。处于中间位置的是一般的律师，他们为小企业、生活富裕的市民和类似阶层的人处理日常事务。而处于最底层的则是一些被边缘化的律师，他们须靠着法院或亲朋好友提供的零星工作来苟且谋生。弗里德曼讲到了律师行业里社会地位最低的一群人，他们为了生计，只能去做"救护车追逐者"。他们"争先恐后地跑到事故现场，或者在医院的病房里游走，以便与车祸、爆炸、火灾事故的受害者签约。他们必须跑得很快，抢在那些带着一叠待签署的空白弃权书的保险公司理赔员前面。"这看上去是残酷且令人反感的，因为这些律师的生存，仰赖社会生活中发生的各种不幸事件。不过，也正是因为这些貌似贪婪冷血的律师的"追逐"，才使得那些遭遇不幸的人获得了赔偿，多少降低了这种不幸的程度。从这个角度来看，律师生活中的"诗与远方"还真不多。

　　这些"救护车追逐者"类型的律师，往往遭到人们责骂、鄙视甚至是憎恨，他们开发的"案源"是当时的"华尔街律师"所不屑代理的。依当时侵权法的归责原则而论，很多类似的人身伤害案件，受害者孤苦无依，既得不到法院的支持，也很少能得到赔偿。"救护车追逐者"赢得了金钱，换来恶名，也顺应了民事侵权行为所导致的法律上赔偿责任的激增趋势。产品责任、医疗事故、交通运输、环境侵害、职业病、性骚扰等，都可能将人们拖进一场耗费精力和金钱的官司，而弗里德曼则将处理人身伤害的律师称为是在赔偿责任倍增时期的丢炸弹者。号称"侵权行为之王"的梅尔文·贝利在这一过程中就扮演了重要角色。他利用在法庭上与众不同的戏剧性"表演"，有效地提高了官司的胜诉率。在美国，犯罪嫌疑人有罪或无罪，民事被告应否承担责任，由陪审团说了算，因此，两造律师在法庭上唇枪舌剑，目的在于说服陪审团，让他们作出有利于自己委托人的裁判。而由缺乏法律专业背景的普通市民组成的陪审团，判断的根据则是人之常情、常理和常识。在侵权行为案件中，陪审团成员会有很深的"代入感"，因为每个人都有可能成为下一个案件的受害者。贝利经常会将一些"展示性证据"带入法庭。弗里德曼介绍，在二十世纪四十年代的一件案子中，一名年轻的女子在一场意外事件中失去了腿。当贝利走进法庭时，手里拿着一件"L型的包裹，外面用廉价的黄色纸张包着"。他缓缓地打开包裹，里面有一只人造脚。贝利告诉陪审团，他的委托人"在剩下的生命里都要穿着这个……代替上帝赐给她的肢体。"可以想见，贝利所"展示"的那只人造脚给陪审团带来了强大的视觉冲击力，而他

John Tinney McCutcheon (1870-1949)

Their Lawyer

的煽情性叙述又激发了陪审团成员的同情心，这种情况下，陪审团作出有利于其委托人的判决也就在情理之中了。

我们可以说贝利的这种做法是"不择手段"，然而，他的"计谋"却有效地维护了人身伤害案件中受害者的权益，某种程度上促进了社会公平的实现。从简单直接地"追逐救护车"，到运用带有法庭表演性质的辩护技巧，这或许也是二十世纪法律进步的呈现。

与好讼的美国人相比，一向受"息讼"传统观念影响的中国人，算是够隐忍的了。不过，与仅有简单的户婚田土民间"细事"的古代相比，国人今天所遭遇的民事侵权丝毫不比美国人少，而与此相关的诉讼自然不断增长，对法律人的需求也会有增无减。所以，唱衰法学专业的论调并不足惧。如果能避免类似"救护车追逐者"这样的野蛮生长期，直接进入法律人在法庭上依《诉讼规则》展示辩护技巧的阶段，则法律人幸甚，当事人幸甚，中国的法治事业幸甚。

用心且有效的辩护

　　熟悉美国电影《十二怒汉》剧情的人，都知道它讲述的是一个有关陪审团审判的故事。被关在一间闷热的屋子里的十二个人，在对一件谋杀案逐项"排除合理怀疑"之后，最终做出了被告人无罪的裁决。

　　美国法庭剧中的场景都大致相同：法官坐在台前，身后是美国国旗；律师们在争辩着，口若悬河，思路清晰，在适当时刻抛出一个关键证据，让对方哑口无言；他们对证人进行交叉询问，在一声声"我反对"后，站起来又坐下，不断提着异议；陪审员们坐在陪审席上，聚精会神地聆听，时而点头会意，时而摇头叹息，专注而庄重；陪审团退出法庭，各方人士在紧张的气氛中焦灼地等待；陪审团重回法庭，主席神色凝重、用语精炼地宣告"有罪"或"无罪"。一般而言，当陪审团进行讨论裁决的时候，法庭剧还会将律师们的较量转移到走廊或洗手间，而那些决定被告命运的陪审员却一直处于配角的地位。可以说，美国的法庭剧基本上等同于律政剧。所以，《十二怒汉》将场景转移到那间设施简陋、闷热难耐的小屋子，观众还真有些不适应。当这些在片中只有数字代号的人成为主角时，人们不禁要问，那些号称从事"正义事业"的律师哪儿去了？

其实片中有一个容易被人忽略的情节：由亨利·方达饰演的"8号"陪审员，在该片的"主角"与其他陪审员之间的一段对白中，为律师的"去向"揭开了谜底——"我觉得被告的律师并没有做过完整的交叉询问""很可能那个律师就是个大笨蛋。如果是我，会请另一个律师来帮我做这场攸关我生死的辩护，我会希望我的律师反驳目击者的证词，至少他该试试。"原来陪审员之所以能"上位"，竟是因为律师的敷衍了事和漫不经心。可以说，正是由于律师的失职，陪审员才不得已干了律师的活儿！

影片没有说明被告的律师是否为公设辩护人，即我们通常所说的从事法律援助的律师，不过，从《十二怒汉》上映的 1957 年这一时间节点来看，片中的被告成长于贫民窟，又被控实施一级谋杀，有可能会被"送上电椅"，所以他的律师应该是一个公设辩护人。早在 1932 年，美国最高法院就在"鲍威尔诉阿拉巴马州案"中规定，各州法院应免费为被控死罪的穷苦被告人提供辩护律师。到了 1938 年，美国最高法院又在"约翰逊诉泽伯斯特案"中裁定，无论被告人被指控为死罪还是其他刑事罪行，法庭都必须免费为贫穷的被告提供律师。不过，法律虽然作了规定，但相应的被告人并不一定就能在法庭上得到律师的全力帮助，进而得到公正审判。常言道，便宜无好货，"免费"的自然更不用说了。那些公设辩护人能否走心，为贫穷被告人进行有效的辩护，只有他们的良心知道。就像在《十二怒汉》中的辩护律师一样，连陪审员都能想到的"疑点"，他都只字未提，可见其出庭只是出工不出力，点个卯，虚应差事而已。假如没有亨利·方达饰演的"8号"陪审员的人性关怀和据理力争，无辜的被告人无疑会成为一个冤死鬼。

《十二怒汉》旨在渲染的是陪审团的作用，影片无疑也投射出了公设律师的有效辩护问题。几年后，身陷囹圄的克拉伦斯·吉迪恩，通过长期不懈的申诉，终于迫使美国最高法院在1963年做出了一个划时代的裁定：各州法院应为被控刑事重罪的贫穷被告免费提供辩护律师。然而，"吉迪恩的号角"虽已吹响，贫穷被告人获得"公正审判"的状况却没有得到较大改观。理论上，公设律师必须态度认真，具备办案能力，有足够的资源进行辩护，然而，正像劳伦斯·弗里德曼在《二十世纪美国法律史》中所说的，"大部分的州并没有支付足够的酬金让这些人把事情做对，律师的酬金不理想，没有足够的金钱进行调查、找证人、DNA检验等。有些州根本没有公设辩护人，所以法院指派的律师有时候很无能，有时候则是让商事法律师勉为其难地上场为一个谋杀案辩护，即使是关系到一些嫌犯生死存亡的审判，常常是只能得到草率仓促的辩护。"弗里德曼还举了一个例子：在二十世纪九十年代，一个在法学院刑法课程不及格的律师成了得克萨斯州哈里斯郡法官的宠儿，而这个律师在一件事上得了冠军——他的委托人被判处死刑的数量比美国其他任何律师都多得多！

其实，律师能否进行有效辩护，与其所能得到的酬金无关，却与个人的专业能力、个人的操守和责任心有关。而且有了后者，即便律师只是在恶劣政治环境下的"摆设"，也会为可怜的被告人争得些许权益。在二十世纪二三十年代的上海，国民党实行白色恐怖，大肆逮捕共产党嫌疑分子和进步人士。他们对共产党员的剿杀几乎无需什么法律手续。不过，由于租界的存在，使得凡是由租界巡捕抓去的政治犯，在移交中国政府之前，都须在"特区法院"开审一次。被告可以请律师辩护，只是这种辩护的形式意义更大于实质意义。一般而言，有共产党员嫌疑的被告，没有普通律师肯出庭为其辩护，这类被告也没有因辩护而获得过释放。然而，据《风骨：新旧时代的政法学人》一书的记载，费青（即费孝通先生的哥哥）在上海从事执业律师期间，曾经办过一个涉及共产党嫌疑分子的政治案件。涉案的当事人是一个小学校长和两名教员，他们因为共产党员嫌疑被捕，而国民党当局的核心证据，是一位号称已"自首"的"共产党员"的证词，即"曾和这几个被告在他们学校里开过几次共产党秘密会议"。在法庭上，费青出其不意地请求法官命令证人将其所说的"去过几次"的学校地址和格局简单地画出来，然后再命令曾去该校拘捕三位被告的巡捕也画出该校的地址和格局。结果，两个"校园"大相径庭。于是，证人的谎言不攻自破，法官只得当庭释放了一名被告。在当时风声鹤唳的环境下，费青先生接手这样的案子本身就要冒极大的风险，甚至有被暗杀之虞，而接手案子后又没有按当局给的剧本去表演，反倒积极地为当事人进行有效的辩护，其勇气、智慧与操守，确乎能承载得起"风骨"二字。

在今天这样一个大昌法治的时代，太需要像费青先生这样的执业律师了。

于细小中彰显正义

几年前，在我供职的法学院的毕业典礼上，作为教师代表，我曾做过题为"守望正义，一生平安"的发言。当时不仅让学生们感动了一回，还把自己也说得热血沸腾，仿佛社会上有了新鲜法律人的加盟，法治状况会立竿见影地发生较大改观。几年过去了，每年夏天我还会如期送走一批学生，偶尔也会在他们的留言簿上写下"守望正义"这四个字，只是，如今多少觉得落笔容易落实难。"正义"的事业很崇高，法律的职业却很世俗。法律从业者只有在那些琐碎的细节中孜孜讫讫地抠索，才能彰显出法律中所隐含的正义。

《风骨：新旧时代的政法学人》一书中，谈到法律前辈于振鹏先生在二十世纪三十年代选择法律专业时的想法："法律专业属于'进可攻、退可守'的学问，至少保证自己不受人欺负，小可以谋生，大则可以服务众人，正所谓'达则兼济天下，穷则独善其身'。"确实，既可以作为从业者谋生手段，又寄托了人们社会理想的职业，在三百六十行里为数不多，法律无疑是其中之一。而法律人的"初心"，确实就是这崇高的社会公平与正义。我们的法学教育以笼统地培养"合格的社会主义法律事业接班人"为目标，法学毕业生可以在政府、企业、科研院所等任何单位任职，是一种职业"万金油"，不过，理论上，法律职业仍然特指律师、检察官和法官，所以，在琐碎的日常中对正义的守望，也就成了他们的"诗和远方"。

以律师为例。在许多人眼里，律师不是解决纠纷的，反而是麻烦的"制造者"。没有律师，警察可用"非常手段"获得证据，检察官可以"差不多"的罪名起诉，法官也可以恣意地出入人罪。不过，如果没有了律师，很多职业似乎也就没有了存在的必要。在古代，包大人把从现场勘查、案件侦破、升堂问案到开刀问斩的全过程都"包"了；而在二十世纪五十年代，因为把替"坏人"说话的律师撤消后，检察官没了"对手"，所以干脆废除了检察制度！当然，正因为没有讼师或律师"找麻烦"，才炼成了窦娥案这样的千古奇冤。

因此，律师是一个专门为"坏人"说话的职业。即便某人惹得人神共愤，终究还会有为他说话的人，这个人就是律师。只有在允许律师进行充分辩护的情况下，对一个人的定罪处刑才有可能是公平正义的。律师的职业伦理，要求他必须以当事人的利益为考量，在程序规则允许的范围内"不择手段"地建构出最有利于当事人的主张和证明，且站在当事人的立场上尽可能地提出具有相当智识分量的论辩。在一般的委托辩护中，律师通常会尽职尽责地维护当事人的权益，而在法律援助案件中，或许由于费用的低廉，就会有律师以消极的不作为来敷衍塞责，这个时候，当事人的权益就可能被牺牲。这种情况即便在号称律师大国的美国也时有发生，而以律师未能提供有效辩护为由，要求上诉法院推翻有罪判决的案件，就大多是由政府提供的免费律师进行辩护的。免费律师往往并不对案件进行认真研究和悉心准备就匆忙上阵。在实践中，有的律师出庭辩护时喝得半醉；有的律师在审判时睡觉；还有的律师由于专业水平低，责任心差，该找的证据不找，该提的请求不提，最终使得被告人被定罪。这样的律师只是以其仪式性的"在场"，帮助法官完成了一场形式上的审判，被告人的利益却因律师的无效辩护而未能得到保障。

这并非毫无根据的臆想，而是有案例为证。《美国刑事司法制度》（马跃著，中国政法大学出版社2004年版）一书为我们提供了一个真实的案例。一名无辜的被告人被控犯有杀人罪，在审判时，他的律师竟然酣然大睡，最后被告人被判有罪并被判处死刑。被告人以律师未能提供有效辩护为由，要求上诉法院推翻有罪判决。不过，州最高法院维持了原判，理由是辩护律师虽然在审判时睡觉了，但他并没有在整个审判过程中沉睡，他依然为被告人做了一定的辩护。州最高法院还认为，被告人并没有提出律师如果没有睡觉陪审团就不会判他有罪的证据。上诉失败后，被告人作为死囚犯，在监狱里被关押多年。后来，检察官在处理其他案件时，偶然发现他是无辜的，被告才被宣告无罪，获释出狱。这种情况绝非个例，在伊利诺伊州，从 1987 年到 2000 年的十三年间，竟有十四名死刑犯是被错误定罪并被判处死刑的，而据跟踪调查，当年替这些死刑犯辩护的律师大多是政府为其指定的免费律师。试想一下，假如一个人的生死完全仰赖另一个人精心细致的工作，而受托之人却满不在乎、掉以轻心，被告人的内心该有多绝望，人间还有何正义可言？

也许有人会说，美国的法庭是由律师"主宰"的，所以"表演技艺"精湛的律师在司法舞台上才能大有作为。在我国司法体制中，"以庭审为中心"的理念尚缺乏公安、检察等职能部门的尊重和认同，律师的辩护权还受到一定的限制。律师对案件的介入总是会引起公权部门的担心，所以律师可能会被排除在诉讼程序的某些阶段（特别是刑事检控的初始阶段）之外。在其他环节中，律师也与检控方处于实际上的不平等地位。因此，律师的"在场"就更具有仪式性，其辩护的积极性当然会打折扣。不过，即使辩护空间受限，只要倾注心血和精力，真正以被告人的利益为旨归，律师一定能找到对被告有利的辩护点。而真正有正义感的法官，也不会忽略律师的努力和贡献，在判决中会对其辩护意见加以采信和考量。

前几年毕业的一位学生，说到她初当律师时没有案源，律所就把一件法律援助案件分派给她。她并没有因为是法援案件就放松自己的职业要求，而是精心地阅卷，细致地搜集有利于被告的证据，随后在辩论中将例行公事、漫不经心的公诉人驳得哑口无言。最终，被告被判缓刑。被告及其家属自是千恩万谢，法官则因"在我的职业生涯中还没遇到过这么负责的法援律师"而向她表达了敬意。更让她惊喜的是，连"对手"检察官都对她表现出由衷的钦服。一向站在"正义"制高点上的检察官，居然败给一个"菜鸟"律师，其原因并不在于学历或经验，而是一份对待工作的责任心。

对正义的守望，并不只表现在办理具有社会轰动效应的大案时的滔滔不绝、口若悬河，而更多体现在办理一些"小案子"时，帮助被告人或还以清白，或减少刑期。其实，这更难做到，因为它要求的是对正义更为持久的坚守。

William Hogarth（1697-1764）

Hudibras and the Lawyer

"普通人"管仲

"恕"之道与法律人的修养

屈原的"宪令"及其他

不可复制的法律人品格

民初城市的"气息"

法学家的风骨

子凭父贵，抑或父凭子贵

"他国的"法律

肯尼迪大法官退休了

大法学家的小故事

屈原的 "宪令" 及其他

Ferdinand Hodler（1853-1918）
Le Petit Platane

屈原的
"宪令"
及其他

"普通人"管仲

每年高考作文题公布后，大家都会评头论足一番，或批评，或赞赏，更有人闲来无事，根据题中要求写几篇"命题作文"，再过一把高考的瘾。不过，在考场外既可以长时间地构思，又可以找参考资料，且没有字数限制的"写作"，与在紧张气氛下临场发挥的一篇八百字以内的作文，是没什么可比性的。经历过高考的人，对考场带给人的压力都深有体会，以至于不少人在多年后午夜梦回，仍会忆起高考，要么是梦见迟到了，进不了考场；要么是梦到作文还没写完，卷子就被老师收走了。在惊醒或哭醒之后，虽很庆幸这只是"南柯一梦"，但要平复这种情绪，还是要花时间的。可以说，无论是及第还是落榜，高考都会成为许多学子人生的转折点，这也是无论家里有没有高考生，人们都会把每年高考的日子作为一个"节点"来看待的原因。

于我而言，虽然有关高考的记忆差不多要随风而逝了，也早已过了跟着高考节拍写命题作文的年龄，不过，在看到今年高考全国 I 卷的作文题后，却有了要写一写的冲动。作文是让考生先阅读给定的材料，然后根据要求写作，题目自拟。材料中是一个人们耳熟能详的历史故事：

春秋时期，齐国的公子纠与公子小白争夺君位，管仲和鲍叔分别辅佐他们。管仲带兵阻击小白，用箭射中他的衣带钩，小白装死逃脱。后来小白即位为君，史称齐桓公。鲍叔对桓公说，要想成就霸王之业，非管仲不可。于是桓公重用管仲，鲍叔甘居其下，终成一代霸业。后人称颂齐桓公九合诸侯、一匡天下，为"春秋五霸"之首。孔子说："桓公九合诸侯，不以兵车，管仲之力也。"司马迁说："天下不多（称赞）管仲之贤而多鲍叔能知人也。"

要求是对材料中所涉及的齐桓公、管仲和鲍叔三人，就自己感触最深的一位，写一篇读书会上的"发言稿"。

这个故事中的三个人，每个人都有可圈可点之处，而且对他们的评价也早有"定论"。比如齐桓公，管仲可是几乎射杀他的仇人，只是由于管仲箭术稍逊，才使桓公逃过一劫。管仲后来成了阶下囚，按常人的理解，桓公定会报此前的一箭之仇。然而，他却能不计前嫌，听从鲍叔的建议，不仅不杀管仲，反而重用之，在其辅佐下终于成就了一代霸业。那么，宽宏大度、包容异己、虚怀纳谏、爱才惜才、知人善任、用人不疑，等等，都可以用来评价齐桓公。再比如鲍叔，他清楚管仲的才能，也清楚一旦他的举荐成功，管仲受到齐桓公的重用，他在齐桓公那里的地位就会降低——而且事实也是如此——但鲍叔依然力荐，并甘居管仲之下。应该说，鲍叔是历史上不嫉贤妒能者的典范了，这一点从司马迁所说的天下"多鲍叔能知人"即可知。

材料中所给的有关管仲的"事迹"比较少，只是笼统地说他有才能，帮助齐桓公成就了九合诸侯、一匡天下的霸业，孔子对此也予以肯定。以世人臧否人物时多以德性为判断标准来看，管仲最多只能算是个"治世之能臣"，离品德高尚的贤人有不小的距离。《管晏列传》中说管仲"少时常与鲍叔牙游，鲍叔知其贤"。这里的"贤"应该也只是指其有才能而已，因为"管仲贫困，常欺鲍叔，鲍叔终善遇之，不以为言"。这里的记载虽然含糊笼统，语焉不详，但鲍叔"善遇之"的"贤"，倒是反衬出了管仲"常欺"鲍叔的"不贤"。

在《管晏列传》中，司马迁以管仲自述的口气，说明其"不贤"的具体表现。

> 吾始困时，尝与鲍叔贾，分财利多自与，鲍叔不以我为贪，知我贫也。吾尝为鲍叔谋事而更穷困，鲍叔不以我为愚，知时有利不利也。吾尝三仕三见逐于君，鲍叔不以我为不肖，知我不遇时也。吾尝三战三走，鲍叔不以我为怯，知我有老母也。公子纠败，召忽死之，吾幽囚受辱，鲍叔不以我为无耻，知我不羞小节而耻功名不显于天下也。生我者父母，知我者鲍子也。

在这里，我们看到的虽是管仲对"知我者鲍子"的夸赞，但也是管仲对自己不太磊落之举的一种"自辩"：我当初贫困的时候，曾经和鲍叔经商，分财利时自己常常多拿一些，但鲍叔不认为我贪财，知道我生活贫困。我曾经为鲍叔办事，结果使他更加穷困，但鲍叔不认为我愚笨，知道时机有利和不利。我曾经多次做官，多次都被君主免职，但鲍叔不认为我没有才干，知道我没有遇到好时机。我曾多次作战，多次战败逃跑，但鲍叔不认为我胆小，知道我还有老母亲的缘故。公子纠失败，召忽也为他而死，我被关在深牢中受屈辱，但鲍叔不认为我无耻，知道我不会为小节而羞，却会因为功名不曾显耀于天下而耻。生我的是父母，了解我的是鲍叔啊！

贫困能否成为分财利时多拿的理由？时机是不是办事不力及被君主免职的借口？侍奉老母与战败逃跑、显耀功名与受幽囚之苦之间是否有必然的联系？管仲自辩的这些理由尽管堂而皇之，但在今人看来，却显得有些牵强。不过，也正是这些言行，为我们塑造了一个普通人管仲的形象。太史公说管仲和老百姓有同样的喜怒哀乐、欲望需求（"与俗同好恶"），明了"仓廪实而知礼节，衣食足而知荣辱"的道理，所以他才能在辅佐齐桓公治国理政时，制定出符合民意的政令刑罚，从而令齐国实现富国强兵，成就了齐桓公的霸业。

材料中的三人，齐桓公身居高位而能不计前嫌、礼贤下士的做法，对于绝大多数普通人来说是无需学的；鲍叔能将"常欺"自己的管仲推荐到关键岗位，且自己又甘居其下的"圣贤"品格，也不是一般人能做得到的。只有管仲，不仅有常人身上的贪利、做事时的失败、仕途上的不顺、临阵脱逃等弱点，而且还千方百计为自己的这些行为找借口。在对人性的了解上，他不是高调地空谈"箪食瓢饮"境遇下的"不改其乐"，而是老老实实地承认只有在"仓廪实"和"衣食足"的前提下，才有时间和机会顾及礼节和荣辱这些精神领域里的追求。这样的管仲是"接地气"的，是民间的。因此，虽然"孔子笑之"，他却被世人称为贤臣。在材料所涉的三人中，相比较而言，我对"普通人"管仲更多一些好感，不知读者您以为如何？如果这样写高考作文，会不会显得立意不高呢？

"恕"之道与法律人的修养

在人们对当下法治状况所做的评判中，不乏"一言以蔽之"曰"执法不公"或"司法腐败"。为了增强说服力，论者还会举几个实例来证明其所言不虚。为了扭转这一形象，官方则会不遗余力地推出几个心系群众、无私奉献的"典型人物"，以传播正能量。综合而言，正反两方面均承认法律人的修为对整个职业风尚的影响，因此，加强法律人在职业活动中的个人修养，就成为改善法治环境的纽结。

不过，提倡加强法律人的个人修养，不必设定一个成圣成贤、高不可攀的道德标杆，也不必要求大家都成为公而忘私的完人，只需法律人坚守做人的道德底线即可，而这个底线就是儒家的"恕"道。

子贡曾问孔子："有一言而可以终身行之者乎？"孔子的回答很干脆："其恕乎！己所不欲，勿施于人。"一切自己所不愿承受的事，就不要强加到别人的身上。我们同为人类，对同样的事会有同样的情感与意识，我们自己感受某事而觉得痛苦的，则应推及他人对某事的感受也和我们一样痛苦。所以，我不愿承受的事情，也不要强加于他人身上。这种推己及人之道，应是我们所当奉行的行为准则，是做人的底线。

当我们把"己所不欲，勿施于人"的"恕"道作为法律人的修身之本时，实际上就是要求以我们自身作为评判制度是否公正的标准。如果当你认为作用于自己身上的法律规则是不公正的，却要求别人服从时，毫无疑问，这样的规则一定是不公正的。如果从事立法、执法和司法职业的法律人，都能以"恕"道为自己的职业伦理，那么我们的法治事业必然前景光明。

在现代社会，虽然人民主权原则决定了每个人从最终的意义上都享有立法权，然而，这种平等的立法权实际上需要委托给人民选出的代表代为行使。另外，现代行政分工的细化和专业化程度的提高，也使某些行政部门承担了就自己所管理的领域进行立法的任务，所立之法难免产生"将部门利益法制化"，以及将权力和权利囊括几尽、责任和义务悉数推诿的"揽权诿责"的弊端，由此而制定恶法的概率也大大增加。之所以如此，源于一些立法者把自己置于管理者的地位，认为这些法律是管"别人"的，想不到自己有朝一日也会成为适用该法律的对象。事实上，法律的普遍、平等适用是法治本身的内在要求，法律一经颁行，立法者的角色也会终结，转而成为一个法律适用者。因此，如果立法者能以儒家的"恕"道为出发点，从自己的立场来衡量一下，认为权利、义务的分配是公平的，那么这样的法律一定是"善法"；如果立法者认为某一项义务由别人承担时是公平的，而一旦自己落到同样境地时就感觉明显不公，那么这项法律肯定就是"恶法"。当立法者在进行权利义务的分配时，多想一想"己所不欲，勿施于人"的道德训诫，恶法或显失公平的法律一定会减少。

历史上秦国的商鞅以刻薄寡恩著称。他在辅佐孝公变法时，以推行严刑峻法而使秦国实现了强国之梦，当然，他的族株连坐等苛法，也使百姓丧失了享受安逸生活的可能。等到商鞅失势，被诬谋反之时，逃亡的商鞅却发现自己已无处可逃。当他跑到函谷关下要住旅舍的时候，并不知道他就是国家通缉犯的旅舍老板却告知他，根据"商君之法"，旅客没有印信证明住宿的，旅舍的人也会牵累入罪。商鞅在嗟叹"为法之敝一至此哉"后，不知是否后悔自己曾制定过这样不近人情的"商君之法"？立法者只有把自己置于未来守法者的位置，以"己欲立而立人，己欲达而达人"的态度分配权利，以"己所不欲，勿施于人"的立场设定义务，才能制定出公平而符合人性的法律。

行使执法权的法律人，在执法过程中，也须设身处地为当事人着想，脑子里多想几个"如果我是他"，执法的过程或许就会少几分野蛮，多一些文明。近几年人们对城管执法的意见较大，一旦发生冲突，绝大多数市民都会一边倒地谴责和埋怨执法人员。这并非因为老百姓没有是非观，也不是人们不愿意有一个良好的城市环境，而是希望城管在执法过程中更人性化。做到这

Charles Samuel Keene（1823-1891）
Man Catching Train

一点并不难，只要执法者在把卖烤地瓜的老农三轮车链条剪断的时候，或者把瓜农车上的西瓜戳烂的时候，或者把卖服装的小贩推车没收的时候，能想一想这些人生活的艰辛与不易，手下留情，那么，城管执法人员的形象就会有所提升。

司法的功能在于通过正当的法律程序，对被侵害的权利给予救济，以恢复正常的生活和社会秩序。这一功能的发挥有赖于司法的公正。司法公正是社会公正的最后一道防线，因此法官应该慎用自己手中的审判权。判决的做出，关乎一个人的生命、自由和财产的得失。近年来，包括呼格案等在内的诸多冤假错案虽然得到了平反，但它给当事人及其家属造成的伤害可能是永久性的。法官在定罪量刑时，如能常怀同情与怜悯，想到自己的笔下事关一个与自己同样的生命及自己同样珍视的自由时，在审判中就一定会做最有利于当事人的考量，谨慎地对待每一个证据，坚定地排除来自社会各方面的干扰，作出最公正的判决。

总而言之，法律人若能坚守儒家的"恕"道，己所不欲，勿施于人，经常进行"换位思考"，则实属中国法治与人民之福，也是传统文化传承之福。

屈原的"宪令"及其他

　　城市里的人过传统节日，越来越像是虚应故事。比如端午节，虽然照例要调整出三天的假期，不过大家的感觉，也就仅仅是过了个小长假而已。市场上一块钱买把扎好的艾蒿，回家别在防盗门贴的福字上。早上起来热几个从超市里买的粽子，花样品种倒是不少。有些地方会举办龙舟赛，不过这并不是一项全民性的活动，没多少人能参加得了。一个"正儿八经"的节日很容易就过完了。不像小时候，小孩儿的手腕脚腕上要系五彩丝线；早上吃粽子的时候要在眉心点一滴雄黄酒；大人还会叮嘱小孩儿，端午节一整天不许到河边水里玩，不然的话会有"五毒"入侵。孩子们虽然听得一愣一愣的，倒也谨守着大人的叮咛。正是这些"禁忌"，使得端午节平添了几分神秘性，也使节日更像个"节"。如今可以说是百无禁忌了，却也有些无趣起来，除了吃别人包的不太有粽叶味道的粽子外，端午节和平常日子也没啥两样。更何况，连粽子也不再是什么稀罕物品，常年都可以吃得到。

　　端午节照例是要说一下屈原的。屈原成为爱国主义诗人，想必也是晚近的事，因为爱国主义这个词产生的年代并不久远。人们只是笼统地知道屈原不被楚王所用，感叹"举世混浊而我独清，众人皆醉而我独醒"，在端午节那天投汨罗江而死，至于此事的具体原因，则不太了解。其实，屈原被楚怀王冷落，也和制定法律有关。据太史公在《屈原贾生列传》中记载，屈原因其"博闻强志，明于治乱，娴于辞令"而深得楚怀王的重用，与之同列的上官大夫则与其"争宠"。"怀王使屈原造为宪令，屈平属草稿未定。上官大夫见而欲夺之，屈平不与。因谗之曰：'王使屈平为令，众莫不知。每一令出，平伐其功，曰，以为"非我莫能为"也。'王怒而疏屈平。"这符合历史上这类故事的一般套路：两个大臣在君王面前争宠，奸臣进谗言；这个时候的君王，则无论是昏君还是明君，大多会听信奸臣的话而贬黜忠臣；忠臣无言以对，只得黯然退场。在这样的故事中，君王之所以能够听信谗言，是因为奸佞所言大多都是事实，只不过在事实上加个诛心之论，故而使忠臣百口莫辩。比如在这个故事中，"王使屈平为令"是众所周知的事，只是上官加了句"平伐其功，曰，以为'非我莫能为'也"，则戳中了楚怀王的软肋。与君王抢功是不能容忍之事，"王怒而疏屈平"也就是自然而然的了。

屈原因不受重用投江而死一事，后人也是众说纷纭。其实，在春秋战国时期那样一个各诸侯国求贤若渴的大背景下，"朝秦暮楚"是人才流动的常态。士为"知己者"死或许死得其所，而屈原为一个心胸狭窄、容不得才高之人的"非知己"的楚王而死，却颇有些不值。假如屈原能像商鞅一样，投奔一个赏识他的人，尽情地施展才华，历史或许就是另外一种样貌了。可惜，在历史中是没有"假如"二字的。

作为讲授法律史的老师，想到屈原之被贬且进而投江之事，还是感觉很遗憾的。根据《史记》的记载，屈原制定"宪令"，应该是已经完成了"草稿"的。那么，在屈原的这部"宪令"中，规定了哪些内容？它与同时期赵国的《国律》、魏国的《大府之宪》及李悝的《法经》相比，有什么特色？是不是反映了荆楚地域的民情风俗？等等。如果当时没有上官从中作梗，楚怀王顺利地接受了屈原的"宪令"并将其付诸实施的话，我们的法史园地中，又多一份法律遗产也未可知！如今我们除了在端午节凭吊屈原外，只能对着《屈原贾生列传》中的"宪令"二字发呆了。从这个角度而言，屈原的"想不开"，或许不仅仅是因为官场的不得志，而是因为壮志未酬却又无能为力的绝望吧。这也益发衬托出了楚王的可责与上官的可鄙。

最近人们都在学习和讨论刚刚通过的民法典。实际上，中国在历史上一直是个重视制定成文法的国家，从《秦律》到《大清律例》的积累，形成了一个脉络清晰、体系完备的成文法序列。律典的编纂则在皇权的统筹下，有赖于制定者们的集思广益。假如意见稍有不同，就给对手扣上政治帽子，恐怕参与者都会噤若寒蝉，这样制定出来的法律也将行之不远。在屈原的"故事"中，上官令人不寒而栗之处，就在于他并不说屈原制定的"宪令"内容的好坏，而是说"平伐其功，曰，以为'非我莫能为'也"。这样一顶"功高盖主"的帽子，触动了龙须，必然会使楚王怒不可遏。在这种情况下，屈原没被杀头，看来已经是楚王格外开恩了。

行文至此，笔者想起了清末修律时发生在礼教派张之洞与法理派沈家本诸君之间"礼法之争"中的一件事。张之洞本是清末极开明的改革名臣，却也是纲常名教的忠诚卫士。面对法理派"刑律草案"中"刑法内乱罪，不处惟一死刑"的有关条文，张之洞竟然因此而指责法理派在袒护革命党，"欲兴大狱"。幸而被人阻止，他才打消了这一念头。试想想，法理派的改革步伐在当时是有些"前卫"，但也绝不至于去"袒护革命党"。法典编纂者如果依据"法理"立法而被扣上这样的大帽子，确乎是立法者不能承受之重！

端午节吃粽子，据称与人们纪念屈原有关。不过，这用粽子叶包米煮饭吃的习俗，最初是否只是汨罗江边老百姓的一种生活习惯？吃粽子是如何成为华夏民族过节的风俗的？或许"宪令"中会有针对此类风习的原则，可惜它已经顺汨罗江而去了。

不可复制的法律人品格

  秦汉时期位列九卿的廷尉，是朝廷中专门主管司法审判的最高长官。"廷尉"一词，既是中央最高司法机关的名称，也是该机关长官的名称，相当于当下的最高人民法院及其院长。廷尉的职责不可谓不大。其一，他要负责审理地方上报的疑难案件，"凡郡国疑罪，皆处当以报"。也就是说，地方官解决不了的疑难案件，都要上报廷尉。廷尉还不能解决时，再上报皇帝，以"决疑当谳，平天下狱"。所以，一个时代司法公平与否，刑政执行的好坏，廷尉起着重要的作用。其二，廷尉要负责审理皇帝交办的案件，即所谓的"诏狱"。由于在此类案件中，皇帝交办时即有较强的定罪或重惩的倾向，有时甚至皇帝本人就是案件的一方"当事人"，如果把这类案子搞砸了，廷尉不仅会惹恼皇帝，遭到贬黜，甚至有掉脑袋之虞。于是，看皇帝脸色以准确"揣摩圣意"，就成为判案的关键。

  史料中记载的汉武帝时期的廷尉张汤，就是这样一个典型："汤决大狱……所治即上意所欲罪，予监史深祸者；即上意所欲释，予监史轻平者。"也就是说，张汤在判案时唯皇帝之命是从，皇帝欲加罪者，张汤必定严判；而皇帝有意释放的人，张汤就想方设法予以宽免。而张汤的后继者杜周，同样精于对皇帝察言观色，"上所欲挤者，因而陷之；上所欲释者，久系待问而微见其冤状。"这种"不循三尺法"，视现行法律为无物，"专以人主意旨为狱"的做法，自然引发人们的质疑。而面对人们的指责，杜周却不以为意，振振有词，公然地为自己"不循三尺法"辩护："三尺安出哉？前主所是著为律，后主所是疏为令，当时为是，何古之法乎？"这种根据皇帝旨意法外用刑的做法，其结果自然会造成冤假错案的发生。太史公将二人编入《酷吏列传》，倒也准确地定位了他们在历史上的地位。

不过，历史上曾任此职者，也不乏像汉文帝时期的廷尉张释之这样的人。他不畏强权，严格执法，敢于犯上，身上呈现出另一类法律人的品格，并非如张汤、杜周这类不"惟法"、只"惟上"之辈。张释之应该算是张汤、杜周二人的前辈。《张释之冯唐列传》记述了他坚持以法为本、依法断案以维护法律权威的几个事例，他也因此而名留青史。

有一次，汉文帝出巡到长安城北的中渭桥，一人从桥下跑出来，惊吓到天子座车的马儿，于是此人被捕获并交给廷尉治罪。张释之对其进行审问，那人回答："我是长安县人，到这里后听说皇上出行清道，禁止人们通行，便躲到了桥下。过了很久，我以为队伍已经过去了，就走出来，却撞见皇上的车驾，于是逃跑罢了。"张释之了解后，就向文帝奏上其应得之罪及相应的惩罚——

"一人犯跸，当罚金"，即单独一人触犯了清道的禁令，应该判处罚金。文帝对此处理结果极为恼怒。张释之解释说："法者，天子所与天下公共也。"法律是天子与天下人应共同遵守的，而现行法律是这样规定的（即"一人犯跸，当罚金"），如果对他加重判刑，则会使法律无法取信于百姓。况且，如果在他惊吓了马儿之时，皇上您就立刻下令杀了他，也就罢了。现在既然交给廷尉来处理，而"廷尉，天下之平也，一倾而天下用法皆为轻重，民安所错其手足？"廷尉应是维护天下公正的执法官，稍有错失，则天下用法皆效仿其或轻或重，那就没有标准了，这样民众不就手足失措了吗？

《史记》中记载的另一个案例，关于某人偷了高祖庙中座前的玉环。文帝很愤怒，将盗贼交给廷尉来治罪。法律规定，偷盗宗庙所用的器物，应处以"弃市"的刑罚，即在"市"这样人多的地方将罪犯处死。张释之据此上奏处理结果。文帝大怒，"人之无道，乃盗先帝庙器！吾属廷尉者，欲致之族，而君以法奏之，非吾所以共承宗庙意也。"意思是说，我认为这个盗贼无法无天，竟敢偷盗先帝宗庙的器物。我交付廷尉治罪，本来是想要处以其灭族之刑，而你却按照法律的规定来奏上。这与我恭敬承祭宗庙的本意完全不合。张释之面对皇帝的指责，摘下帽子磕头谢罪，并说"法如是足也"，即按照法律这样来处断已经足够了。若认为盗取宗庙器物就要判处族诛，万一将来有愚民挖取长陵的一抔土,那陛下又该如何在法律之上加添其罪刑呢?文帝对于张释之的"据法力争",思忖良久,最终不得不认可了廷尉的判决。

这两个案例本身并不复杂,"犯跸"与"盗窃宗庙器物"的事实清楚,且法律都分别规定了明确的惩罚措施,不属于通常意义上的疑难案件。其特殊之处,只在于其侵犯的对象与皇帝有关,而且皇帝在交办时都已有法外用刑的预期:文帝希望对"犯跸者"处以死刑,对盗贼则"欲致之族"。而张释之的不寻常之处,就在于他严格认真地依法办案,即便在文帝明确说出自己的意思,且对其处理方法"愤怒"的情况下,他仍能坚持原则,并不疾不徐地说出一番"法者,天子所与天下公共也"的道理来,最终使皇帝认可了他的判决。可以设想,如果这样的案子落到张汤、杜周的手里,根本无需皇帝明确的"意思表示",他们就会做出甚合上意的判决,当然那两个当事人也将是另外的结局。

其实,我们在盛赞张释之的同时,也该想一想他敢如此忤逆文帝旨意的原因。张释之的依法断案与不畏强权,固然因其刚直不阿的性格使然,不过他所服务的汉文帝的宽仁,也是其敢于"怼"之的前提条件。张释之在被擢升为廷尉之前,即有几次与文帝打交道的经历,最著名的当属对太子刘启与梁王"不下司马门"事件的处理——时任"公车令"的张释之"追止太子、梁王",且"劾不下公门不敬,奏之"。而文帝不仅没有因此怪罪他,反而还做了一番自我批评,说自己"教儿子不谨",并因赞赏张的做法而将其"拜为中大夫",直至"拜释之为廷尉"。可以说,张释之之所以敢拂文帝旨意,在于此前宽厚仁慈的文帝一直以来的"纵容",正是这种君臣之间的相知相得,才有了他在处理事关皇帝案件时对法律的坚守,也才成就了他在历史上依法断案的典范地位。当他曾经得罪过的天子即位,成了汉景帝时,张释之的锋芒也就随之收敛,且"惧大诛至",完全不知如何是好了。

事实上,古代社会的官僚,由于其俯仰升黜之命运掌握在皇帝手里,自然而然就会养成一种唯上的心理,而像张释之那样表现出来的以法律为准绳的法律人品格,不惟不具有可复制性,甚至不具有连续性。毕竟,在文帝朝中,他可以如此;而到了景帝朝中,就没有了他的舞台。及至武帝时出现张汤、杜周这样的廷尉,似乎也就成了一种必然。这样想来,历史上的张释之是值得人们钦敬的,但他也是孤独的。此无他,制度使然也。

民初城市的"气息"

　　近年来，随着改革开放的深入推进，国人走出国门的机会越来越多，或留学，或务工，或单纯的旅游，几乎和到邻居家串个门儿那么简单。这在今天看起来稀松平常的事，在一个半世纪之前可是相当不得了。别说出去旅游，即便是迫不得已出国公干，也会遭遇来自各方面的冷嘲热讽。比如在晚清时期提倡洋务非常积极的郭嵩焘，其识见高出时人不知凡几，认为"诚见洋祸已成，与中国交接往来亦遂为一定之局，冀幸多得一人通晓洋务，即可少生一衅端"。而且他还身体力行，接受了出使英国的任务。这个职务，如果是在今天，许多人会艳羡不已，然而时间倒回 1876 年时的中国，这个工作则是许多读书人所不屑为的。所以，就在郭嵩焘接受使命后，他的老乡、湖南名士王闿运就送了他一副对联："出乎其类，拔乎其萃，不容于尧舜之世；未能事人，焉能事鬼，何必去父母之邦"。郭嵩焘也因其"事鬼"（即事洋鬼子），而使"湖南人至耻与为伍"，并被"一般守道的文人学士，逼得无路可走"。出使英国归来后，他不敢进京，晚年时只能废退家居了。

　　像郭嵩焘这样的高官，因出洋公干都遭此羞辱，一般的士人就更缺乏走出去的勇气了。因此，在当时的环境下，敢于"去父母之邦"且"自费"留学，非得有超凡的胆识不可。而广东新会人伍廷芳就是这样一个人。对于了解近代史的人来说，伍廷芳的名字并不陌生。在武昌起义后作为南北议和中的南方代表，伍廷芳声名显赫，真正是"天下谁人不识君"！不过，他1874年自费赴英国学习法律，并成为第一个获得法学博士学位及英国大律师资格的中国人，这段过往，则鲜为人知。而伍廷芳留学的时候，正是郭嵩焘使英期间，或许是伍廷芳的民间身份，才没有遭到"事鬼"的讥刺吧。而且他的留洋经历，也使他在急需外交和法律人才的晚清时期如鱼得水，颇受重用。他与法律相关的职业生涯有两段：其一是晚清时与沈家本一起出任修订法律大臣；其二是中华民国南京临时政府成立后，被临时大总统孙中山任命为司法总长。这算是伍廷芳"学以致用"的两次任职吧。

在出任这两个法律职务时，伍廷芳都曾"利用职务之便"，将自己认为的英国法中的优秀成分引入中国。比如，担任修订法律大臣期间，伍廷芳与沈家本在1906年制定的《〈刑事民事诉讼法〉草案》中，引入了陪审员制度和律师制度，只不过由于张之洞等礼教派的反对，该法夭折，这些制度也胎死腹中。到出任司法总长时，伍廷芳依然念念不忘陪审员这一制度，在"民国司法第一案"（姚荣泽案）中不仅实践了陪审员审判，还坚持了司法独立原则，终于让自己在英国所学派上了用场。自此，陪审即成为日后北洋政府、南京国民政府时期不可或缺的诉讼制度之一，也是今天我国人民陪审员制度的滥觞。

其实，后人对发生在伍廷芳身上的另一件事亦颇感兴趣：大清待他不薄，他为何在辛亥革命后，却义无反顾地投身革命党人的阵营，而且还代表南方进行和谈？实际上，那时候和他一样"叛清"的大臣为数不少，而愿意殉清者则屈指可数。关于这一点，伍廷芳在他1915年撰写的《中华民国图治刍议》第一章"论前清不国之原因"中，道出了他"倒戈"以及他认为辛亥革命之所以成功的缘由。

伍廷芳在文中分析说，中国历代之亡，或由于人君溺于女色，或败于阉宦，或丧于权奸，或迫于外寇，不外乎在上失德和群下弄权。而在光绪、宣统两朝，这些问题都不存在，而清朝之所以亡，"盖在不知变通而已"。而不知变通的原因，又在"不知时势变迁，昧于中外情形之故"。几十年来，在外洋入侵、割地赔款、民众多有烦言的情况下，朝廷却仍囿于祖宗之法不能稍变的藩篱，不做改革之努力。光绪帝的变法维新，虽"民心乐从"，却又由于迂腐老臣及太后的阻滞而失败，为时人和后人所痛惜。嗣后执政者虽激于舆论，不得不允行立宪，"岂知宪法仍是假借名词，不过笼络国人之一面孔，故不待政成，而民心已去，如水赴壑，不可遏抑。"他认为当时的执政者，非不爱国或不思整顿之人，"无奈庸庸之流最足误国"。像徐桐、刚毅等大臣，平时素以清廉著称，不作恶，不要钱，本清流人物，却生性执拗，只知憎恶外人，而忘谋国之本，徒忌人所长，而又不师其所长，所以无以致富强。与善于学习的日本相比，这可以说是清朝败亡的主要原因。对于一个在海外接受教育、担任驻外公使多年的人，他深谙西方政体的优长，而作为一个清朝重臣，他对其体制的症结虽了然于胸，却又无从变革。据《共和十年》一书的记载，伍廷芳接受外媒采访时，曾谈到过他的这种无奈。第一次从美国回来出任修律大臣时，他曾热切地希望将陈旧过时的一切彻底清扫，可是过去六七个月后，他的热情就被浇灭了。当他"意识到自己被北京的政治文化氛围毒害，已严重落伍时，只得像我的许多同事一样，告病还乡"。因此，他在清朝覆亡之后另谋他途，也算是另一种报国胸臆的发抒吧。

然而，新创建的民国也并未给伍廷芳带来多少欣喜。《共和十年》中《纽约时报》记者的采访，是在袁世凯称帝失败且身故之后进行的，从中我们能够读出一个老"海归"的况味。当记者们问到"政治问题"时，伍廷芳会选择性地"耳聋"。这个可爱的老头儿，一定是在运用他长期浸淫于外交工作而烂熟于心的外交辞令。不过，谈到当时的北洋政府时，他还是指出了北京不同寻常的东西——它既非宫廷的高墙，亦非漫天的沙尘，而是精神上的，"每一个城市都有自己独特的气息，就像人类身上的气味一样。"北京作为一个古都，"你肯定会被这个城市无处不在的保

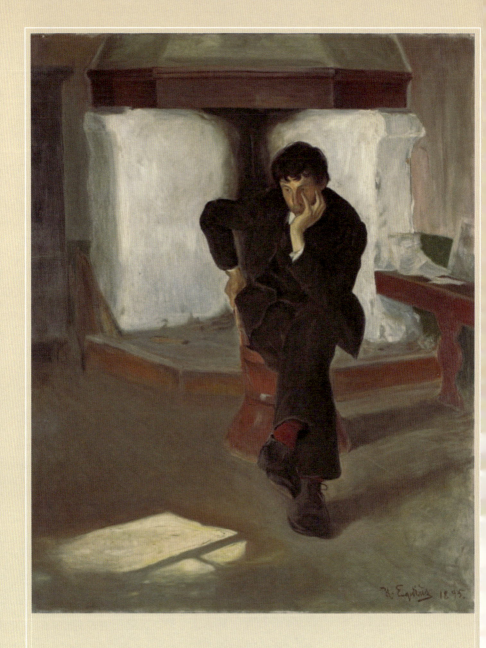

Halfdan Egedius（1877-1899)

The Dreamer

守精神所影响，不知不觉之间，自己也保守起来。所有的政府官员都不再灵敏，从而丧失了革新的动力。"不惟如此，同在北京的外国使团亦深受这种气息的影响，"不自觉地在这种气氛的影响下变得保守"。一个中国最为资深的"海归"，面对死水一潭的民初政局，其失望和无奈跃然纸上。

一百年过去了，像郭嵩焘、伍廷芳这样有"放洋"经历的人，已经如繁星般数不胜数，而今日的中国更是今非昔比。当一个城市乃至一个国家处处涌动着平和、从容、进取的气息时，它所预示的一定是蓬勃的生机和充满希望的明天。

法学家的风骨

　　鲁道夫·冯·耶林被誉为十九世纪西欧最伟大的法学家，他在《罗马法的精神》中说过："罗马曾三次征服世界及与各个民族结缘。第一次是通过武力，第二次是通过宗教，而第三次是通过它的法律。武力因罗马帝国的灭亡而消失，宗教随着人民思想觉悟的提高、科学的发展而缩小了影响，唯有法律的征服世界是最为持久的征服。"对罗马法的这一评价，即使在今天也不过时。想想那些法律概念和法律术语吧，作为中国人，我们或许早已不知道质、剂、傅、别这些词的法律含义，然而，对来自罗马法上的自然人、人格、所有权、无因管理、不当得利等法律用语，往往如数家珍，运用自如。正如有学者所言，"不同的民族往往有不同的天赋——犹太人善于在上帝的启发下思考正直的品行，希腊人醉心于民主政治的激情，而罗马人的天才，则在于务实的法律制度的创建。迄今为止，正如古罗马的神庙、廊柱一样，罗马法律，仍然是世界各国法律灵感永不枯竭的来源。"武力的征服有其边界，宗教的传播因文化的发展而衰落，唯有基于普遍人性与利益要求的规范人们行为的法律规则，能够具备长久的生命力。就此而言，罗马人无疑是当得起这种"制度自信"的。

罗马法可以说是世界法制史之林中的"常青树"。即便在西罗马帝国灭亡之后，日耳曼"蛮族"统治欧洲期间，罗马法曾因"中落"而有过一段湮没不彰的历史，不过，自从十一世纪"复兴"之后，便重新"攻城略地"，所向披靡。它不仅形塑了欧洲大陆的法律，还对海峡对岸英格兰的普通法产生了影响，因为在英国，"罗马法已经让普通法远远地站在一边，以至于原有的法学院几乎无所事事了"。进入近代以来，一方面，罗马法随着殖民者的脚步，被植入了殖民地人们的生活中，扩大了适用范围；另一方面，也有些后发展国家主动"移植"以罗马法为历史渊源的大陆法，"与国际接轨"，"务期中外通行"。中国法律的近代化就是从清末学习西方开始的，虽然经过了日本这位"二传手"，不过我们学得仍然很地道，竟至于在今天的法言法语中早已找不到几句本国的"方言土语"。说起来，这实在让人深感无奈。

分析罗马法能如此这般"从远古走来"，并在各方面影响着现代世界各地大多数人生活的原因，不是一篇小文可能完成的任务。其实，正如罗马史始终是一个受西方历史学家青睐的"课题"一样，罗马法史也是这一课题中永恒的主题。以《论法的精神》闻名于世的孟德斯鸠，就曾写过《罗马盛衰原因论》；而在英国杰出的历史学家爱德华·吉本洋洋洒洒六卷本的《罗马帝国衰亡史》中，也处处可见法律制度的变化与法学家的身影；英国的法律史学者梅因在《古代法》中得出的"所有进步社会的运动，到此处为止，是一个'从身份到契约'的运动"的论断，也得自于对古代罗马法的精深研究。我们教科书中谈及罗马法产生世界性影响的原因时，认为"罗马法发现或揭示了社会经济生活中的基本规律，而且对它们进行了精当的表述"。确实，当把那些古今中外任何经济交往中都普遍适用的规律凝结成经典的法谚时，自然会因其便于民众理解掌握而得到普及和传播。而这些从生活中提炼出来的规则，并非出自恺撒这样威风八面的皇帝之手，而是源于历代法学家持续不懈的勠力经营。不屈从权威，立足于生活，是罗马法学家创制这些永恒规则的基础。

我们都知道古罗马"盛产"法学家。在意大利学者朱塞佩·格罗索的《罗马法史》中，列举了"从奥古斯都到图拉真时期的主要法学家""哈德良时代的法学家""安东尼时期的法学家""塞维鲁时期的法学家"等，帕比尼安、乌尔比安、盖尤斯、保罗、莫德斯丁等赫然在册。这些法学家都有其鲜明的人格，又都注重对传统的延续，且单个法学家的首创性也受这种传统连续性的制约，因为"罗马人最不能容忍的是为了首创而首创。相反，他们通过对先前法学家的援引来强调传统。"在这个过程中，人们可以自由地复制前人的作品，加工他人的作品，抄录其中的一些段落、观点或句子，"而不发生在今天属于抄袭丑闻的事情"。罗马法也由此而在不断地合作中逐渐发展为一种伟大的艺术构造。更令人佩服的是，这些作品均以指导法律生活为目的，"因为罗马人从来不偏离同具体案件、同具体的法律生活所保持的永恒联系；他们不喜欢为构造而创建构造，而是一直注意着法律构造所产生的具体影响，并参考这些影响，以优雅和符合逻辑的方式围绕法律构造开展工作……他们的实用主义接受法律构造所给予的、活生生的、有时是铁一般的指导，直到最细微的方面；而且他们完全有能力使法律构造适应多层次的具体现实，并把这种现实转化为法律。"这或许正是罗马法可以为世俗生活提供行之有效的适用规则的原因吧。

有人认为，由于罗马人如此"拘泥于"细节，热衷于创设制度来规范人们的尘世生活，所以，罗马除了西塞罗以外，几乎没有个"像样的"思想家。实际上，人世间需要古希腊思考人生与宇宙"宏大"问题的苏格拉底、柏拉图、亚里士多德那类智者，也需要古罗马那些能解答市民权利、债权、父权、夫权、遗嘱等生活"细小"问题的法学家。回答人类终极问题固然重要，生活日常中细枝末节的处理同样是须臾不可离之的一门学问。

其实，这些专注于法律"技艺"的法学家，在遇到"大节"问题时一样是有原则、有坚守的。吉本在《罗马帝国衰亡史》中提到帕比尼安在塞维鲁执政时期"名声显赫"，是"一位优秀的法学家"。在塞维鲁统治的最后七年，帕比尼安负责处理国家的主要事务，在使皇帝迈向公理正义之路上发挥着重要的影响。塞维鲁病逝后，其子卡拉卡拉杀死自己的兄弟格塔而登上了皇帝宝座。

Heinrich Vogeler（1872-1942）

vid kanten av heden

为了粉饰自己，卡拉卡拉命帕比尼安"用他那雄辩的技巧，为此一残暴的事件提出让人接受的辩解"。帕比尼安严词拒绝，"犯下杀害亲人的罪行，远比为之辩护更为容易。"这一选择给他招来了杀身之祸。然而，他在死亡威胁面前，"不舍弃自己应有的立场和原则，较之他所有的职位、丰富的著作和身为名律师在罗马法律史上所享有的盛誉"，更能使其永垂不朽。有此风骨和品格的法学家，罗马法的传之久远，似乎也就有了合理的解释。

法学家不醉心于"为首创而首创"，能在巨细靡遗中发现和揭示生活中的规则技艺，能在生命的考验面前坚守自己应有的立场与原则，这或许便是罗马法律人给我们的某种启迪吧。

子凭父贵，抑或父凭子贵

"法律的生命不在于逻辑，而在于经验"这一论断，出自美国大法官小奥利弗·温德尔·霍姆斯于 1881 年出版的《普通法》一书。其时，四十岁的霍姆斯还在哈佛大学法学院担任教授，而该书的出版则使他名声大噪。1882 年，小霍姆斯开始担任马萨诸塞州的最高法官，自 1899 年出任院长。1902 年，经由西奥多·罗斯福总统的提名，霍姆斯被任命为美国联邦最高法院大法官，直到 1932 年以九十一岁高龄退休。他是美国现实主义法学派的创始人，曾因在诸多案件中极具说服力和预判力的裁判意见，"对美国法律产生了巨大的良好的影响"。他被誉为二十世纪美国最伟大的大法官之一，极享法律人应获之殊荣。

不过，一般人只知道"小"霍姆斯好生了得，却不知道大法官的父亲"老"霍姆斯也非同一般。"小"霍姆斯取了和他父亲一样的名字，所以不得不有"老""小"之分。事实上，老霍姆斯的才华和贡献绝不输于大法官霍姆斯。在《从黎明到衰落》中，雅克·巴尔赞将老霍姆斯定位为"思想家、科学家、诗人"。他在哈佛大学教授医科学生，在医学领域里的一项发现使他一举成名：他证明了产褥热这种致使很多妇女产后死亡的疾病具有传染性，并且发现正是由于助产医生忽略了卫生措施，才造成了病菌在产妇之间的流传。然而，当时的医务人员还没有相应的卫生观念，整个医疗制度也不能提供完善的卫生设施，老霍姆斯不得不"与整个医疗制度展开斗争，对从医生到护士再到医院管理人员的各色人等反复宣讲，以使他们承认这个事实"。稍后，远在欧洲的产科医生塞麦尔维斯也就同样的问题与维也纳的同行们进行抗争。自此以后，卫生学才"初露曙光"，最终经由"女神"弗洛伦斯·南丁格尔的践履和倡导而成为一门科学。而远在东方的大清王朝，直到清末实行新政时，才借鉴西法，在民政部设立了卫生司，"掌核办理防疫卫生、检查医药、设置病院各事"，使传统的"养生、护生"的卫生观念具有了现代的意义。可以说，老霍姆斯在此领域起了奠基的作用。

老霍姆斯在医学方面取得成就时曾自问"是否还会有这么好的机会对社会有用"，这"机会"却很快如约而至。从巴尔赞的评价中，我们可以一窥老霍姆斯在美国文学史上的地位。"他以其应景赋诗的出色本领写出了大量介乎于严肃与轻松之间的精美诗句"，其散文代表作《早餐桌上的霸王》"以一种艺术到极致而归于平实的方式戏剧化地描绘了生活和观点"。在我们一般人的观念中，医生和作家是两种不相干的职业，而老霍姆斯却能将其结合起来并取得非凡成绩。"经过医学训练而思想开放的他总是大胆地冲破体面规矩的束缚"。譬如他的小说《艾尔西·文纳》便是世界上第一部"描写非正常心理的小说",主人公艾尔西是一名精神分裂症患者。据巴尔赞介绍,"今天的精神病医生可以在这些小说中发现对本学科和弗洛伊德其人的许多预见"。而当老霍姆斯创作这些文字的时候,日后声名赫赫的弗洛伊德还是遥远的维也纳一个不谙世事的少年呢。

才华横溢且功成名就的老霍姆斯是以一种极其自然的方式将儿子小霍姆斯推到世人面前的。在美国那场著名而残酷的内战中,小霍姆斯加入联邦军队参战,在战斗中负了重伤,生命垂危。《对"上尉"的搜寻》就是爱子心切的老霍姆斯在战场上寻找儿子的冒险故事。关于这一点,耶鲁大学法学院讲席教授约翰·法比安·维特在《林肯守则:美国战争法史》一书中有过描述:

> 内战中每次战役结束后,无数的父亲都在寻找自己受伤的孩子。波士顿诗人、医生奥利弗·温德尔·霍姆斯两次找到了自己负伤的儿子——与他同名的未来的最高法院大法官。安蒂特姆之战后,老霍姆斯曾于 1862 年岁末在《大西洋月刊》发文称,开往马里兰的火车上挤满了寻子的父亲。内战时期的医疗条件并不比一两百年前先进多少,父母们用尽一切手段,希望从满是伤兵与垂死者的医院里拯救出他们年轻的孩子。

当时的联邦军队管理混乱,在某个要塞负伤的士兵至少会被送往六个不同的地方,没有统一的信息系统或追踪机制记录他们被送往何处，心急如焚的父亲只能辗转于各家联邦伤兵医院，疯狂地寻找。老霍姆斯就是在花费数天时间，绕了一大圈儿后，才找到了受伤的小霍姆斯。关于美国内战，我们知道有林肯的《解放黑奴宣言》，也从《飘》中了解到了战火中的爱情。当人们赋予内战以其里程碑式的意义时，往往忽略了个体在战争中所承受的煎熬与牺牲。作为父亲的老霍姆斯在寻子过程中的绝望和艰辛，把战争残酷的一面活生生地展现出来，以文字的形式传之后世，供后人研读检讨。

经父亲的笔触而为世人所知的小霍姆斯，战后却放弃了曾经做过的"文学梦"，自法学院毕业后相继从事律师、法学教授及法官。凭借自身的努力，在从马萨诸塞州到联邦最高法院这漫长的五十年法官生涯中，小霍姆斯发表了诸多具有代表性的判决意见。在这半个世纪中，世界发生着翻天覆地的变化，一向保守的美国法律也在缓慢地进行着革新，小霍姆斯则通过"经验"延续着法律的"生命"。譬如，他在 1919 年提出关于言论自由"明显而现实的危险"的审查标准。不久后，他又在"阿布拉姆斯诉合众国案"中，提出了获得广泛认同的"思想的自由市场"的概念。"人们一旦看到岁月给昔日分庭抗礼的种种信仰带来的起落沉浮，便会相信达到人们所渴望的最理想境地的更好途径是思想的自由交易，对一种思想是否真理的最好检验，莫过于它在市场竞争中令人接受它的能力。"所以"我们应该永远警惕，不要试图对我们所憎恶的和我们认为杀气腾腾的观点言论施加限制，除非它们有可能立即构成对合法和紧迫的法制需要的干扰，进而为了国家安全必须即刻予以限制。"然而，对这个广受赞誉的表述，小霍姆斯似乎并不满意，"令我遗憾的是，我无法以更有力的语言表达我的看法。"如果是他那文学造诣极高的父亲老霍姆斯来写这个意见的话，会不会有更好的表达呢？

在霍姆斯这对父子的故事中，我们似乎看到了子凭父贵的一面：青年时期一文不名的小霍姆斯，凭借功成名就的父亲在战场上的"寻找"而进入了公众视野。然而，他的"拼爹"仅此而已。同时，我们也看到了父凭子贵的另一面：法律所涉问题的普世性和恒久性，使得小霍姆斯的观点不仅在美国法律史上流传，还在世界法制史上占有一席之地。人们正是在追寻小霍姆斯成长的足迹时，发现了老霍姆斯同样精彩的人生。可以说，这对父子互相成就了彼此。这也说明一个道理！子凭父贵也好，父凭子贵也罢，家风良好和家学渊源才是一个家庭或家族留给子孙后代至为宝贵的财富，这一点又是无国界的。

Lawrence Carmichael Earle（1845-1921）

Priest and Boy

"他国的"法律

对于学法律且了解美国法律制度的人来说，美国联邦最高法院的重要性是不言而喻的。在林达的《一路走来一路读》一书中，它被称为"美国的镇国之柱"。正像托克维尔所说，在美国，几乎所有重要的问题最终都会转化为法律问题，而终极解决法律问题的职责，则属于坐镇联邦最高法院的九个大法官。对于他们已经说"不"的案件，再无上诉或申诉的可能，除非诉之于公众或者公众在国会的代表——因为，在一定的程序范围内，国会有权力和能力以事后立法推翻法院的判决，或者与各州联合制定宪法修正案。

不过，宪法修正案的通过谈何容易。比如，自从联邦最高法院在1989年的"得克萨斯州诉约翰逊案"中将焚烧国旗的行为置于言论自由权利的保护下之后，就有保守派人士为捍卫国旗的尊严，不遗余力地提出各种反对焚烧国旗的动议。2006年，当一项要求美国私有房主委员会和其他组织不得限制住户摆放或悬挂国旗之权利的议案终于在众议院获得通过后，参议院的投票结果却是六十六票赞成三十四票反对——草案因没有获得三分之二多数（六十七票以上）而胎死腹中，以一票之差使美国民众继续保留了焚烧国旗的"权利"，而"国旗保护蔑视它的人"正是当年大法官们给出的判决理由。可以说，美国的法律最终就由这九个人说了算，严格地说是其中五位，因为只要有五位形成多数意见，法律规则就算定下来了，除非出现了新判例，法律规则才有修改的可能。人们开玩笑说，美国其实是一个由九人治理的"人治"国家，而非法治国家，这句戏言也不是没有道理。

当这九人中"五比四"的格局被打破的时候，也就意味着法律走向的变化。所以，安东宁·斯卡利亚大法官去世的消息成为大新闻，也就在情理之中了。联邦最高法院实行严格的"员额制"，自从1869年以来，不管美国的人口怎么增长，案件数量如何激增，它的大法官人数始终没有突破过九人。虽然联邦法官由总统提名，经提交参议院并以多数票通过后任命，不过，对于终身任职的联邦法官来说，只有他自己和上帝，才可以决定总统是否有这样的好运气——法官宣布退休，是他自己不想干了。法官去世，是上帝不让他干了，这也正是大法官们牛气冲天的原因。宣布国会通过的法律和行政分支的行政行为违宪，在审判中只遵从自己内心确信的司法哲学，没有终身制的保障是不可想象的。而斯卡利亚大法官的去世，使执政期间乏善可陈的奥巴马总统在任期的最后一年又多了一次安插"党羽"的机会。这自然引起人们的强烈关注，猜测提名人选也会成为人们茶余饭后的谈资。

其实不惟美国的公众关注此事，中国法学界的讨论也一样热烈。有关斯卡利亚在诸如支持人民持有和携带武器的权利、反对堕胎、反对同性婚姻、认可死刑、维护州权等法律问题上的判决意见，在法律人圈子里被广为分享。笔者亦不能"免俗"，在"重温"2003 年三"访"美国联邦最高法院的博文中旧闻重提，尤其对第三次旁听联邦最高法院口头辩论时与斯卡利亚大法官的"一面之缘"津津乐道。而这"一面"，无非就是坐在旁听席上，远远地望着伦奎斯特法院时期的那九位大法官，听天书一般聆听律师的辩论与大法官们的提问。当时的斯卡利亚按资历排在第四位。说实话，笔者对他没什么印象。笔者更喜欢的是第一位女大法官桑德拉·奥康纳，她的票往往是"摇摆的"第五票，因而在诸多案件中起着"一票定音"的作用。当然，笔者此时的"显摆"貌似轻描淡写，其实内心里深知这番旁听机会对于法律人来说是多么幸运和难得。因为整个法庭共有三百个坐席，通常传媒会分到十九到三十三个，大法官的家属和律师协会的成员分配七十九到九十三个预留席位。剩下的一百八十八个座位则留给公众，实行先到先得原则。想去听审，就必须在法院前台阶下的小广场排队。近年来，赴美旅游的人越来越多，而去华盛顿时参观联邦最高法院也是一个"规定动作"。不过，能真正旁听最高法院口头辩论的机会依然很少，我的那次听审（尤其是有斯卡利亚大法官参加的口头辩论）仍旧可以作为我"炫耀"的资本。

斯卡利亚大法官的离世引发了人们对他生平的关注，笔者也藉此又翻出了他的传记——《最高法院的"喜剧之王"》。在该书的封底有这样的介绍："立场保守，却文笔犀利；争强好胜，但逻辑严密；性格狂放，可魅力十足，这些貌似矛盾的特质，却集中在安东宁·斯卡利亚大法官一人之身，使他呈现出复杂面貌。两百多年来，美国联邦最高法院出现过诸多富有个性的大法官，但像斯卡利亚这样将司法立场、人格魅力发挥到极致的，却独一无二。"说实话，中国有不少学者及学生，对包括斯卡利亚在内的美国大法官的熟悉程度，绝不输于美国的学生甚至学者。在某类案件中，多数意见、协同意见、少数派意见，我们大抵都会有比较清楚的了解，对许多体现斯卡利亚大法官原旨主义法律理念的判决意见，许多学生如数家珍。而有关大法官任命的"轶事"，也是张口就来。有的总统对自己提名任命的大法官追悔莫及，后悔自己"看走了眼"；也有的总统对自己任命的大法官十分自豪。比如福特总统就曾表示，任命斯蒂文斯大法官是他任内留给美国人民最好的礼物。斯蒂文斯大法官堪称谦谦君子，是联邦最高法院中与斯卡利亚"敌对"的自由派领军人物。他于2010年宣布退休，为奥巴马总统任命一位自由派大法官空出了一个"名额"。笔者在2003年的那次旁听中，与斯蒂文斯大法官也有"一面之缘"。

斯卡利亚大法官去世后，有些媒体报道说这将引发"美国政坛的震动"。震动是肯定的，但似乎也不必太过担心。我曾经和美国一位法学教授交流，他说在美国总是有两种势力，一种往左走，一种往右走，双方都在民众面前吵个不休，最后选定出来的方案会恰好居中。这也是为什么保守派和自由派"各领风骚几十年"，而不会一枝独秀的原因吧。

写了这么多，突然意识到一个问题：我们熟悉的竟然是"他国的"法律、法官和司法，操心的是"他国的"法律发展走向。像许多人一样，关于我国最高人民法院有多少法官，笔者并不知晓，也不太清楚他们发表过什么里程碑式的判决意见书。这或许是体制使然吧。无论如何，立足本土才是我们应有的立场。

肯尼迪大法官退休了

2018 年 6 月 27 日，美国联邦最高法院大法官安东尼·肯尼迪宣布他将于 7 月 31 日退休。肯尼迪的这一决定，使他结束了在联邦最高法院长达三十一年的大法官生涯，也使特朗普在其总统任期内得以第二次提名联邦最高法院大法官人选。肯尼迪在写给特朗普的信中说："请允许我通过这封信表达我深切的谢意，感谢我有幸能在每宗案件中探求如何以最佳的方式，了解、阐释和捍卫宪法，以使法律遵从于宪法的授权和承诺。"在一份声明中，肯尼迪说他在联邦司法系统任职四十三年，之所以选择退休，是想要和家人有更多的相处时间。特朗普肯定了肯尼迪大法官是"一个非常了不起的人"，并表示将会立即启动下一任大法官的遴选程序，"希望下一任大法官能和他一样杰出"。美东时间 7 月 9 日晚间，特朗普宣布：五十三岁的哥伦比亚特区联邦巡回上诉法院法官布雷特·卡瓦诺成为肯尼迪大法官的继任者人选。不过，卡瓦诺的提名能否获得参议院的确认还是个未知数，下一步要看共和党与民主党在参议院的"角力"，因为参议院对总统提名人选的听证过程是实打实的，绝不会只是简简单单"走一下程序"。

对于中国人来说，大法官的退休并不是什么了不起的事情。

在美国却不同。由于以判例法为法源，美国联邦最高法院的法官在判决中确立的原则和规则就是法律，是下级法院、政府及民众都要遵守并加以适用的。所以，当一个大法官退休后，继任者的司法哲学有可能打破联邦最高法院的动态平衡，改变现有格局，并直接影响众多领域中法律发展的方向，而这些领域所关涉的人群的权利和义务也会随之发生相应的变化。质言之，联邦最高法院大法官的选任足以引起法律上"静悄悄的革命"，堪比"改朝换代"。因此，总统的提名，以及参议院的听证和任命，都会引起人们的广泛关切。

举例来说，在特朗普提名卡瓦诺为肯尼迪的继任者后，就有人开始担心美国同性婚姻的发展前景。在2015年6月26日使同性婚姻合法化的重要判决中，肯尼迪大法官投了关键的一票，站在了"五比四"判决中的多数一方；不仅如此，他还是判决书主文的执笔者。如果卡瓦诺的提名获得通过的话，一向以保守著称的他，很有可能在相关案件中投出反对票，那么今日的保守派少数就会变成明天的多数，如今的合法婚姻又将变得非法，而这将严重影响同性婚姻者的生活。所以说，联邦最高法院大法官的变化可能引起法律的革命，绝非危言耸听。

其实，当年里根总统在提名肯尼迪为大法官候选人时，一定没想到后者会有如此"激进"的表现。肯尼迪出生于加州首府萨克拉门托，经过斯坦福大学、伦敦政治经济学院及哈佛法学院的学习，先后在旧金山和萨克拉门托做律师，还一度在太平洋大学麦克乔治法学院兼职讲授宪法学。在里根担任加州州长期间，肯尼迪曾为加州政府提供过一些咨询服务。1975 年，福特总统任命肯尼迪为联邦第九巡回上诉法院法官，开启了时年三十八岁的肯尼迪在联邦司法系统的职业生涯。1987 年夏，鲍威尔大法官宣布退休。最初进入里根总统视野的继任者人选并非肯尼迪，而是哥伦比亚特区联邦巡回上诉法院的罗伯特·博克法官。只不过博克的运气实在太差，他的听证会完全变成了一场真正的宪法辩论会。民主党参议员夸张地描述着博克入驻联邦最高法院后美国人民的生活，"在罗伯特·博克的美国，妇女被迫到小巷子里寻求堕胎，黑人坐在餐厅隔离区吃饭，流氓警察会在深夜破门冲进公民的家中搜查，老师不能教授孩子进化论，作家和艺术家要接受政府无理的审查。"也就是说，在厄尔·沃伦时期所确立的妇女堕胎权、种族平等、对警察搜查权的限制及思想言论创作等自由，都将丧于博克之手。在这样一种剑拔弩张的形势下，博克的提名最终以五十八票赞成四十二票反对被否决。于是，联邦最高法院的大门在肯尼迪法官面前打开。在里根总统提名后，安东尼·肯尼迪大法官在参议院以九十七票赞成零票反对的结果获得任命。此后，他即以一个偏中间立场的保守派面目出现在联邦最高法院的舞台上。在 2005 年奥康纳大法官退休后，肯尼迪用他手中的关键一票，开始左右那些重要领域中法律的走向。可以说，几乎每一次大法官提名任命所引发的辩论，都表明美国人对联邦最高法院人员构成的审慎态度。毕竟，法院的判决关乎每个公民实质性的权利，没有理由不慎而重之。

人们在评价肯尼迪大法官时，一般认为他的判决辞藻华丽，在许多重要案件的判决中还会援引国际公约、国外法律和判例。他的判决书确实文采斐然，观点鲜明，说理透彻，读来让人心悦诚服。上文提到的由肯尼迪大法官执笔的有关同性婚姻合法化的判决主文就是很好的证明。最近由北京大学出版社出版的《惊世判决》一书，就是对"奥伯格费尔诉霍奇斯案"判决书的编译。在判决书主文中，肯尼迪大法官首先提到了婚姻在人类发展历史中具有的重大意义，"对于信仰宗教的人而言，婚姻是神圣的，对于在世俗生活中寻求生命意义的人而言，婚姻充实了他们的人生。婚姻使两个人获得永远无法在独处中得到的生活体验，因为婚姻的结合是凌驾于两个个体之上的存在。"肯尼迪认为婚姻对人类的生存非常重要，所以婚姻制度也就理所当然地在数千年的文明发展中长期存在。而让人称奇的是，肯尼迪为了说明这一点，居然还在他的判决书中提到了孔子，"早在远古，婚姻就有使陌生人成为亲属，从而维系家庭和社会的功能。孔子曰：'礼，其政之本也'（《礼记》，理雅各译，1967 年版，第 266页。）其教诲至今回响"。在我们中国人自己的判决书中都甚少见到对传统习惯的认可，更不用说拉孔子来强化自己的判决理由了。

而大洋彼岸一位在文化背景与生活方式上与我们均有巨大差异的联邦最高大法院大法官居然用孔子来强化其判决理由，这难免会让国人骄傲一番。当然，这也说明了美国大法官思想的开放、知识的渊博与"国际化的视野"。

受传统文化、宗教信仰等因素的影响，人们会对同性婚姻有不同的看法，然而，对于"婚姻"，没有人能否认其带来的温暖。肯尼迪大法官在判决书中对婚姻的诠释，带给人的是感动和美好。"任何人与人的结合都无法与婚姻相提并论，因为婚姻蕴含了人类至为高尚的信念：爱、忠诚、奉献、牺牲以及家庭。婚姻的缔结，意味着合二为一，成为超越自我的存在。"即便是同性恋者，他们也"如此尊崇和渴望婚姻，希冀沐浴于婚姻之光。他们不想被世人指责，孤独终老，受斥于文明社会最悠久的制度之外。他们寻求法律眼中的平等和尊严，而宪法，赋予他们这一权利。"肯尼迪大法官对同性婚姻宪法权利的明确解读，对同性婚姻者给予的同情和理解，同样闪烁着人性的光辉。

肯尼迪大法官退休了，将赋闲在家，与家人共度着美好时光。不过，经由他所确立的法律原则，还会影响美国人的生活，即便继任者要改，也须假以时日。相信大法官们之间司法哲学的碰撞还将继续，惟其如此，才能形成中庸而适切的法律原则和规则。从这个意义上说，无论谁成为肯尼迪的继任者，美国宪法精神都是其行为的基准，因为，变的是人，不变的是宪法。

大法学家的小故事

　　闲暇时翻阅以往的博客，看到 2007 年 11 月中旬的一篇日志，写的是有关哈罗德·伯尔曼先生去世的消息，心中一动，感叹时间过得真快，不知不觉间，伯尔曼先生去世已经十多年了。让我心生触动的原因，不仅是因为读过他的多部作品（他的书总是高频率地出现在我给学生推荐的参考书单中），更重要的是，他是我亲眼见过的最"大"的法学家。记得当时曾和在美国的一位高中理科同学聊起过伯尔曼，该同学并不了解法学圈里的事，在查了相关资料后，他告诉我，伯尔曼确实是个"大"（big）法学家！所以，听到伯尔曼去世的消息时，我还是遗憾叹惋了一阵子。尽管他去世的时候已经八十九岁，按中国人的说法应该算是"喜丧"了。如今十多年过去了，伯尔曼先生似乎还能为我们提供言说的话题。

　　在伯尔曼先生著作中译本的"作者简介"中，对他的评价一般是这样的："世界知名的比较法学家、国际法学家、法史学家、社会主义法专家，是法与宗教关系研究领域最著名也最具代表性的学者。他的理论对中国当代法学界也产生过重大影响，是中国法学界比较熟悉的外国法学家。"这样的评价诚非虚词。记得在二十世纪八十年代法学译著凤毛麟角的时候，伯尔曼先生的《法律与宗教》就已拥有了一大批中国读者。他的那句名言"法律必须被信仰，否则它将形同虚设"也不胫而走，由此还产生了不少有关"法治信仰"的论文或著作。在二十世纪九十年代由中国大百科全书出版社出版的"外国法律文库"中，第一本即是伯尔曼先生的《法律与革命——西方法律传统的形成》一书。当年，法律人的案头没这本书的恐怕不多。而且他这本书还"养活"了不少人——说实话，许多编写有关中世纪西方法律教材的人，多多少少都"借用"过这本书的内容，而远在大洋彼岸埃默里大学的伯尔曼先生，却可能对此一无所知。

2006 年，我的一位同事去埃默里大学访学，在其努力下，促成了伯尔曼先生的中国行，也使他的中国"粉丝"得以亲耳聆听他对法治的诠释。伯尔曼先生曾在山东大学、浙江大学、复旦大学及北京大学做过好几场讲座。他用浅显易懂的譬喻，解释复杂的法律类型及法律的适用范围，深入浅出，妙趣横生。伯尔曼先生在不同的场合都讲过这个"故事"：即便是一个五岁的小孩，从来没有学过法律，他也会说"这个玩具是我的！别动它！"这就说明他有财产法或物权的朦胧意识，因为法定的财产神圣不可侵犯；如果他说"他打了我，所以我才打他的，他应该道歉和罚站。"这就说明这个孩子已有侵权法甚至刑法的观念，因为伤害他人或侵犯他人合法权益，就应该受到惩罚；有时候他会说"你曾经答应过我的！不要反悔！”这表明他已经有类似于合同法的意识，每个人都要对自己的承诺负责；当他说“爷爷奶奶给的零花钱我不能独吞，我必须给妈妈一些”时，这就有了税法的观念，任何人的收入得有一部分上缴政府；有时候和小朋友闹了别扭，他会说“我要把你做的事告诉老师”，这就是诉讼法，私下解决不了的纠纷，就必须通过诉讼的途径；这个孩子如果说“这是爸爸允许做的”或“爸爸说不可以，我们还是不要去做吧”的时候，那就说明他已有了宪法的观念，因为前者的“允许做”是一种获得“授权”而取得正当性的观念，而后者的“爸爸说不可以就不能做”则说明宪法是最具权威性的法律，其他的法律条文都不可挑战它。所有这些，都是一个从未接触过法律的五岁小孩自然而然拥有的法律观念和意识。听了伯尔曼先生这样的解释，相信即便是没有受过法学教育的人，也多少能对法律类型有了初步的了解。其实，并不是只有说出来的话艰深晦涩才显出学问之大，所谓“大”学者，正在于具有这种深入浅出、春风化雨的神功。

伯尔曼先生的这种功夫，自然与他在法学领域里长期“精耕细作”有关。我们从书评中得知，伯尔曼的《法律与革命》是多卷本，而《西方法律传统的形成》（即此书第一卷）就是他“集四十年心血写成的一部力作”。只有经过这样的“精雕细刻”，才有可能打造出传之后世、影响深远的学术精品。记得 2006 年夏天伯尔曼先生来山东大学与法学院师生座谈时，因为他的《法律与革命》还没有完整的中文译本，我便问及他第二卷和第三卷的内容。他介绍说，第一卷写的是法律与宗教革命的关系，即前述国内引用率非常高的《法律与革命——西方法律传统的形成》一书，他花了四十年的时间；第二卷写法律与新教革命之间的关系（该书在 2008 年也已出了中译本，即《法律与革命——新教改革对西方法律传统的影响》），他花了二十年的时间；现在（即2006 年）正在写第三卷，是有关英国光荣革命、美国独立战争、法国大革命与法律之间的关系，他打算用五年的时间完成。伯尔曼先生还说，如果上帝不召唤他的话，他还打算写一下苏联社会主义革命与法律的关系。就在伯尔曼先生访华后的第二年，即2007 年的 11 月 13 日，上帝就迫不及待地把他"召唤"走了。于是，在他的著作列表中，我们再也无缘见到第三卷和第四卷了。

伯尔曼先生踏上那次中国之行时，已是八十八岁高龄，而他的夫人露丝（Ruth）已经九十二岁！当伯尔曼先生演讲时，露丝在台下专注聆听的神情，让人读出一个妻子对身为学者的丈夫那种欣赏和支持。或许正因为有妻如此，伯尔曼先生才可能沉潜于学术几十年，写出这么多传世的精品吧。作为读者的我们，也就不难理解为什么伯尔曼先生会将他的著作"献给露丝，全部，而且永远"！

Henri de Toulouse-Lautrec（1864-1901）

Napoleon

"鄙视链"

末端的

法史学科

法政教育能否『速成』

『鄙视链』末端的法史学科

书斋里的『对策』研究

守望正义：法律人一生之志业

"鄙视链"

末端的
法史学科

Girolamo Troppa（1637-1710）
Homer

法政教育能否“速成”

说到中国法学教育的起点，不能忽略二十世纪初日本法政大学专为“清国”留学生设立的法政速成科。当时，经历了庚子之变的清政府，不得不祭起新政大旗，期冀通过全方位的改革，以挽救岌岌可危的统治。而通过变法修律，收回治外法权，也成为挽回清廷颜面的急务。但要制定与国际接轨，“务期中外通行”的法律，则非有专门的法政人才不可。然而，以往以科举考试为指挥棒的教育体系，并不鼓励人们学习法律——“读书万卷不读律”，道出了士人普遍的心理。同时，高等教育刚刚兴起，各地法政学校还在筹设或起步阶段，因此，法政人才供不应求，已成为社会上紧迫而现实的问题。尽管派遣“游学生”出国学习是条捷径，不过，语言不通、文化差异又难免增加人才养成的时日，远水解不了近渴。在这种情况下，法政人才的“速成”教育应运而生。

据相关材料记载，日本法政大学法政速成科是应中国留学生的要求而创设的。在现代史上毁多誉少的曹汝霖，曾于回忆录中述及速成科设立的缘起。其时，即将从东京高等师范学校毕业的范源濂，与将从东京法学院毕业归国的曹汝霖商议，认为当下国家人才缺乏，但又不可能立刻造就，于是想在日本办一个速成法政班，尽管学生所学可能不够完全，但"总比没有学过的好"。曹汝霖赞同范源濂的想法，但也认为日本的法学家一般多是自己用功，写写著作，不愿意多管闲事，要想办成此事，必须找到一位既是法学大家又热心教育的人。曹汝霖想到的人，就是最后成就此事的梅谦次郎博士，因为梅谦博士时任法政大学校长，算得上法界权威，而且"对中国很关心，人亦爽快明通，倒不是埋头苦干，不问外事的人"。双方几次商谈后，终于决定筹办法政速成科。这些信息，在《清国留学生法政速成科纪事》所载的材料中得到了印证。

《纪事》中的"清国留学生法政速成科设置趣意书"，解释了此番设置的缘由和目的。当时的清政府"锐意维新，知新学之不可缓"，多年来到日本留学的学生数以千计，不过来者虽多，"而修业于法律、政治之学者尚少"。日本的官私立学校皆用日语讲授，并且须用三至四年的时间方能修完课程。对于有志于此科的中国留学生来说，均不得不先从事语言的学习，而后再转入各专门法政学校，前后需要花六七年的时间。"夫清国而欲与各国抗衡也，固非厘革其立法、行政不为功，而欲着手于立法、行政之厘革，又非先储人才不为功，然则养成应用人才，谓非清国近日先务之尤者乎？"因此，法政大学与清国留学生中之有志者（即范源濂、曹汝霖）共谋，并得清政府驻日公使的赞成，特设"法政速成科"，讲授法律、政治、经济等学科，"以华语通译教授，俾清国朝野有志之士，联袂而来，不习邦语，即可进讲专门之学，归而见诸施行，以扶成清国厘革之事业。"该"趣意书"还以日本明治维新时期聘请欧美学者设速成科为例，说明此举之必要与可能，因此，法政大学"此速成科之设，其有补于清国变法之前途者，必非浅鲜也。"由此可知，法政速成科的设置是在"有志"的留学生和"热心"的日本法政大学校长的推动下，经日本文部省许可及清政府的同意而设立的，并非我们今天所认为的那类"野鸡大学"。

从《纪事》的记载来看，根据当时范源濂提出的要求，法政速成科的修业年限为一年，后来增至一年半或两年，以示"速成之意"，由此可见范源濂等这些青年学子们"时不我待"的紧迫感和使命感。由于速成科借用法政大学的校舍，时间上不能与该校普通科的学生冲突，加之其教授由梅谦次郎从校外约请，所以速成科学生的授课时间都在晚上；要在一年或一年半的时间里学完通常需三至四年方能学完的课程，是故学校取消了暑假，"学员皆冒酷暑，每日来校学习"。速成科的学生一般并无日语基础或日语基础较薄弱，所以授课的方式是由日本教授用日语讲，再由通译译成中文，从而为学生消除听讲障碍。通译由已在日本留学有年的留学生担任，他们不仅要在课堂上全程通译，课后还要将教授的讲义译成中文，几经订正校对，方能完成讲义的印刷，其工作量之大超出一般人的想象。此外，做这些工作通常并无报酬，他们是在靠"情怀"来工作的。据曹汝霖回忆录的记载，范源濂曾任宪法及行政法两门课的翻译，而他自己也翻译过刑法和刑事诉讼法。为培养国家亟需的具有现代意识的法政人才，播撒现代法制的种子，他们确曾付出过心血。

说到法政速成科的"功"，可真是不少。首当其冲者，当然是为晚清政府培养了大量法政人才，其实这些学成归国的人发挥作用的时候，有可能是在后续的民国时代，甚或是在新中国成立后。据《纪事》中的校友名录来看，有的学生归国后任咨议局议员或参与中央及地方立法，而大多数学生则从事法律实务，从推事、评事到检察官，应有尽有。他们充实了清末或民国时期的司法机关：卒业于 1905 年的张知本，除了在民国时期地方或中央政府及诸多高校任过校长外，还是二十世纪三十年代立法院宪法起草委员会的副委员长。卒业于 1906 年的居正，长期担任国民政府司法院的院长。有的毕业生则到各省的法政学校任教：比如祖籍山东黄县（今龙口）的丁世峰，归国后任山东法政学堂教习，清末山东开设咨议局时被选为议员；祖籍浙江嘉兴的沈钧儒则在民国时期出任浙江省政府委员会秘书长，并于二十世纪三十年代任上海法科大学的教务长兼上海律师协会主席，1949 年 9 月任政治协商会议第一次全国委员会副主席，并任中华人民共和国第一任最高人民法院院长。在学界，有福建闽侯人程树德，他除了在政府的任职外，还在数所知名大学担任讲师，传授法律，而他的著作《九朝律考》至今依然是法律学人案头的必读书籍。另外，当时给法政速成科授课的冈田朝太郎、松冈义正、志田钾太郎等，受沈家本主持的修订法律馆之聘，协助起草刑律、民律、商律等草案，为清末民国时期这些法典的制定搭起了框架。

若要论其"过"，则无非是法政学校的速成科开设后，因其对欲"镀金"之人的吸引，使后续的留学生学习质量下降；加之有些日本学校看到开设此科有利可图，遂纷纷效仿而至遍地开花。鱼龙混杂之下，开设几年后，法政速成科在中国留学生中逐渐失其声誉，不得不撤销。

关于法政教育能否"速成"的问题，需辩证地看待。就其培养的人才在清末和民国时期的作为来说，法政人才确是可以"速成"的。不过，如若学子们没有修业之后的努力精进，即便修学年限再长，也可能无"功"可言。而法政一端，尤须在科班教育之后的实践，正像当时的驻日公使杨枢在1905年"法政速成科第一班"卒业典礼上所言："然学虽速，犹未深造，诸生归国之后，切勿遽思改革，譬学医粗识《汤头歌诀》，出而应世，是直草营人命已。但愿诸生出其所学，转授同胞，以开民智，譬犹造屋，有良工师而无材木，亦不足以展其地；并望广搜法政书籍，以资研究，务期升堂入室，然后考察我国之国俗民习，与所学相比例，斟酌而损益之，乃出执政柄，以期实行，富强或有望乎。"这些话用来告诫当今的法政学子，依然掷地有声。

Ferdinand Hodler（1853-1918）
The Reader

"鄙视链"末端的法史学科

有一篇《法学学科鄙视链》的文章曾在法学圈子里广泛流传，虽然大家都知道是戏谑之作，不过细品之下，倒也觉得该"链"还是反映了一部分事实的。

居于顶端的专业是"经济法"，原因是"就连它的名字里都是财富"，"带着贵气"，有关银行、证券、财税、土地、环境等都被纳入其彀中，教经济法的老师当然应该是最富有的了。

然而，说起赚钱的学科来，那就没有能比得上"商法"的了。随着在法考中分值的增加和在研考中广大考生的热捧，商法学科更是有了傲视群雄的资本，任性地想与"慈父般"的民法分家单过，搞得民法只好祭出"民商合一"的尚方宝剑来强化自己的威权。

不过，对于"满脑子只有钱"的民商经济法学科，号称"追求精神境界"的刑法则有些不屑，因为"学刑法的，内心总是充满了正义感"，更何况刑法还有严密的体系设计和堪称智慧结晶的理论构成呢！可一说到体系设计的精密，刑事诉讼法就沉不住气了，没听说过"链式设计""完美闭环"的人，还敢说逻辑体系精密呢？

面对着这些只敢管一管人的法律，大格局的行政法撇了撇嘴，"管人？不好意思，我管政府。"确实，约束政府权力，那还得靠行政法，敢判政府败诉的，除了行政诉讼法，舍我其谁？

正当这些学科互不相让的当口，宪法发威了：在现代社会，哪个国家不把宪法奉为圭臬？一个只有民商法、刑法、刑诉法而无宪法的国家，根本就无法跻身于法治文明国家的行列！而且宪法专业的毕业生，"对口"的可是党群机关，这些单位的重要性就不必强调了吧。

这时候，国际公法、国际私法、国际经济法这"三国法"却不买账了，你宪法再牛，也不过只能管一个国家，我们规制的那可是国家间的空间、外交、经济以及不同国家间的交易、婚姻！

这些学科间的相互鄙视，在法理学看来却都不值一提，"你们随便玩，我要在哲学的世界里继续沉思！"罗丹那座雕塑作品《思想者》，送给法理学者应该是比较合适的。只是"思想者"似乎总是"孤独"的，放眼望去，即便是在法理学大咖的门下，也难掩其寂寥——这么高贵的学科，愿意学的人怎么就那么少呢！

早已习惯了叨陪末座的法史学科，默默地蹲在墙角，希望得到一些关注，"哪怕是鄙视的眼神也好"。可惜，在大家心目中，法制史是真没什么用了。编段子的人还算宅心仁厚，"就连司法考试（现在叫法律职业资格考试）都只是占着区区十几分，以至于同学间还流传着一条屡试不爽的法考复习诀窍——当你感觉时间不够用的时候，把法史弃了吧。"其实，依笔者的了解，参加法考的学生，即便时间够用，照样会弃掉法史。为了那么几分，去啃上下五千年的法律发展史（其实法考涉及的法史，不只是中法史，还包括外法史），实在是不值得。

然而，被其他学科连鄙视都有些不屑的法史，真就这么不堪吗？非也，因为"一个不争的事实是：能教法制史的教授，往往也能教刑诉、民商等学科；但教其他学科的老师，大多教（降服）不了法制史。"谁还敢说法制史不入流吗？

这个以"鄙视链"形式出现的法学学科之间的比较，取代了以往的"热门""冷门"这些"俗语"，不过，实质并没有什么变化，也就是说，它依然是根据能给教授者、学习者及从业者带来多少实惠的角度而配置"鄙视额度"的。从事经济法、民商法、刑法、行政法等部门法的教学科研的老师，有较多参与法律实践的机会，各种相关的讲座、论证、辅导培训也多，容易受到实务部门的追捧，自然也最受学生青睐；相反，那些主要在课堂上或文章中"务虚"地"玩概念"的学科，尤其是法制史，则少有在社会上出头露面的机会，搞得好的还能在本学科圈儿中混出点儿名堂，一般人就只担得起教书匠的名头，即便发几篇文章，除了孤芳自赏外，最多能听到几句同道者的喝彩或批评！司法从业者要解决现实问题，他们只会关心现行法律中的规定，谁会在乎《唐律》或《大清律例》中讲了什么呢？所以，即便法考中要考法史，也不能吸引人们更多关注的目光。而考研的学生，报考法史者甚少，能上线者则少之又少，以至于别的专业复试时的比例可能是 1：2，法史的则需要别的专业"救济"才可能完成招生计划。这样"强拉硬拽"进来的学生，当然也无心在法史领域有所作为，能凑出一篇符合规范的论文顺利毕业就万事大吉了。其实，法史老师早已习惯了这种"冷门"的处境，位于鄙视链的末端倒也并不觉得"屈居"。

或许是为了安慰法史学科的老师吧，"鄙视链"的最后还有个"光明的"尾巴，即法史的老师很有"能耐"：因为能教法制史的老师，都能教其他诸科；而其他学科的老师，则大多教不了法制史。这话倒也中肯。在法学院的日常教学中，常见有法史老师对其他学科的"江湖救急"，却鲜有其他学科老师对法史"假以援手"，毕竟，并不是谁都能讲得了法史的。法制史学者的跨界者很多，西北大学法学院的段秋关先生，能在法史课堂上妙语连珠，能写漂亮的法史文章，能做法学院的院长，能给省市政府当法律顾问，能为法院检察院提供有价值的咨询意见，还能当律师、仲裁员和独立董事。而今已过七旬的段先生，又贡献出了《中国现代法治及其历史根基》这样的鸿篇巨制。他直面法治中国的现实，遍论欧美主要国家的法治思想与制度，反思中国现代法治之根基与路径选择，其视野与格局，恐怕难有部门法学者能企及。在已故法史学者乔伟先生的遗著中，处处让我们领略到什么叫

"纵横捭阖"，什么叫"博古通今"。在他解决现实问题的路径中，那种对古代法文化中可资借鉴的优秀成分"信手拈来"的修为，也难有部门法学者可望其项背。

法史学科之所以被"鄙视"，可能主要缘于它的"无用"。以今人的眼光来看，《唐律》《宋刑统》《大清律例》等确乎早已过时。然而它们当年也曾经是规范君臣民众的典章制度，而我们今天现行的所有部门法，亦终将走进历史，成为未来法史学者的研究对象。当下法律人的作为，要经受法史学者的客观评判。只有不被未来法史学者鄙视的学科，方能显示出其真正的价值。

书斋里的"对策"研究

这几年学生的毕业论文中，写"对策"研究的比较多。这类论文的写作有个基本的"套路"：先介绍一下研究对象的现状，分析其中存在的问题，然后剖析造成这些问题的内外部原因，介绍域外的一些做法或经验，最后提出解决该问题的"对策"或"建议"（不外乎"制定相关法律""完善执法机制""提高民众法治意识"等）。这样的研究结论放在任何一篇论文中都不会错，当然也不会有实际意义和使用价值。这类中规中矩的论文，只要过了"查重"关，通常情况下答辩也都会顺利通过。只是难为了打成绩的老师，因为学校往往会给几个"优秀"名额，而在这些"长相"相似的论文中，要想挑出让人眼前一亮的文章，颇不容易，最后只好"筷子里面拔旗杆"，挑一篇稍微有特色者勉强完成任务而已。之所以出现这种情况，是由于论文的写作者大多是未走出校门的在校学生，他们对纷繁复杂的实践既缺乏感性认识，又没有深入其中进行调查。这些在书斋里提出来的"对策"，自然也免不了束之高阁的命运。

当然，并不是所有的"对策"研究均如此，有些在职研究生的论文总体上固然也很"水"，但其中倒不乏些许"干货"。比如一篇关于检察院批捕现状的论文，在分析司法实践中造成依法无需逮捕结果却依然被批捕的原因时，"关照"公安机关报批的"工作量"，这就是学者们关起门来研究时"想"不到的；在涉及司改中实行法官员额制面临的问题时，来自"一线"的法官们通常最有发言权；而对于《婚姻法》司法解释适用中林林总总的奇葩情况，那些长期从事家事审判的法官自然会"侃侃而谈"，他们提出的"对策"或"建议"或许在理论深度上有所欠缺，但往往具有较强的针对性和"可操作性"；至于那些赶上末班车生了二胎的职业妈妈们，对于二孩政策放开后女性权益的保障状况，说起来也是"滔滔不绝"，她们提出的解决之道，还真值得决策部门加以关注。在评议这样的论文时，老师们会受益，而他们的"答辩"最终也变成一种互动和交流。

对于一直"宅"在校园里的学生，要想写出高水平的"对策"文章，难度不小。他们上过一些不太系统的专题课，读过数量不多且内容庞杂的书，听过几场随机举行的学术报告，在实务部门象征性地实习过一段时间，然后在没有任何研究冲动下利用便利的网络查询拼凑出一篇文章。结果，他们貌似生产了一篇对策性的论文，实际上充其量只是做了一回文字的搬运工，并没有奉献多少智识上的收益。这倒也怨不得学生们，当写作论文只是申请学位的一项"规定动作"，而不是纯然出自研究的兴趣时，"应付"就会成为一种常态。在这种学术生态中，论文所要求的"创新性""前沿性""理论意义""实用价值",也会随之沦为一种好听的空话。这种情况下,评阅老师若能遇到一篇语句通顺、层次分明、结构合理的文章,真是该欢天喜地了。

在功利驱动下的急就章,当达到其功利目的时,自然也就完成了它的使命,别说"传之久远",可能连作者都会很快忘掉自己的"大作"。一个人只有在阅读和阅历都足够丰富的情况下,写出来的东西才可能或震撼人的心灵,或给人以启迪。卢梭是许多人都知道却不一定熟悉的思想家,我们读他的《论人类不平等的起源》《爱弥儿》或《忏悔录》,探究他在《社会契约论》中所言"高尚的野蛮人"与"回归自然"的可能性,却往往忽略了他的生平。在《从黎明到衰落》一书中,作者雅克·巴尔赞曾有这样的描述:

> 卢梭无论处境如何,都一直如饥似渴地博览群书,进行敏锐的观察,以此充实完善自己。他一生中的起伏坎坷使他成为一位独特的社会人物。他在饭馆端过盘子,也做过法国驻威尼斯使馆的随员;他曾在巴黎的小巷内同家人简朴度日,也做过贵族府邸中尊贵的座上宾;他最后隐姓埋名居住在一个小村子的茅屋里。因此,卢梭除了是一个受宠的天才外,还是唯一身历每一个社会层次,从每一个层次的角度观察过社会的社会批评家。现在成群的博士借助问题单收集材料,而卢梭当时都是亲眼所见。

我们无需去亲历卢梭那样的生活，我们也不奢望成为他那样的思想家，不过，做一个"借助问题单收集材料"的博士或硕士或研究人员，这一点却是可以做到的，而且这应该也是搞"对策"研究的人必不可少的工作。可惜我们的很多学生却将这个步骤有意或无意地"省略"了。

其实，有些享誉学界的名著，也是作者在书斋之外寻求答案的过程中完成的。比如被马林诺夫斯基称作"人类学实地调查和理论工作发展中的里程碑"的《江村经济》，就与费孝通先生在田野里的工作分不开。

> 我的调查历时两个月，是在 1936 年的 7 至 8 月进行的。在这有限的时间内，我自然不能对完整的一年为周期的社会活动进行调查。然而，这两个月在他们的经济生活中是有重要意义的，包括了一年中蚕丝业的最后阶段及农活的最初阶段。以我过去的经历及人们口头提供的资料作为补充，到目前为止，我所收集到的关于他们的经济生活及有关社会制度的材料，足以进行初步的分析。

正是由于费先生走出了书斋，"抛弃了一切学院式的装腔作势"，才能那么"态度尊严、超脱、没有偏见"地描绘中国传统文化在西方影响下的变迁，也才指出了当时的国民政府政策的失当之处，提出了解决"中国土地问题"的对策和思路，尽管这些建议并未引起短视的国民政府足够的重视和反思。假如费先生只

C.W.Eckersberg（1783-1853）

View through a Door to Running Figures

是窝在书斋里"闭门造书",断然不会有《江村经济》这样的佳作流传于世。

或许有人会说,我不可能成为卢梭那样的思想家,也不想做费孝通那样的大学问家,我所作的仅仅是在完成一篇学位论文而已。无论如何,既然是对策性的研究,基本的实际调研和资料采集工作也是必不可少的。而且,退一步讲,作者起码应注意运用能引起他人阅读兴趣的"对策",毕竟自己花费时间和精力写成的文章,还需经评阅老师过目,而他们或许正是你这篇文章除导师之外仅有的读者呢。老师评阅过程的愉悦程度,与论文成绩的高低正相关,这样的对策也是值得撰文者好好研究的。

守望正义：法律人一生之志业

　　六月的大学校园，弥漫着缕缕离愁别绪。教学楼旁、图书馆前、小树林中，不时有穿着学位服的学生照相留影，他们希望用镜头记录下校园生活中最后的点点滴滴，留存青春岁月中难以磨灭的记忆。对每一位毕业生来说，这一刻都显得意义非凡，它标志着学生生涯的行将结束，也预示着生活新篇章的开启。对于将要踏入社会、走上工作岗位的同学，他们将会与一些东西再无缘分。从此以后，逃课、占座、考试周的通宵、挂科的担忧，都将变得与己无关。在收获那张为之奋斗数年、承载了酸甜苦辣各种滋味的文凭后，有关校园的种种欢乐或不堪，都会成为记忆中的风景。在怅然或者欣然中，不管愿不愿意，一生中最美好的年华就这样悄然走过。

　　作为老师，在每一个毕业季都会心生感慨，学生们入学时青涩的样子仿若昨天，转眼之间，他们竟要背起行囊远行了。在年复一年的送别中，我会把"守望正义"送给一届届的法科毕业生，这种"碎碎念"也算是老师的职业病吧。

　　我想，"守望正义"应该是每一个法律人的使命，甚至可以说是一种宿命。在所有的人文社会科学中，没有哪个学科像法学这般，与正义的事业离得如此之近。尽管学生们最初选择法学的原因各不相同——有的因为法学是"热门"，有的因为念法学可以不学数学，有的是为了实现父母的夙愿，当然也有一些是出于对法学真诚的热爱——但只要选择了法学，也就自然而然地选择了一种与正义有关的事业。法学与正义之间的联系是天然的，不证自明。从立法的分配正义、执法的实现正义，再到司法的矫正正义，无不诠释着法学与正义之间的这种天然联系。可以说，一个人从选择法学专业时起，他就与正义的事业结下了不解之缘。

经过多年的学习和训练，在毕业的时候，学生们不但了解并掌握了相关的法学专业知识，也逐渐养成了相应的法学思维模式。然而，法学又是实践性极强的学科，要将因学习有关正义的学科获得的学历转变为实现正义的能力，需要在工作实践中的历练，需要内心的警醒怵惕以及时时刻刻的呵护和守望。在很多时候，"正义"是一个空洞的大词，只有在从事法官、检察官及律师的职业生涯中，人们才能实现心中的公平和正义。然而这些职业，正如已退休的哈佛大学法学院教授、著名律师艾伦·德肖维茨在《致年轻律师的信》中所言，是一个"道德缺失的行业"，周围可能到处都是或隐或现的精英舞弊行为，刚入职者很容易被人引诱而加入其中，因为回报颇丰且风险很小。

如果你是书记员，你会看到法官歪曲事实、曲解法律，

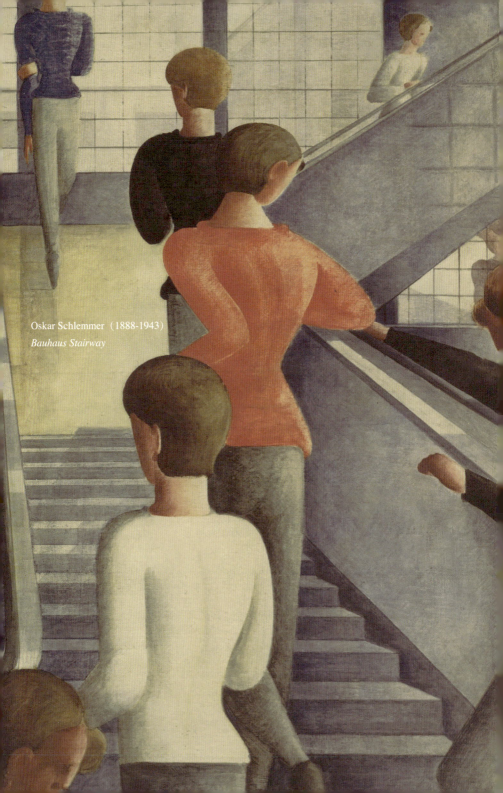

Oskar Schlemmer （1888-1943）
Bauhaus Stairway

对律师不能一视同仁，所作的判决带有自己的政治观点、野心和偏见。出于对法官的爱戴，你对他们的做法视而不见。或者更糟糕的话，完全接受他们的道德观。如果你成了检察官，你会看到你的一些前辈暗中帮助做伪证的警察把伪证做得更圆满。如果你当了一名辩护律师，你会看到同事操控证人并与法官和检察官拉关系。

当一个人抵御不住金钱和权力的诱惑时，他的人生也将驶离正义的轨道，与其使命渐行渐远。

所以，法科毕业生以"守望正义"来自警和自醒就成为一种必需的日课。做法官的人，要时刻想着培根的那句话，"一次不公正的裁判，其恶果甚至超过十次犯罪。因为犯罪虽是无视法律，好比污染了水流，而不公正的审判则毁坏了法律，好比污染了水源。"不要轻视小法官手中的大权力，一纸判决，可以影响他人的生命、财产和自由，影响一个人乃至一个家庭的幸福，也可能影响司法的公信力和法律的权威。做检察官的人，既要"嫉恶如仇"，匡扶正义，也要设身处地，"与人为善"，克制手中公权力的行使。而当你成为一名律师时，则要着力于在对客户的义务和对公众的责任之间寻找合适的平衡点；有时候，法律和道德范围内允许的"死磕"，是律师追寻正义的必要手段。可以说，作为从事直接输送和实现正义的具体工作的法官、检察官和律师，以"守望正义"为一生之志业，自是天职所在。

这几年，根据一些不那么合理的评判标准，法学加入了就业难的学科行列。其实，除了传统的法官、检察官和律师三大职业外，法科毕业生有着非常广阔的就业前景，"法律的魅力就在于它是一项几乎可以适合各种需求的工作""法律职业的一大优点就是你可以作出不同的尝试，既可以尝试一件事，也可以同时尝试几件事。"但无论你从事什么职业，仍需坚守自己的理想。因为正义的实现无关职业，只要坚守公平正义的理想，每一种职业都有伸张正义的机会与可能。

学生的学业在六月的校园结束，正义的事业也将从六月的校园出发。

法网之密的利与弊

细节中的法制

防护栏与救护车

"细事"入典

非执行难也，实不履行也

防护栏

与

救护车

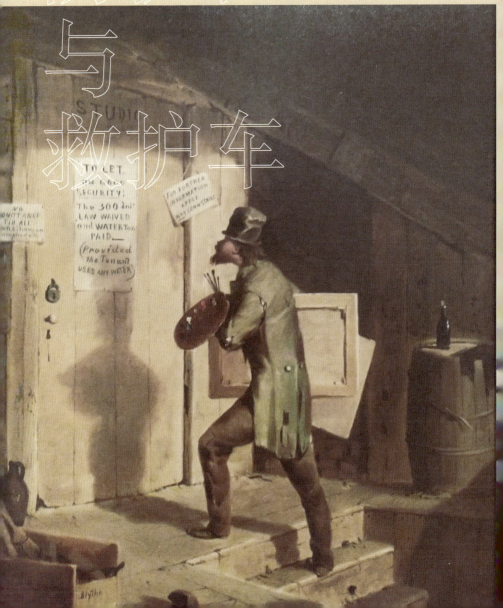

David Gilmour Blythe（1815-1865）
Art versus Law

防护栏
与
救护车

法网之密的利与弊

在课堂上讲秦朝的法律，为了活跃气氛，给学生出了个谜语，"秦灭六国"，打一水果名，谜底是现在市面上已经难觅踪影的"小国光"，学生们大多没听说过。小插曲过后，继续介绍秦律的内容，顺便从法律的角度分析战国时期那些"小国"之所以"光"了的原因。

秦国的兴盛起于商鞅变法，而秦朝的灭亡则源于其繁刑严诛，吏治深刻，正所谓"其兴也法，其亡也法"。贾谊的千古名篇《过秦论》，正是对秦亡原因的剖析。那么，秦法的"繁刑严诛"又具体体现在哪些方面呢？被派去驻守渔阳的陈胜、吴广们因中途遭遇大雨，不能如期抵达目的地，而根据秦律的规定，"失期，法皆斩"，他们都得身首异处，完全没有"情势变更"的可能。在"亡亦死，举大计亦死"的情况下，一群无可选择的"氓隶之人"揭竿而起。可以说，秦法的繁苛正是秦亡的直接导火索。

其实，《过秦论》一文谈及秦律时，只做了概括性的评价，而《陈涉世家》也仅是借陈胜、吴广之口，说明了秦律苛酷的一面。事实上，秦律无论是在"秦国"时，还是在其延续到

"秦朝"时，其规定可谓事无巨细，几乎触及人们生活的各个方面，达到了"皆有法式"的境地。不过，任何事情都有它的两面性，法网过密虽然使人们难以喘息，然而，在秦成就一统大业的过程中，细密的法网也发挥了相当重要的作用。我们今天喜欢说"细节决定成败"，当时的秦之所以能实现"六王毕，四海一"的宏图伟业，可能正是那些不起眼的细节促成的。

治法制史的人都知道，在秦律中有一部规定产品规格的《工律》，它要求"为器同物者，其大小、短长、广亵亦必等。"也就是说对于同一规格的产品，其大小、长短、宽厚都必须完全相同，不得参差不齐。另外，在《工人程》中还规定了手工业工人的劳动定额和工作量，比如根据季节、年龄、体力、性别等的差别，分别作出规定，而对熟练工和非熟练工的定额等要求也有所不同。这些规定，既有利于生产出标准化的产品，也有利于进行规模化、大批量的生产。

法律人在阅读这些史料的时候，往往惊叹于秦人规制的细密，至于这对当时秦统一天下有什么作用，其分析却跳不出我们固有的圈子。历史学者许倬云先生在《我者与他者》中给出了另一番解释，让人们从另一扇窗户里欣赏熟悉的风景时，看到了不同的景观景致。

秦代规划度量衡，使全国都有同一标准。这一"标准化"的工作，在考古学所见数据，都可见到绩效，当然，遗留至今的秦权秦量，都是具体的实物证据。在秦代遗物的箭簇瓦当，大小形制都是数千件一致，我们也可觑见秦人工艺产品的"标准化"。秦代官家作坊，出品都列举由工人到各级官员的名字，实是显示工作的责任制。

……

秦代兵器的标准化，可能是秦人能够以武力击败六国的原因之一。战国七雄的军事力量，各有特色，齐人尚技击，魏卒重材武，韩国兵器犀利，荆楚步卒，吴越剑士……均有可观之处。但秦人武库所积，若以"标准化"为特色，则不仅生产迅速，而且诸军配备整齐划一，于训练及补充，都有方便。则秦人之常胜，终于使"六王毕"，即不是偶然了。

法史学者囿于法律研究的界限，只看到了秦代立法技术的精细和法律调整范围的广博，却忽略了对其实施后果及效能的考察。在这方面，或许如黄仁宇先生所言，法史学人也需"放宽历史的视界"，对不属于自己专业的领域多加涉略，这会为自己的专业研究提供不一样的思路。

从许倬云先生的分析中，我们确实看到了秦代法网细密所带来的"利好"，然而，仅此一点，并不能成为肯定"秦法繁于秋荼，而网密于凝脂"所带来的负面效果。而且秦法的繁密并不仅仅体现于法律的规定，更重要的是体现在由其"有奖举报"政策而织就的社会网络中，正是这张网才使人透不过气。

在这方面，商鞅应该算是鼻祖吧。商鞅在相秦时，为了推行变法，曾在采用重罚措施的同时兼采"厚赏"的策略。他深知，所谓的民情民性，无非就是"追名"和"逐利"而已，两相比较，逐利又远胜于追名。要在诸侯争霸中占得先机，就要让人们都能够从事最辛苦的农或最危险的战，而要想让那些逃避兵役或差役的人无所遁形，最有效的方法就是实行"连坐"，动员老百姓时时刻刻盯着周围的人，亲戚、邻居或乡人如有不法行为，就要向官府举报，举报者会得到重奖，即厚赏"告奸"之人，"匿奸"者则会受到重罚。他的"连坐"之法施行后，全社会形成了一张密不透风的网，真正是"法网恢恢"了。因为国家"警察"总有监视不到的地方，而人民群众的眼睛又总是雪亮的，况且有重利在前引导，有重罚在后督行，秦国自然最终实现了富国强兵的目标，更何况民众的参与还使国家节约了维持社会秩序和治安的成本。只不过，这种貌似行之有效的策略，造成的后果却是人人都在行使警察的职能，人人都在密切注视着他人的一举一动，每个人都在监视别人，每个人又都被他人监视，人人自危，而人与人之间的信任关系也荡然无存。

商鞅最终也作法自毙，他亲手织就的这张法网很快即现世报在自己身上。当商鞅被人诬陷谋反而逃至边关时，欲留宿客舍，而客舍主人并不知道他是商君，见他未带任何凭证，便告诉他根据"商君之法"，留宿无凭证的客人是要"连坐"治罪的。走投无路的商鞅终被车裂而死。秦始皇在统一天下后将法网收得更紧，要求民众之间互相监控，不惟人们的行为，甚至连人们的思想都被纳入控制范围，这就为秦的速亡埋下了伏笔。

Lester George Hornby（1881-1956）

Reports from the Front

细节中的法制

与那些著作等身的高产学者相比，美国著名汉学家、原哈佛大学费正清东亚研究中心主任孔飞力教授的著作显得有些少。当人们在网上不能随作者的名字，勾连出一长串同一人的作品链接时，这就决定了他在书友中"脸儿熟"的机会有限，粉丝自然也就不会太多。再加上作品所涉及的领域较为冷僻，他的读者就更可能属于小众人群了。不过读者小众的作品，却有可能是精品；粉丝虽少，往往都是"铁粉"或"精粉"。目下，在网上书写鸡汤文的人不在少数，粉丝则动辄过百万，却终究免不了各领风骚三五月甚至三五天的命运。而像孔飞力教授的作品，则值得人们一读再读，且每读一次都会有更深的感悟；可以预言，他的作品一定会传之后世，即便在一两百年之后，仍然会有人津津有味地去阅读，且一边读一边感叹：这个外国人真厉害，居然能把中国的事分析得那么精辟而透彻！

对于读书人来说，他所欣赏的一个作者去世后，就好像失去了一个朋友，遗憾而惋惜。因为他的去世，他的思想的发表将不再"更新"，处于永久停滞状态，人们再也读不到他对生活、社会、人类、宇宙的思考，再也无法和他进行思想和精神的交流。

这时候，纪念他的最好的方法，就是重读他的那些著作。

说到孔飞力教授，读者首先会想起的就是他那部名字比较奇怪的书：《叫魂：1768 年中国妖术大恐慌》。对于中国人来说，即便是专门从事清史研究者，对于"康乾盛世"时期，往往只是着力于从宏大叙事的角度来分析其时的政治、经济、军事与文化状况。而研究法制史的学者，关注的也多是《大清律例》等法典或秋审、朝审等司法制度。至于当时人们实际生活的细节，则很难入我们的"法眼"。可以肯定，假如没有孔飞力教授的这部书，我们很难知道在乾隆统治的盛世时期，曾经发生过这么一件看似细小却影响力极大的事情。假如没有孔教授的挖掘，这样荒诞的事情也会和其他许多历史事件一样，湮没在尘埃中，仿佛从未发生。

"叫魂"与流传于民间的迷信有关。根据书中的介绍，1768 年，一种名为"叫魂"的妖术在华夏大地上盘桓。据称，术士们通过作法于受害者的名字、毛发或衣物，便可使他发病，甚至死去，并偷取他的灵魂精气，使之为己服务。而就是这样一种谣传，居然影响了当时十二个省份百姓的社会生活，从农夫的茅舍到君主的皇宫均受波及。根据其时的人口统计，应有超过两亿的人口卷入其中。

在历史长河里，1768 年是一个普通得不能再普通的年份。然而，从春天到秋天的大半年时间里，整个大清帝国都因为应付这股妖术之风而动员了起来。草民百姓忙着寻找对抗妖术及自我保护的方法；各级官员穷于追缉流窜于各地作案的"妖人"；身处宫廷深处而居于权力之巅的乾隆，则在力图弄清楚叫魂妖术恐惧背后的阴谋，通过不断发出谕旨，亲自坐镇指挥全国各地的清剿工作。在维稳压力下，官员们层层加码，滥捕滥刑，经过不堪重刑的嫌犯们的编造，最终使一个子虚乌有的谣言"坐实"成了乾隆堪称心腹大患的重案。一直折腾到年底，"在付出了许多无辜的性命和丢掉了许多乌纱帽后"，才发现所谓的叫魂恐惧，其实只是一场庸人自扰的丑恶闹剧。我们从文本上来看，大清王朝的统治者从"正人心，厚风俗"、体现儒家仁政的宗旨出发，形成了结构与内容均堪称"美备"的法典体系，在司法中也设计了诸多蕴涵恤刑价值取向的制度。然而，当我们回归"叫魂"中所呈现的现实时，却发现生活从来就没有什么诗意——如果你的人生不经意碰触到了皇帝的软肋，那你的生活将沦入人间地狱。"叫魂"案中那些流浪的乞丐、游僧、孀妇，何曾会想到自己居然也能成为让乾隆大帝忧心的人呢？而在这种重压之下的司法制度，不仅难以担当维护公平正义的使命，相反还会成为恶政的帮凶。"由于腐败而不负责任的司法制度而变得更令人无法容忍，没有一个平民百姓会指望从这个制度中得到公平的补偿。"

《叫魂》一书的魅力，在于让读者从"盛世"的大背景下，读出个体的挣扎、人性的不堪、权力的任性与制度的不堪一击，读之让人难以释怀又爱不释手，这也是该书虽然读者小众却依然能畅销的原因。作为历史的研究者，似乎应该从更宏阔的视角，对曾经发生的历史事件抱持中立的态度，不过，这种中立却极易造成研究者与事件中人物的疏离，使得书写出来的东西只剩下模糊的轮廓，缺少人间的气息。而孔飞力作为一个纯粹的外国学者，在《叫魂》的字里行间渗透着对研究对象的同情，让我们仿佛能听到那些在妖术事件中的嫌犯们遭遇酷刑时的哀嚎与呻吟。此书对大清司法中刑讯逼供、黑暗腐败等的揭露，力透纸背。与贴标签式的研究相比，这样的历史书写有血有肉，既发人深思，又影响深远，必然会在一代又一代读者的口口相传中成为经典。

防护栏与救护车

2016年12月2日，即第三个"国家宪法日"的前两天，最高人民法院第二巡回法庭对聂树斌故意杀人、强奸妇女再审案进行了公开宣判，改判聂树斌无罪，使早已被处决二十一年的聂树斌终于沉冤得雪。虽说迟来的正义也是正义，不过死者不能复生，聂树斌的生命永远定格在了二十一岁。对于他的父母来说，长年背负强奸杀人犯家属的污名，又在为其平反的路上艰辛备尝。所以，这改判无罪的消息，读来总让人五味杂陈。"我儿子再怎么样也回不来了"，这种绝望和心痛大概只有聂的父母才能体会。

近年来，法院平反了几起实打实的冤案。湖北的佘祥林、河南的赵作海、内蒙古的呼格吉勒图、河北的聂树斌，他们的冤情之浮出水面，或者源于"亡者归来"，或者基于"真凶现身"。他们应该是世界上最能理解"无妄之灾"一词含义的人。而浙江的张氏叔侄案与云南巧家的钱仁凤案，虽没有令人瞠目结舌的"剧情"，却也有坐实其属于冤案的铁证，这也让曾经在死神身边徘徊良久的他们最终重返社会。这些冤案虽然情形各异，但其原因都有相似之处。呼格和聂树斌早已被执行死刑，我们无法知道他们在被定罪前曾发生过什么，而侥幸活下来的佘祥林、赵作海，则无一例外地讲述了他们曾遭刑讯逼供的经历。一个人只有在"痛不欲生，但求一死"的情况下，才会承认自己没做过的事，因此，我们无法想象他们曾遭受过怎样的非人待遇。小时候看关汉卿的《感天动地窦娥冤》，知道给窦娥上夹棍、打板子都是在演戏，是假的，自然也就无甚感想。现在回看该剧，则明白了屈打成招的具体样式。"真凶"张驴儿知道在官衙里会有拷打，"你这等瘦弱身子，当不过拷打，怕你不招认药死我老子的罪犯！"他以"官休"还是"私休"来要挟窦娥，而糊涂的楚州太守只知道"人是贱虫，不打不招"，审断方法只有"左右，与我选大棍子打着"这一招。再读到"没来由犯王法，不堤防遭刑宪，叫声屈动地惊天！顷刻间游魂先赴森罗殿，怎不将天地也生埋怨？""有日月朝暮悬，有鬼神掌著生死权，天地也，只合把清浊分辨，可怎生糊突了盗跖、颜渊？为善的受贫穷更命短，造恶的享富贵又寿延。天地也，做得个怕硬欺软，却元来也这般顺水推船。地也，你不分好歹何为地？天也，你错勘贤愚枉做天！哎，只落得两泪涟涟"这样的戏词时，才能理解该剧的震撼之处——一个人在面临强大而合法的公权力的暴力时，她的屈从中隐含的是深深的无助与绝望。现实生活中侥幸活下来的佘祥林、钱仁凤曾说他们一直相信法律会还他们以公正，而呼格和聂树斌在身赴刑场时，不知是否也曾有过窦娥这种"叫天天不应，叫地地不灵"的憾恨？

其实，人们并不是不知道刑讯会导致冤案的发生。早在西汉时期，司法官路温舒就曾上书宣帝要"尚德缓刑"。他说，"夫人情安则乐生，痛则思死，棰楚之下，何求而不得？故囚人不胜痛，则饰辞以视（示）之，吏治者利其然，则指导以明之，上奏畏却，则锻练而周内（纳）之；盖奏当之成，虽咎繇听之，犹以为死有余辜。何则？成练者众，文致之罪明也。"按照人之常情，平安时就愿意活，痛苦时则宁可死，在严刑拷打之下，什么样的口供得不到呢！于是，逼供、诱供就会收到明显的成效，而由于屈打成招、罗织构陷的罪行也更显周密而自洽，可织造出"完整的证据链"，所以，即便是法祖咎繇在世，也会认为犯人是死有余辜的。

尽管人们早有这样的认识，但由于古代侦破技术有限，加之犯人的口供乃"证据之王"，所以历朝历代并不禁止刑讯，最多在开明的朝代里对刑讯做一些限制。于是，当比我们早一步"走出中世纪"的西方人来到中国后，最先观察到的就是公堂上刑讯的不堪。曾在中国生活了四十多年的美国传教士卫三畏，在他的《中国总论》中，就曾对此进行过详细的介绍。他说，虽然律例中描述了合法的刑具，包括三块板上挖大小恰好的槽用以压脚踝，五根圆棍用以压手指，也可以加上竹板（拶指），但在拷问中用其他方法的事是常有的。比如用毛糙的手指揪耳朵、拽耳朵，令犯人跪在铁链上，用棍子把犯人的嘴唇打成肉酱（掌嘴）；或者双手放在胸前或背后戴上手枷；或者用油布包住手指燃烧，捆住手指把身子吊起来，双手绑在置于膝下的木棒上，使犯人的身子加倍弯曲，诸如此类。当一个可怜的犯人因受酷刑而变得面容苍白、毫无知觉，用发抖的声音哀求并请求宽恕时，回答他的只是冷酷的嘲弄，"不认罪就受罪吧"。卫三畏记载的这些场景，我们在许多古装戏中都可看得到：在"明镜高悬"的牌匾下，是口呼"威武"的衙役；在"大刑伺候"下，一桩桩"铁案"得以办结。正是由于卫三畏们这样的"宣传"，使得列强视中国的法律为畏途，在与大清签订的各类条约中都载明了"领事裁判权"的条款。近代以来中国司法主权惨遭挑衅，公堂上的刑讯有不小的"贡献值"。

直到清末实施新政期间，修律大臣沈家本、伍廷芳在《奏停止刑讯请加详慎折》后，仍遭到一些大臣的反对。后者认为，如果罪犯有罪证据太少，而且又拼死抵赖，那么，不用刑讯就难以结案，也有碍司法公正的实现。当然，晚清政府的这一举措还是受到了普通百姓的欢迎。1908 年，年仅十七岁的胡适就在《竞业旬报》上发表了《停止刑讯》的短评："我们中国讯官司的时候，专用各种刑法，屈打成招，往往有之。所谓三木之下，何求不得也？要晓得这用刑讯一事，是文明各国所没有的，所以前年便有上谕，要停止刑罚，如今法部又行文到给各省的地方官，一律停止刑讯。唉……只是太便宜了那班大盗老贼了。"这最后一句的感叹，倒也反映了民众的一般心理。

不消说，从清末发展至今，刑讯逼供早已失去了它的合法性，甚至还将刑讯逼供入刑。然而，实施效果并不理想，现实生活中因此而致伤致死的案件时有发生。近年来确立的非法证据排除规则，也无法从根本上杜绝或减少刑讯逼供现象，由此而造成的冤假错案还是会时不时见诸报端。为聂树斌们的冤案平反固然给人以"正义从不缺席"的慰藉，却免不了死者不能复生的遗憾。毕竟，与其事后昭雪，莫如事前的预防——与其在谷底准备一辆救护车，不如在悬崖边安装防护栏。这或许是呼格、聂树斌们用生命的代价告诉我们的道理。

Henri-Jean Guillaume Martin（1860-1943）
Le sulfatage

"细事"入典

　　十岁的小张去超市买学习用品，刚好赶上超市在搞抽奖活动，幸运的小张抽中了一部苹果手机。兑奖的时候，超市经理认为小张不满十八周岁，中奖行为无效，遂不予兑奖。

　　经媒人说合，小李与邻村姑娘小王相亲成功，按照当地风俗，小李家给小王家一万零一元钱作为订婚彩礼，寓意为姑娘是"万里挑一"。过了一段时间，小王从旁打听到小李不仅家庭生活困难，而且还游手好闲，沉迷赌博，遂欲悔婚。小李将小王告到法庭，要求小王退还一万零一元的彩礼。

　　某楼盘开盘的时候，正值楼市比较火爆，小刘连夜排队，好不容易"抢"到了一套房。几个月后，房地产行情下滑，房价"缩水"，小刘与当时买房的一些业主认为自己吃了亏，便去售楼处"闹事"，要求开发商或者维持原价，或者退还自己"多"付的房款。双方僵持不下，小刘遂与业主们砸了售楼处，还打伤了工作人员。

　　小吕晚饭后在小区里散步，被一条突然蹿出的大型犬咬伤。小吕随即到卫生服务中心注射狂犬疫苗，后因伤口发炎肿痛，一度住院治疗。康复后的小吕将狗主人告上法庭，要求偿其被狗咬伤而产生的误工费、交通费、住院伙食补贴、适当营养补贴等费用。法院经审理后认为，该案的被告作为涉案宠物狗的饲养人和管理人，在小区的公共区域遛狗时没有尽到看管义务，亦未采取有效的安全措施，致使原告小吕被咬伤，被告作为宠物狗饲养人对小吕的损伤应当承担侵权责任。

一名女大学生丢了手机，被一大妈捡到。因"感谢费"谈不拢，双方发生争执。女大学生欲求助警察帮忙解决，大妈怒而将手机摔到地上，手机屏被摔成了一片冰花……

十三届全国人大三次会议的一项重要议程，就是通过了《中华人民共和国民法典》。这部被称为"典"的法律，究竟规定了什么内容，竟然引发了网上线下、街头巷尾人们的热议？其实也没什么，《民法典》规定的无非就是对上述这些"鸡毛蒜皮"纠纷的处理原则或规则。比如一个十岁的孩子有没有完全的民事行为能力？在农村婚俗中的彩礼，是不是一种附条件的"赠予"？当女方"悔婚"，前提条件不复存在时，男方是否可以要求女方退还彩礼？房价缩水，是不是房屋买卖合同可以撤销的充分理由？饲养人或管理人对自己的宠物给他人造成的损害，应该承担什么样的责任？"拾得遗失物"的大妈能否向失主索要费用？费用的额度有没有一定的限制？像这些户婚、田土、钱债等在传统法律中被称为"细事"的事项，就这样堂而皇之地入了国家的大

"典"，难怪人们要庆贺一下。

其实，调整平等主体间财产与人身关系的民事法律规范古已有之。晚清时期，在按照西方立法体例编纂《大清民律草案》时，修订法律大臣之一的俞廉三就曾讨论过这个问题："夷考吾国民法，虽古无专书，然其概要，备详周礼地官司市，以质剂结信而止讼。"此外，周礼中还有"担保物权""婚姻契约""登记之权舆"等的萌芽或雏形。自汉以后，相关的内容则进入历朝"律"中的"户"或"户婚"部分，这些皆为"中国固有民法之明证"。民国时期学者谢振民等在编著《中华民国立法史》时，更是将民事法则的产生，推衍至传说时代，

> 民法为规范人民日常生活之轨则，区判权利义务之准绳。吾国古代，虽无民法专书，而关于民事法则之见于载籍者，不胜枚举。伏羲氏制嫁娶，以俪皮为礼，于是有夫妇之伦，而家族制度由此以奠其始基。神农之世，日中为市，致天下之民，聚天下之货，交易而退，各得其所，是为商事之萌芽。黄帝统一区宇，划野分疆，立步制亩，创井田之鸿规，社会经济组织，由斯以立。唐虞夏商，文化日进，法制章明，于人事则期于化民成俗，于经济则务在利用厚生。周远绍尧舜，近鉴二代，法度灿然具备，举凡关于婚姻、田土、钱债、宗祧诸制，均详载于《周礼》。

自汉迄清，则均有"户律""户婚律"等，将这些"细事"

"攟取入律"，这些也均为"吾国固有之民法"。

然而，尽管俞廉三、谢振民等人举出了我国自古即有民法的例证，不过，人们大抵也承认中国古代并没有如近代欧陆各国那样专门规定"人民与人民之关系"的民法。在晚清的民政部奏请定订民律的奏折中写道，

> 各国民法编制各殊，而要旨宏纲，大略相似。举其荦荦大者，如物权法，定财产之主权；债权法，坚交际之信义；亲族法，明伦理之关系；相续法，杜继承之纷争，靡不缕析条分，著为定律。中国律例，民刑不分，而民法之称，见于尚书孔传。历代律文，户婚诸条，实近民法，然皆缺焉不完。

因此才有制定专门的民律之必要。只是民律的制定并非易事，因为民律

> 乃权利义务区判之准绳，凡居恒交际往还，无日不受其范围。探厥旨要，尤在存诚去伪，阜物通财，促使国民日臻上治，功用之宏既较刑事等律为綦切，撰述之法实较刑事律为更难。况我国幅员寥廓，迈越前朝，南朔东西自为风气，若不注重斠一，诚恐将来颁布，难获推暨之功。

只是我国"民律"可谓命途多舛，在清末时虽已草案既成，却因后续的清廷覆亡及北洋政局的动荡，直到南京国民政府时期，才集二十年定订、纂修之功，完成了民法的颁行。

新中国成立后，民法的制定也是历经波折。我们虽在新中国成立初期即已颁行《婚姻法》，但民法其他分支的制定却踯躅难行。直到改革开放后，法治建设步入正轨，才有《民法通则》《继承法》《合同法》《侵权责任法》《民法总则》等相继问世，也最终才有如今系统化的《民法典》的出台。

《民法典》的颁布之所以值得庆祝，是因为民法虽然规范的都是如前文所述的琐碎事情，但正是这些"细事"构成了我们每个人的日常。如果这些问题处理不好，不仅会影响个人的心情和生活质量，甚至可能成为引发其他社会问题的导火索。因此，"细事"入"典"本身，不仅意味着"细事"不可小觑，也预示着"细事"在国家治理中的分量。

非执行难也，实不履行也

前几年，表弟受雇给人开货车，因大雾天气，能见度低，导致发生追尾事故，失去了一条腿。刚开始车主垫付了些医药费，再后来觉得这么垫下去没个头儿，就干脆不照面了，托人捎话说要"走法律程序，法院判多少我给多少。"不得已，表弟只好起诉了车主，诉请赔偿各项损失八十多万元。经过周期漫长的诉讼，判决总算是做出了。法院根据各种证据，在查清事实、认定责任的基础上，依法判定车主给付表弟四十多万元。虽然最终结果和最初的诉请之间差距很大，表弟还是表示"打官司太折腾人了，四十多万也行，只要把钱给了我，这个事就算啦。"

表弟和车主都不上诉，一审判决很快生效，可原来表示"法院判多少给多少"的车主却没有付款的迹象。表弟只好向法院提出强制执行申请。期间，车主把自己的两辆大货车转到了妹夫名下，可供执行的财产也被转移。执行法官倒是很同情残疾了的表弟，对车主还予以司法拘留，可忙活了大半年，只执行了五万多元。半年前，车主向中院提出再审申请。虽然中院最终予以驳回，可日子又过去了将近半年。车主是个农民，法院的"失信被执行人名单"对他不起作用，因为他几乎不乘坐飞机和高铁。司法拘留的效果也不佳，完全一副"要钱没有，要命一条"的"老赖"样儿。一审判决一年多过去了，表弟拿到的执行款不足十万元。执行法官也挺恼火，向表弟承诺，今年春节前"把这个事给结了"。最终结果会如何，大家不太乐观。

为躲避执行判决，车主这一年多也是"蛮拼"的。先是转移财产，继而到处躲藏；不得已被执行法官"撞见"了，又开始"哭穷"，诉说自己生活的艰难；然后经"高人"指点，向中院提出再审申请。反正能拖一天是一天！真是一计不成，又生一计，总的目的就是不履行判决。这让表弟被拖得精疲力竭。

经常听在基层法院工作的朋友说，未执行的案子已排到了半年或一年以后。无法执行的判决书被老百姓称为"法律白条"，而"执行难"似乎已成了一个难以破解的谜题。不过，仔细想想，像表弟案中的车主，并不是没钱履行，而是他压根就不想履行，尽管他在被诉前也曾表态"法院判多少我给多少。"曾经在网上看到过一个"失信被执行人"的资料，事由居然是"不退还彩礼"，而彩礼的数额并不大，也就是一万八千块钱！在司法实践中，许多被称为"老赖"的人，并不是无力履行，而是不愿履行。按照常人的思维，当事人应当主动履行法院生效判决书的内容，这是司法权威所在，也是法治的应有之义。如果每个人都依自己的内心确信，以判决"不公"来抵制履行生效的法律文书，我们社会的基本秩序将荡然无存。人们常说司法公正是社会正义的最后一道防线，假如每个人都不把法院判决当回事，那么这道防线溃堤、决堤就是早晚的事。

在不把法院判决当回事的人中，不仅有像表弟案中的车主，有不退还彩礼的村姑，有欠钱不还的老板，有不给赡养费的子女，有不支付抚养费的父母，还有一些则是教授、作家等"高知"。我们关注到在一些名誉侵权案中，法院做出要求当事人赔礼道歉的判决，而"事主"却经常以各种方式表达对司法"黑暗"或"腐败"的痛心与谴责，完全是一种"赔礼道歉？绝无可能！"的态度。在通常被认为理性的人群中，甚至是在法律人群体中，也很少听到有人说"我虽然不认同法官的观点，但我尊重法院的判决"这样的话。不惟如此，政府机关直接抵制法院判决的事也时有发生。有报道说，广东东莞市某镇政府对东莞市第一人民法院的一项判决公开"登报指责"，认为该院"罔顾事实、罔顾该镇异议，一意孤行强行拍卖土地"，且声明由此产生的风险，全部由受让人承担。法院的判决，从来不可能出现"胜败皆服"的结果。如果败诉一方均以"不公"为由，或者没有任何理由，拒不履行判决，司法权威将不复存在。

在法制史上，我们都喜欢讲苏格拉底被"民主投票"判处死刑的事，也喜欢将苏格拉底定位为西方言论自由和思想自由的第一个殉道者，对他拒绝了学生克力同助其越狱的计划而"慷慨赴死"的事则表示极大的遗憾。其实，作为"圣哲"的苏格拉底，留给我们的法治遗产同样弥足珍贵。他要他的学生思考，如果雅典的法律会说话，它们一定会问，"假如城邦宣告的法律裁决没有强制力，被个人废弃或破坏，你能想象这座城市还能继续存在下去而不被颠覆吗？"作为一个社会成员，我们接受法律给我们带来的秩序和安全，当然也应该接受法律为我们设置的责任和义务。也许正因为如此，苏格拉底的"学生的学生"亚里士多德才会提出那个关于法治的著名论断——"已成立的法律获得普遍的服从，而大家所服从的法律本身又应该是制订得良好的法律。"良法与恶法的判断标准会随时代的不同而发生变化，但"普遍的服从"则是法治意涵中亘古不变的精髓。

习惯于过群居生活的人类，每时每刻都会发生各种利益冲突。我们寻求解决纠纷的方式，也由暴力主导下的私力救济，进化为公权介入下的法律调节，法庭审判亦成为人类步入文明的标志之一。车主也好，学者也罢，包括各级政府在内，既然选择了法庭审判，就要有尊重法院判决的心态，承认并自觉履行判决书所确定的法律义务。毕竟，普遍守法习惯的养成，是法治社会与法治国家建设的起点和归宿。

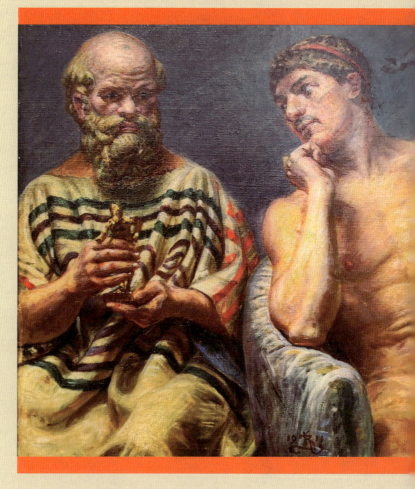

Kristian Zahrtmann（1843-1917）

Socrates and Alcibiades

公共生活中的"底线"

不止一分钱的事

让春天里的花事只剩下美好

人生不能无群

公共生活中的

"底线"

公共生活中的
"底线"

Lily Furedi（1896-1969）
Subway

公共生活中的"底线"

近日一则消息说，在上海地铁八号线上，一男子在车厢内随地吐痰，被乘客指责后，不但不知悔改，还不断用污言秽语咒骂其他乘客，丝毫不顾及坐在他身边的老人和小孩。该男子的言行激起众怒，最终被一名壮汉出手教训。在网络自媒体比较兴盛的当下，这一貌似事关个人卫生习惯的"吐痰""小题"，也就"大作"成了一个公共事件，引发网友的讨论。

其实，有关"请勿随地吐痰"的警语，并不是今天才有的。假如我们做一番历史考察，其来源至少可以追溯到孙中山先生——可以说，孙先生正是这一警语的最早"发明"人和倡导者。这是有据可查的。澳大利亚拉特罗布大学教授费约翰在《唤醒中国》一书中提到，1924年3月2日，孙中山先生在一次关于民族主义的公开讲演中特意中断演讲，劝告听众不要在公共场合吐痰、打嗝，希望大家实践一种新的个人文化，而这种新文化能且将在人们的日常生活实践中提供一种理想"国民"的形式。

费约翰在书中指出，孙中山先生认为中国之所以落后与退步，根本原因就在于中国人不注意修身，这不仅指伦理道德，还涉及卫生和个人礼节。孙中山先生复述与一位美国船长的对话，说这位船长抑制着自己的厌恶之情，谈起中国政府的某个部长曾经在他的船上擤鼻涕，随意向船上昂贵的地毯吐痰。这位船长暗示，如此缺乏礼貌的官员，竟然连自己的身体器官都无法控制，又怎么能期望他去管理整个国家呢？

1793 年，英国向北京的清王朝派出了由马戛尔尼率领的使团。了解这段历史的人都知道，马戛尔尼的这次外交，因乾隆帝以天朝上国的心态要求英国使节行跪拜礼而失败。不过，这并不妨碍马戛尔尼记录下他对中国人的观感："他们很少使用口袋里的手帕，而是毫无顾忌地在房间里吐痰，用手指擤鼻涕，然后抹在袖子上，或者抹在旁边的什么东西上面。"马大使的审计员也注意到，"很多人不爱干净，在房间里随意吐痰，或者像法国人一样往墙上吐痰，而且，他们用自己的袖子来擦干净那肮脏的手。"

孙中山先生因这些"小节"而颇为中国人难为情。在关于三民主义的演讲中，他专门谈到外国人对中国餐桌礼仪的反应。他讲到一个发生在国外大酒店里的故事：大家正吃饭吃得热闹，忽然有一个中国人放起屁来，致使同堂的外国人哗然哄散，于是店主毫不客气地把中国人逐出店外，并且从此以后再不许中国人去吃饭了。而另外一个故事则发生在上海：有位大商家请外国人来参加宴会，主人忽然在席上放起屁来，外国人脸都红了，主人自己却不检点，反而站起来大拍衫裤，对外国人说，"咦士巧士咪"（Excuse me）。孙中山先生还说，不仅商人这样，中国的文人学子亦常有此鄙陋行为。

面对这些国人不以为意的"小节"，孙中山先生认为，每个个体都应在修身方面下功夫，因为一种新的个人自制风格，将能很好地反映一个国家的自制能力。他提醒国人，应该注意外国人对自己的看法，并改变自己的行为方式。费约翰对此评论说，孙中山先生对于中国人随地吐痰、打嗝和个人修养方面的观察并非琐碎之举，而是显示了他重塑中国人、重建国家的决心。

今天我们在阅读这些文字的时候，仍不免心生感触。中国人向来不大注意这些事，以为此乃小节，属于个人的私生活，别人管不着。这些行为，如果在居家场所，别人自然无权也无法干涉；如果发生在公共场合，足以引起周围人身心的恶感和不适，那便与公共卫生相关，也就成了一个公德问题。与孙中山先生生活的时代相比，我们今天在公共场所活动的机会要多出不知凡几。公司、学校、会议室、电影院、公交车、地铁、飞机……假如在与其他人共用的生活场域中，我们在某些"小节"上依然那么"恣意"，肯定会遭到众人的白眼和非议。我们虽不必将此问题上升到如孙中山先生那样"唤醒国民""重塑国人""重建国家"的高度，但它毕竟与人类生活的文明相关，最起码和人们的公共卫生和健康相关。这也就是上海地铁上男子吐痰行为被人们指责的原因吧。公共生活中的"底线"，在于对自己行为的自律，在于行为时的无害于人。它既体现个人的自尊与自信，也理应成为一种公共生活的"常识"。

不止一分钱的事

一则消息说，在福州华林路兴业银行屏山支行的储蓄窗口，一名胡姓男子先后五十次存取一分钱，引起了银行其他客户的不满和抱怨。事情的起因是胡先生持其侄子的身份证和银行卡，到银行帮其代办手机银行开通业务。工作人员告知胡先生，因涉及资金安全问题，根据相关规定，该项业务必须由本人办理，不允许他人代办。胡先生不认同银行的规定，遂与银行职员发生争执。银行报警后，民警对胡先生进行了劝阻。当民警离开后，胡先生遂办理存取款一分钱的"业务"，先后达五十次之多。无奈之下，银行只好二度报警，胡先生被带回派出所接受调查。

对于胡先生这一多少有些"任性"的做法，当即引起银行其他客户的反感，认为他这样做未免太孩子气，耽误了大家的时间，"太没公德心了"。律师也认为胡先生的行为已在一定程度上扰乱了银行正常的工作秩序，如果后果和情节严重的话，可对其处以相应的处罚。

像胡先生这样因不满银行服务而多次存取一分钱、一毛钱或一块钱的事，时有报道，差别只在其办理的银行业务有所不同而已。大家的反应一般也差不多，在谴责一通银行规定的不合理或银行职员执行规定时的刻板、教条和不通人情之后，赞几句客户别出心裁的报复行为有"智慧"，偶尔再责备一下客户不道德，耽误了他人的时间，然后大家一笑了之，认为这只不过是生活中的一则小插曲罢了。

专门为此写篇文章，显得有些"小题大做"，不就是一分钱的事吗？不过，我还是认为有说一说的必要，因为在小事情中包含着大道理，胡先生的行为就涉及对规则的遵守与权利的行使这两大问题。

我们通常说"国有国法，家有家规"，偌大的银行自然也不例外。从报道来看，胡先生去银行办理的业务，是帮其侄子与银行签订一份开通手机银行业务的合同。合同一经签订，当事人将享有手机银行所提供的一切便利，而银行也将承担保证客户资金安全的责任。作为现代社会金融机构，银行在推出这项业务时，向所有客户提供的是一份"格式合同"，其中关涉双方的权利和义务。客户要么全盘接受，要么全部拒绝，银行无暇也无须与每一位客户单独谈判。当然，在这样的格式合同中，银行会规定一些特殊条款以规避风险的产生。比如像报道中所说的开通手机银行业务，各银行就从资金安全的角度考虑，"均"规定该项业务必须由本人办理，不可由他人代办，这可谓是一个不折不扣的"行规"。换句话说，该事件中的胡先生，即便有其侄子的书面授权委托书，也不可能在任何银行帮其代办此项业务，因为根据银行的这一"规定"，胡先生无权"代表"侄子与银行签订合同，银行的做法并无不妥。

胡先生对此却"不认同"，进而跟银行工作人员产生争执。总体而言，胡先生的做法欠妥。退一步讲，即便银行的规定不合理，它仍然是有效的，在对此条款作出修订之前，都应该得到银行和客户的遵守。你可以说柜员死板、教条，但那是他职责所系。如果在胡先生软磨硬泡之后，职员经"变通"给胡先生办理了业务，这样做是违规的，将来出了问题，他肯定要承担相应的责任。有时候，虽然我们觉得银行防范风险的做法有些过头，那也是不得已而为之，"市场经济"条件下只能如此。我们不知道胡先生是从事什么职业的，如果他在自己的工作中遇到这样的客户，他是违规办理还是坚持原则？

奇怪的是，在这个事件中，胡先生对银行工作人员按规矩办事的"不认同"态度竟显得那么"理直气壮"。在任何一个由各色人等组成的社会中，有规矩且守规矩，是社会得以存在和维系的基础。可惜，现实生活中，像胡先生这样不认同规矩也不愿意守规矩者大有人在。张君劢先生在《中华民国民主宪法十讲》的第二讲"吾国宪政何以至今没有确立"中，曾说到中国人的一种习惯，认为大多数中国人以"越轨为能"：

> 我国人向来处于帝皇专制之下，既不知有国家，更不知

法规为团体生活之所必需。反而时常以处于法外为自己的本领。譬如一般人点电灯要出钱，某甲点电灯不花钱，他还要向人夸耀。有人在肉价限制时买不到肉，某甲不但不守法律上肉价限制，而且能多买到肉。旁人拿不到护照，某甲偏能拿到护照出国。一般人买不到飞机票，他能想法子买飞机票且比旁人快。这种事情，都是说国家即有法令，人民以不守法为得意，因为吾们法律本来不公道，就是本来公道，一般人民也以不守法而自鸣得意。

张君劢先生列举的这些战时现象，或可解释为一种社会上广泛的"特权"或腐败的存在，内里反映的却是民众的一种普遍心态，即只要有机会，人们均以能不守规矩而自得。这种普遍的以越轨为能的恶习，大概正可解释胡先生对自己行为的不以为意。银行按规定办事，不仅不为他所理解，反而被认为是在刁难他，是故意和他过不去。

胡先生一定认为他的不守规矩没什么大不了，所以才任性地多次存取一分钱以表达自己的不满。而银行职员在"存款自愿，取款自由"的原则下，却也只能没脾气地为他"服务"，因为胡先生这项存取款的"业务"是符合银行规定的。由于银行并没有规定储户存取款的数额和次数，所以胡先生在行使其存取款"自由权"时，真可谓是率性而为。银行在忍无可忍的情况下，迫不得已只能再次向警察求助。胡先生在这里也有一个认识上

Edvard Munch（1863-1944）

Galloping Horse

的误区，那就是认为行使权利时可以随心所欲。不过，道理并非如此，正像约翰·密尔在《论自由》一书中所言，"个人的行动只要不涉及自身以外什么人的利害，个人就不必向社会负责交代。""关于对他人利益有害的行动，个人则应当负责交代，并且还应当承受或是社会的或是法律的惩罚，假如社会的意见认为需要用这种或那种惩罚来保护它自己的话。"换句话说，权利人在行使自己的权利时，应以不侵害或妨碍他人权利的行使为界限，越此界限即为权利的滥用。民谚有云："你抢胳膊的权利止于我的颌下。"胡先生在行使他存取款的自由权时，不仅干扰了银行正常的工作秩序，也浪费了其他客户的时间，妨碍了其他客户正当权益的行使，所以，警察把他带走也是理所应当的。

胡先生在银行的这出闹剧，始于遵守规则意识的匮乏，终于权利行使时的任性。在建设法治社会的今天，每个人都需戒而慎之，因为这确实并非只是"一分钱"的小事。

让春天里的花事只剩下美好

几乎每次长假或小长假结束后的新闻报道中，都少不了游客不文明行为这一类。一家人在草地上野餐，离开后一片狼藉，用过的餐巾纸、丢弃的果皮、矿泉水瓶、方便面盒遍地都是，劳碌的清洁工提议当事者将废弃物丢进垃圾桶，得到的竟是"我们不丢垃圾，你不就失业了吗"的回应。春天里百花盛开，这"不文明行为"也就多与花有关。那些在枝头起劲儿"闹春意"的花儿，被采花大盗们"花堪折时直须折"，带回家里练习插花，自我欣赏。一些衣着光鲜靓丽的女士拉着树枝狂摇，人工制造一场花瓣雨，以便拍照；她们不关心花枝是否受伤，只在乎是否拍出了自己的长腿。更有身披各色丝巾的大妈们，身手矫健地爬上枝丫，在花丛中争奇斗艳，"树上开满了大妈"！看来花儿们也各自有"命"：好命的，遇到林黛玉，立一座花冢，"一抔净土掩风流"；命运不济的，遇到这些"辣手摧花"的使者，便只能感叹"红消香断有谁怜"了。

除了这假期里随处可见的"不文明行为"外，在一些著名的赏花景点，可能整个"花期"里都会遇到这样的事。就说说武汉大学的校园吧。每年樱花盛开的时候，武大校园都会变成一座名副其实的公园。学校出于维护教学秩序的需要，出台了一些管理措施，却往往会遭遇游客的挑衅，言语甚或肢体冲突事件在几乎每年的樱花季都会发生。高校的师生们除了会关注学校的排名外，私下里也经常会对校园的景致做一番对比。武汉大学的"颜值"及其美誉度自是高校界之翘楚，不过，每年春天的赏花时节，她又都会因与游人的冲突而"上榜"，有时还会引起文人之间对于武大樱花来历的"文斗"。这大概也是这所名校"甜蜜的烦恼"吧。

说到樱花，就会说到日本。春日里假期虽短，还是有人漂洋过海去日本赏樱，仿佛只有这样才算是见到了"正宗"的樱花。毕竟，即便是美国首都华盛顿，樱花节里绚烂的樱花，其源头也依然在日本。据说在1912年，东京市长尾崎行雄访问美国时，带来了六千株樱花作为赠礼，其中的三千株在纽约，另外三千株就在华盛顿。樱花从此便在美国生根开花了。至于国人，相信大多数"读着鲁迅作品长大的一代人"，都是在中学课文《藤野先生》里初识樱花的。不过，鲁迅先生在描写风景的时候，依然不改其一贯的讽刺笔法：

　　东京也无非是这样。上野的樱花烂熳的时节，望去确也像绯红的轻云，但花下也缺不了成群结队的"清国留学生"的速成班，头顶上盘着大辫子，顶得学生制帽的顶上高高耸起，形成一座富士山。也有解散辫子，盘得平的，除下帽来，油光可鉴，宛如小姑娘的发髻一般，还要将脖子扭几扭。实在标致极了。

鲁迅先生不愧为是运用文字的高手，寥寥数笔，景致与其中的人物便活灵活现地出现在读者面前。记得在读书的时候，我便对"标致极了"的"富士山"和"小姑娘的发髻"印象颇为深刻。

其实，在学习"藤野先生"的时候，还有一个不甚了了的，就是那成群结队的"清国留学生"的速成班。鲁迅在从东京转到仙台医专的 1904 年，其时清政府施行新政，为了快速养成所需的新式人才，蒙日本文部省的批准，专为中国留学生举办了各类速成学校，以期在较短的时间内让他们学完课程，回国效力。这些速成班，的确为清政府乃至其后北洋政府的现代化转型储备了必需的教育、军事及法政人才，然而不可否认的是，在这些速成班里，也不乏花着公款或父母血汗钱混日子的人。《藤野先生》中述及的"中国留学生会馆"里，一到傍晚，"有一间的地板便常不免要咚咚咚地响得震天，兼以满房烟尘斗乱；问问精通时事的人，答道，'那是在学跳舞。'"鲁迅因不满意于"无非是这样"的东京，转而去了仙台医专，有幸遇到了热心而友好的藤野先生。而在两年的学习后，因"觉得学医并非一件要紧事，凡是愚弱的国民，即使体格如何健全，如何茁壮，也只能作毫无意义的示众的材料和看客。""我们的第一要著，是在改变他们的精神，而善于改变精神的是，我那时以为当然要推广文艺，于是想提倡文艺运动。"遂弃医从文，写那些为"'正人君子'之流所深恶痛疾的文字"去了。

鲁迅先生笔下对速成班的"清国留学生"颇不以为然，这倒不是先生刻意轻贱自己的同胞。在《清国留学生法政速成科纪事》中，曾记录了他们的行迹，说某人隔壁是清朝留学生公寓，"不仅骚扰自朝至暮，且甚不洁，自窗向某氏洒扫已毕之庭园吐痰，俨视该庭园一部为彼等痰盂。"中国人"向崇尚文字，本应敬谨用纸，孰料彼等肆意丢弃废纸，该人庭院一隅，为彼等弃纸，类其所吐之痰，状似山积。此等散漫情事，不知凡几。"文中还列举了这些留学生住在公寓中，不分白天黑夜，恣意吵闹，甚为嘈杂，游戏恶作，渐入斜径，"长此以往，终不能养成善良风俗""如此这般，何得陶冶品性，培养人才，获致清国政府所期望之教育乎?"其结果不幸而被言中，这些曾被视为担当国家富强重任的新学之士，即便学到了真才实学，以这样的精神状态，于危机中之国家又能有何助益?鲁迅及梁启超等后来都致力于国民性的改造，不是没有原因的。

人们曾深信管子所言："仓廪实而知礼节，衣食足而知荣辱"。如果说百多年前积贫积弱时代的国民举止失仪，表现恶俗，还可以归咎于其时的贫困和落后的话，何以在"过上了好日子"的今天依然有如许不文明的举止?由此可见，物质生活的改

Alexei Kondratyevich Savrasov（1830-1897）

Грачи прилетели

善，并不必然带来人们素养的提高。所以，在一个人人都是摄影师记录者的时代，镜头里留存了美景，也折射着我们的修养与文明程度。一百年前鲁迅笔下的文字，今天我们手机或相机中的影像，都会成为后代评说我们的依据，但愿"树上开满了大妈"的景况不复出现，让春天里的花事只剩下美好。

人生不能无群

凡是用微信的人，谁不加入几个群呢？同学群能把失散多年的小学同学汇聚起来；工作群便于发布相关的通知、消息；师生群在分享参考资料的同时，还可进行学术交流与讨论；旅游出行临时群能将行程及时告知所有成员；亲友群可在节日里互致问候与祝福；同道同好们还可能建个临时的"饭群"，通知用餐时间，分享位置，便于"约饭"；而关系最亲密的家庭群里的鸡毛蒜皮油盐酱醋，则更能凸显家庭的温暖与温馨。《荀子·王制》里有一段话："人，力不若牛，走不若马，而牛马为用，何也？曰：人能群，彼不能群。"人的力气不如牛大，跑得也没有马快，牛马却能为人所用，其原因就在于人能"群"而牛马不能"群"，这也是人之所以为人，以及人和其他动物的根本区别吧。"故人生不能无群"。这里的"群"，虽指的是一般意义上的"合群"或"社会组织"，不过倒也很能说明我们今天的生活状态。

然而，"群"要想存续下去，须符合一定的条件，如果身处"群"中者不守规矩，人人皆任性而为，则该群离解散也就不远了。所以国要有国法，群也要有"群规"。荀子在讨论了"人能群"的特性后，接着讲到"人何以能群"的原因，就在于有

"分"，即人们在社会分工的基础上，都能且必须"各安其分"，因而"明分"是"使群"的前提条件。用来进行"明分"的"度量分界"，即是他所倡导的"礼法"。没有礼法来规范的"群"无法长久，成员要守"群规"自然不言而喻。

与现实社会中的家族、村落、行会等这些"有组织"的群不同，网络上虚拟的微信群，有些是由熟人组成的（比如说家人、同学或同事），有些则是由陌生人组成的（如旅游群、学术群、工作群、邻里群等）。一般而言，"群主"作为召集人，其建群的目的只是方便大家的联络和信息的交换，他或她并没有什么"权力"，因此，群的"管理"一般处于"无为而治"的状态。大家合则来，不合则去，入群退群，来去自由。不过，在一些由陌生人组成且非实名的同业群里，则大多采用"自治"的方式，群主规定相应的"群规"，比如要求本群讨论的话题主要以某一方面为主，这在专业学术群里尤其如此。假如总在学术群里发心灵鸡汤文或广告推销帖，肯定会受到警告；群规还会规定不能发布的内容，如用来刷屏的"动图"；对违反群规者的"处罚"，则可能是要求其发一个红包以示歉意；而对那些在群里恶语相向、谩骂侮辱其他群成员者，则多会被群主移出群聊，也就是俗称的"踢出群去"。微信开发运用这么多年，估计绝大多数人都进过群也退过群，阅历更丰富一些的还见识过被封的群，毕竟"网络不是法外之地"。

有幸当过群主的人，"拉"人"踢"人，本来稀松平常，没什么可大惊小怪的，然而，就是这样一个不属于任何职务序列、不向群成员收取任何"管理费"且可随时将管理员权限转让他人的"群主"，却有可能吃到官司。2019年1月，山东平度一位律师柳某，因被"群主"（平度法院立案庭庭长刘某）移出群聊，遂以侵犯一般人格权为由起诉刘某，要求其赔礼道歉并索赔两万元。该案也因此而被称为"踢群第一案"，受到社会的广泛关注。受理该案的莱西法院认为，案中的群主与群成员之间的入群、退群行为，应属于一种情谊行为，可由群组内的成员自主自治，不属于人民法院受理民事诉讼的范围，于是驳回了柳某的起诉。

大家似乎都长舒一口气。毕竟，许多人手里都"管"着个群，有的还身兼数群主，三人的也好，三百人的也罢，说不定哪天踢人就可能踢出场官司来。这下好了，法院给了群和群主一个说法，踢人从此具有了正当性，以后可以放心地踢人了。当然，看很多网友对此事的评论，大多不以为然，认为"群主踢人侵权"的说法本就令人喷饭，该律师的做法着实无聊；而对于本来就不属于民事诉讼受案范围的事情，法院却一本正经、煞有介事地开庭审理，实在是对司法资源的浪费。

网友们的批评有一定道理。从超出微信群的广义的"群"或组织的意义上而言，"合群"的第一要义是自愿，"使群"的前提条件是"明分"，是对作为"度量分界"的群规的认同和遵守，而不守群规者自应承担相应的责任和后果。群内纷争的解决之道有多种，诉讼是最不经济的最终选择，因为，即便在畅行法治的今天，无讼也仍然是一种理想的社会追求。司法权作为一种国家事权，其行使应满足一定的条件，这也是规定法院受案范围的原因之一。作为以维护当事人合法权益为己任的律师，有较强的权利意识，这本没有错。不过，对自己所受到的"侵害"是否达到一定程度，是否达到法院的立案标准，他应有一个基本的研判。如果"锥刀之末"，皆尽争之，在当下法院案多人少矛盾突出的情况下，的确有浪费国家司法资源之嫌。

有网友认为这场审判本就是不该有的闹剧。因为对于是否属于其受案的范围，法院作出判断并不难，但在"立案登记制"背景下，尤其在广大网友"众目睽睽"之下，法院却不敢直接作出不予立案决定。不过，人们常说，法院的判决具有引领社会风尚的功能，从其裁定对微信群性质的厘清以及对广大群主"踢人"管理权提供的"正当性"来看，本案的审理并非可有可无。它至少解除了不少群主的后顾之忧，而这也是网络时代产生的"新群"的新问题。

看来，荀子所言不假，"人生不能无群"，但关于群的管理，却需要人们更多的智慧。

Vincent van Gogh（1853–1890）

The Drinkers

因爱之名与人伦之殇

我们都需"入境问禁"

担不起的担保

家庭的守护神

骗子年年有，如今特别多

被讹者的"义务"

被讹者的"义务"

被讪者的 "义务"

Albertis del Orient Browere（1814-1887）

Rip Van Winkle

因爱之名与人伦之殇

　　一名大四女生通过微博举报父亲开车打电话的消息，引发了人们的热议。首先对此感到惊讶的是高速交警的微博管理员，原以为是网友的恶作剧，待确认了被举报人和举报者之间的身份关系后，表示这样的情况还从未碰到过；再就是该女生的父亲，他在刚刚得知这一消息时，"无法理解"；至于网友们则是一片哗然，小消息变成了大热点——也正因为其"少见"所以才会"多怪"。

　　此事的结局倒是皆大欢喜。警方依据女生提供的举报信息，调查核实后，对这位父亲给予"警告"处罚，同时也根据相关规定，对举报人即该女生给予了一百元的奖励。被举报的父亲不仅没有责备女儿，还认识到女儿"是在对家人的生命负责，也是对家人爱的一种体现"，并承诺改掉驾驶中的不良习惯。网友们则忙着对女生点赞，"大义灭亲""中国好闺女"这些好词都用上了。

　　不过，对该女生"因爱之名"的"义举"，笔者不敢苟同。在这里，笔者绝没有苛责这名女生的想法，之所以认为对此有讨论的必要，主要是认为在现实生活中遵守"亲亲相隐"这一传统，对于人与人之间信任关系的维系，以及人伦与人性的持守，关系莫大。

亲亲相隐的原则来自《论语·子路》中孔子与叶公的对话。"叶公语孔子曰：'吾党有直躬者，其父攘羊，而子证之。'孔子曰：'吾党之直者异于是。父为子隐，子为父隐，直在其中也。'"在这场对话中，孔子很明白地告诉人们，父亲替儿子隐罪或儿子替父亲隐罪，属于"吾党"所认为的"直"。可以说，这时候的亲亲相隐，还只是一种法律的"地方性知识"。到了汉代，尤其是在汉宣帝地节四年直接颁布"亲亲得相首匿"法令后，父母子女之间、大父母与孙子女之间、夫妻之间首匿犯罪不被追究刑责，亲亲相隐原则以正式法律的形式被"普遍化"了。嗣后的两千年间，自汉迄清，相沿不改，甚至进一步加以完善——除了在唐代扩大容隐的范围外，在元代更是确立了"干名犯义"之罪，对亲亲相隐原则予以强制保障。可见，这项传统也算得上是渊远而流长了。

有人认为这是"封建余毒"，主张法律就不应该讲温情。其实，中国古代与儒家思想结缘的法律，正因其以中国人认可的人伦亲情为基础，才获得了长久的生命力，得到人们普遍的认同和遵守。所谓的大义灭亲，并非法律的常态，也非法律所鼓励和提倡。一个动辄叫人大义灭亲的社会，恐怕也并非人人所欲的社会，连亲都可以灭的人，还有什么事做不出来？

实际上，在一些成熟的法治国家也会遭遇同样的问题。哈佛大学教授迈克尔·桑德尔在其《公正》一书中，便讲述了两个震撼人心的故事。

这是关于两对兄弟之间的故事。

其中一个故事的主角是伯格兄弟。威廉学习勤奋，在波士顿学院获得了法学学位，后来进入政界，成为马萨诸塞州的参议员主席，当了七年马萨诸塞大学校长。哥哥威蒂则因为抢劫银行，在联邦监狱中度过一段时间，后来成为犯罪团伙的领袖人物，被指控犯有十九项谋杀罪，是美国联邦调查局的十大通缉犯之一。尽管威廉曾和哥哥通过电话，但他却声称不知其下落，拒绝协助警方调查。"我确实对我的哥哥有一种诚实的忠诚，我关心他，我希望自己永远都不要对那些反对他的人有所帮助，我没有义务帮助任何人去抓他。"人们对他的作为表示敬佩，"兄弟就是兄弟，你会揭发你的家人吗？"由于拒绝协助调查，威廉在公众压力下辞去了马萨诸塞大学校长一职。当然，他也没有因为阻碍调查而被起诉。

另一个故事中的兄弟，其中一人是著名的"炸弹客"，并在网络上发表反科技宣言，解释其实施爆炸行为背后的原因。戴维在读了该宣言后，发现非常像他哥哥的用语和观点。经过一番痛苦挣扎后，戴维向当局"举报"炸弹客可能是他的哥哥。联邦调查局据此抓获了罪犯，并判处其死刑。戴维的"大义灭亲"之举，达到了"为民除害"的目的，本应是皆大欢喜的事，然而，戴维备受煎熬，他的哥哥在法庭上也称他为"另一个犹大"。后来，他哥哥虽以服罪换取终身监禁，戴维却始终难以释怀。此事在戴维的生活中留下了难以磨灭的印记，"兄弟之间理应互相保护，可是我的做法，却差点儿将哥哥送上断头台"。

两个故事中的主人公做出了不同的选择，这种选择无法用简单的对错来判断。因为从社会利益的角度，人们当然更愿意支持戴维而谴责威廉，但戴维的"正确"行为所背负的对亲情人伦的歉疚，也值得我们关注和思考。

信任是维系社会关系的重要纽带。每个人在家人面前是最放松的，因为自己的亲人是最值得信任的。当你"收集"亲人们没有任何防范时的言行，并将其作为违法犯罪证据进行"举报"的时候，破坏的正是这种至为宝贵的信任关系，是一种人伦之殇。当家庭成员之间都在互相监督中度日时，还有何生趣可言？

Winslow Homer（1836-1910）
Dad's Coming!

我们都需"入境问禁"

2015 年 7 月 22 日中午，在北京 CBD 地区突然出现了几十名外籍男子，他们肤色、发型各异，但着装统一，赤裸的上身缚有一条 X 型的背带，肩披大披风，身穿一条看似皮制的短裤以及同样材质的凉鞋，其装扮酷似电影中的斯巴达三百勇士。原来，这些"勇士们"是在为一家餐饮企业做活动搞促销，他们的这种"行为艺术"，确实形成了一道颇具特色的"西洋景儿"，引发了人们的围观。由于对周边的秩序造成了影响，在劝阻无效的情况下，民警采取措施予以制止，并对个别人员进行了控制。

在被警察"制服"的过程中，"勇士们"的不堪一击和倒地后的狼狈模样，让人忍俊不禁。不过，旁观者对于这一事件的评价却莫衷一是。有人认为这只不过是商家的一种营销手段，在其他国家都能行得通，在中国也没必要大惊小怪，还出动民警。也有网友的看法比较理性，认为搞这类活动需要走"法律程序"进行报批，如果影响到交通秩序，更要服从民警的指挥和劝阻，而守法正是商家和这些外籍人士应守的边界。

看到这则消息，笔者想起前段时间一件貌似与此不相干的事情。一名中国女留学生在美国遭同胞绑架、围殴，被扒光了衣服进行凌辱，美国媒体在报道中认为，该案性质之恶劣，手段之残忍，涉案人数之多，所犯罪行之严重，实属罕见。而几名被告人对其犯罪性质认识之不足则可用"轻描淡写"来形容，他们不明白，这种"没什么大不了的事情"，在美国何以如此"兴师动众"地"兴师问罪"。其中一名被告的父亲，只不过采取了社会上通行的用钱来"求得被害人谅解"的行为，何以就演变为"涉嫌贿赂证人罪"而遭逮捕？按照美国法律，这些被告有可能面临终身监禁，涉嫌贿赂证人的被告父亲也可能获刑。对这一事件的看法，大家倒是比较倾向于"中国法律管不了的孩子，可以交由美国的法律管一管"。当然也有些人认为，对于年少轻狂者给点儿教训即可，无需重判，更何况这些孩子犯事是因为他们对美国法律不甚了了，所以才有这无心之失。

曾几何时，当我们说远隔"千山万水"的时候，其实是一个极富诗意的表达，它蕴含着人们背井离乡的漂泊与苍凉。如今，发达便捷的交通早已大大缩短了山水之间的距离，使我们不期然地成为栖息在同一个"地球村"里的"村民"，出国变得和"出村"一样方便，而外国人也成了街头最平常的"西洋景儿"。不过，在世界各国交融的背后，涉及的是"外国人"对所在国法律的尊重问题。也就是说，中国留美的学生毫无疑问要遵守美国的法律，而在北京居留的外籍人士，也必须以中国的法律为准则。

在这两个事件中，我们既无需对违法犯罪的中国留学生之境遇表示惊诧与同情，也不必拔高北京民警对"斯巴达勇士"的处置，这只是任何独立的国家对其主权最正常的行使。古人曾教导我们要"入境而问禁，入国而问俗，入门而问讳"，在国际交往日益频繁的今天，一国公民到别的国家游学或工作，了解并遵守当地的法律禁令、风俗习惯，实乃天经地义之事，不懂法绝不能成为不守法或不受罚的理由。

法律的过于"严厉"，也不能成为违法犯罪的他国公民希望或要求所居住国对其网开一面的理由。1994 年 3 月，十八岁的美国青年迈克曾因用油漆喷涂别人的汽车，并向汽车扔鸡蛋而被新加坡法院判处四个月监禁、罚款两千美元和鞭笞六下。许多美国人认为新加坡法院对迈克的判罚过重，对迈克处以"野蛮残忍"的鞭刑尤其不能容忍。甚至时任总统克林顿也专门致函新加坡总统王鼎昌，认为对已经认错的迈克量刑过重，鞭刑尤为苛严，希望新加坡方面能对迈克宽大处理。然而，新加坡方面并没有因此而改变法院判决。王鼎昌表示，新加坡是司法独立的国家，作为总统也只能尊重司法判决。最后，对迈克的鞭刑虽从六下减到了四下，但这并非克林顿总统"施压"的结果，而是新加坡司法机关的自主改判。

每一个学过近代史的人都知道，鸦片战争以来，西方列强在中国攫取了领事裁判权，其理由即是认为传统中国在刑律上重法酷刑，没有辩护制度，狱政腐败苛虐，等等。而领事裁判权的滥施，

Henri de Toulouse-Lautrec（1864-1901）
Cover and Frontispiece to Les Vieilles Histoires

则使西方国家公民在中国犯罪，得不到应有的制裁，甚至出现了"外人不受中国之刑章，而华人反就外人之裁判"的怪现象。以"残酷"或"严厉"作为其公民可以不遵守居住国法律的理由，在当代是绝对行不通的。

中国的留学生应该为自己的行为负责，而北京的"斯巴达勇士"也不必因不能展示自己的肌肉和力量而耿耿于怀，在地球村的时代，只有"入境而问禁"，才是最根本的生存之道。

担不起的担保

　　假如你手里有九千万，你会做什么？无非是买好吃的，好穿的，买豪宅，要不就来一场"说走就走的旅行"。钱还有富余的话，就依着小百姓善良的本性，捐建一所希望小学，救助一批因贫辍学的山区孩子，既把自己的小日子过得色彩斑斓，又做个大善人，两全其美的事，多好。这样的好事，我们也就过过嘴瘾罢了，天上怎么会有馅饼掉下来砸你头上呢！有时候世事难料，真可能会有九千万砸头上，不过不是钱，是这么一笔债务！有媒体报道说，一个刚刚工作三年的福建永安女孩儿小陈，年纪轻轻就背了一笔九千万的债务。而她负债的原因，竟是一笔她担不起的"担保"所致。

　　从报道的内容来看，三年前的小陈似乎遇到了"贵人"。持一张普通的大学毕业文凭，没有财务基础，一直找不到工作的她被一家担保公司聘用，每月工资三千八百元，养活自己不成问题。为了回报公司的这种"知遇"之恩，小陈虽身兼多职，却也任劳任怨，工作勤勉。

　　2013 年，小陈所在的公司又成立了一家空壳公司，专门用于向银行贷款，"好事"也随之降临到小陈头上。公司蒋姓总经理找到小陈，让她当一名股东，"这是挂名的，没有关系。一年后就把你置换出来，眼下临时找不到人，你是公司信得过的，就帮帮忙吧。"当总经理说你是"公司信得过"的人的时候，你怎么可能有勇气"辜负"这种"信任"呢？于是小陈就当了股东。很快，蒋总找小陈"帮忙"在一笔贷款上签字。在小陈迟疑犹豫中，银行的客户经理也来游说，公司的同事也来"劝"小陈"帮一下公司"。在这种信任、温暖的氛围中形成的压力下，小陈签了字，银行的九千万贷款也分两笔划到了公司账上。2014年贷款到期后，蒋总又找小陈签字"续贷"，客户经理也再次来游说，"如果不签，没有续贷，公司就会破产。这笔款是贷出来还2013年的贷款。大家都是这么做的。"客户经理还向小陈"担保"没事，不会连累小陈。

由于害怕，小陈没有在"续贷"的合同上签字，这一点可从银行将小陈诉上法庭推知。小陈没有请律师（或许是知道请律师无益，还须凭空支付一笔律师费吧），在法庭上，她一板一眼地陈述着整个事件的经过，银行方面没有提出任何异议。然而，小陈想找当时"担保"她没事的客户经理对质时，却被告知该经理已离职。当小陈出示了蒋总愿意将小陈法律责任全部承担过来，希望原告放弃追究小陈责任的承诺书后，作为原告的银行只有一个态度：不同意。

看过报道的人，都相信小陈所述事实的真实性。因为客户经理所言非虚，"大家都是这么做的"，其中的"猫腻"大家也都心知肚明。公司老总需要资金周转，银行经理有放贷任务，两人一拍即合，就形成了贷款合约。只是为保证银行贷款到期后能连本带息足额收回，需要有第三方担保，于是双方就会通过各种途径找人帮忙。报道中的小陈，就掉进了由老总的信任、同事的期待、客户经理的保证下形成的"温柔"陷阱中，违心地签了一份自己根本没有能力履行的"担保"合同。我们不想恶意地揣度蒋总的心态，臆断地说他就是一个空手套白狼的骗子。或许他真想有所作为，只是运气不佳，搞得一败涂地。银行客户经理在明知蒋总的公司就是个空壳的情况下仍然放贷，则难以洗清其与蒋总沆瀣一气的骗贷嫌疑。银行在放贷中本应审查贷款人的还贷能力及担保人的信用及财产，却只通过一个月入三千八百元的打工妹的"担保"，居然就把一笔九千万的款放出去，银行自身监管方面的黑洞不言自明。客户经理离职的搪塞并不能撇清银行的责任，因为放贷是银行行为，而非客户经理的私人行为。

　　然而，现在大家似乎都学会了用"法律手段"维护自己的"合法权益"，仅凭这样一份违规形成的贷款担保合同，银行就将小陈告上了法庭。法庭的裁决当然要依有效的证据作出，所以，虽然大家都知道小陈陈述的是事实，可惜空口无凭，而唯一能够被法院采信的，只有那份小陈签字并捺有她鲜红指印的担保合同。小陈被判替蒋老板还钱（其实九千万只是本金，还应有利息；另外，小陈败诉，还应支付不菲的诉讼费）。小陈自然是没钱还，现在她不能乘飞机，也不能坐高铁，因为她已进入了法院的失信被执行人名单。可以肯定的是，小陈穷其一生，也难以还清这笔巨债，而法院的这纸判决也很可能成为一张无法兑现的法律白条。

人们一定要时刻以"贷款有风险，担保需谨慎"为"诫命"，因为这担保实在是担不起。在小陈的这场官司中，我们找不到一个赢家。蒋总自然还需要还他的贷款，假如他还有人性的话，他还得还将小陈拖入这场无妄之灾中的良心之债；银行客户经理完成了放贷任务，但他的所谓离职并不能减轻他的责任，法律没有追究他，并不等于他清白；银行貌似赢了官司，但追回贷款希望渺茫，这纸判决只是为新增的一笔呆账、死账找一个说得过去的理由；法院"依法"做出了判决，但它无法让人感受到其中的公平和正义，也就没有形成法治的增量；最惨的当属小陈，一个豆蔻年华的姑娘，却因天真、轻信与无知而置自己于万劫不复的境地。

现实生活中类似小陈的悲剧还有很多。若想真正让担保制度发挥效能，唯一的出路就是大家都守"规矩"。贷款人是真正需要融资的创业者，放贷的银行按照规定审查贷款人和担保人的资信，担保人则在自愿的前提下，以自己的信用或财力为他人作保。这样的实质性法治，也可省却法院最后一道形式法治的程序！

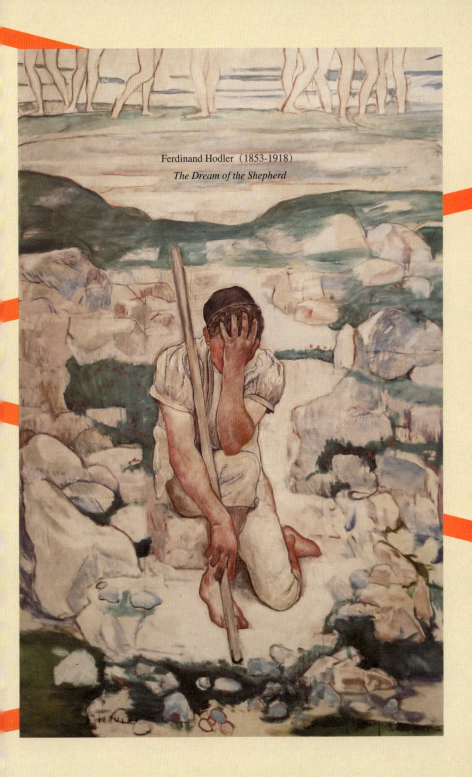

Ferdinand Hodler（1853-1918）

The Dream of the Shepherd

家庭的守护神

春节前，某地方电视台的新闻报道中，有一名女子向记者求助。她在不久前刚刚离了婚，"前夫"已经回了外省的老家过年，而她自己则一个人留在济南他们曾经的"家"里。看着身边的同事朋友都在匆匆忙忙且高高兴兴地置办年货，再看看自己冷冷清清的家，她倍觉孤单和凄凉。该女子向记者介绍，说自己是自由恋爱，两年前结了婚。前段时间，因为丈夫下班后一回家就上网玩游戏，不和她聊天，也不帮着做家务，她觉得被冷落了，便和丈夫吵了一架。她在气头上说要离婚，同样在气头上的丈夫回应说"离就离"，于是两人很快就"协议离婚"，办了手续。两人原本打算今年一起去她丈夫的老家过年，如今离婚后已成了"前夫"的他也就自己一个人走了。这几天，她冷静下来后，觉得她和"前夫"其实还是有感情的，为这么点儿小事就说了绝情的话，离了婚，很后悔。可她又不好意思直接找前夫，便希望电视台民生节目组能帮帮忙，和她"前夫"联系一下，看看能不能挽回。

记者答应帮他们说合，劝和不劝离，这也是行善积德的事。电话接通了，已经回到老家的男方在明白了记者来电的意思后，语气中也带着明显的悔意，承认他自己也是在气头上做出的决定。最后，他答应和"前妻"私下沟通，并约好在老家等着"前妻"回去一起过年，年后再回济南办复婚的手续。此后没有看到后续报道，估计这对因一时冲动说散就散了的小夫妻应该已经破镜重圆了吧。

现在社会上像这对夫妻一样草率离婚的不在少数。这几年离婚率不断上升，而离婚者也逐步呈现低龄化的趋势。离婚的原因五花八门，却也不外乎结婚时缺乏感情基础，或虽有感情基础却不善"经营"这两类。

其实，无论有没有感情基础，婚姻都是需要两个人耐心经营和精心呵护的。古罗马家庭"守护神"的故事，便给人很多启发。

在《罗马人的故事》一书中，日本作家盐野七生介绍了古罗马的诸多保护神。古罗马的神多得数不胜数，其中最有意思的是维里普拉卡女神，她是调解夫妻矛盾的保护神。一般而言，夫妻之间发生争吵，起因通常都是些鸡毛蒜皮的小事，大概就像牙膏应该从什么部位挤、吃完饭后谁刷碗之类，柴米油盐锅碗瓢盆之外的大事不多，这在任何一个国家都是一样的。夫妻之间吵架，双方都会认为理在自己这边，所以为了说服对方，声音会不由自主地越来越大，而不说话会被认为是理亏心虚。于是，双方你来我往，各不相让。这时如果一方为了不让对方有开口争辩的机会，连珠炮般说个不停，另一方自然会怒从心起，结果甚至可能会发展到大打出手，家暴的情况就有可能发生。为了避免出现这一结果，古罗马人会决定去女神维里普拉卡的神庙里寻求帮助。

在维里普拉卡的神庙里，只有女神雕像，没有神官或其他什么人。不过，每个神庙有每个神庙的规矩，信奉诸神的罗马人在没有旁人监督的情况下也一定会遵守。维里普拉卡女神庙的规矩，就是在女神面前倾诉的时候一次只限一人。这样一来，在一方倾诉的时候，另一方就不得不在一旁默默地听着。在默默倾听的过程中，渐渐地，他或她会意识到对方说的话并非全无道理。就在双方一次次交替倾诉和倾听的过程中，原先激烈冲动的声调会慢慢地趋于平和。于是，在离开神庙的时候，两人往往已经和好如初，家庭也就守住了。

在整个"纠纷"解决的过程中，女神维里普拉卡其实什么也没做，她"守护"家庭的秘诀，只是制定一条让双方互相倾诉和倾听的规矩，在倾诉和倾听中达到理解和包容。说到底，理解和包容，才是每个家庭真正的守护神！

Henri-Jean Guillaume Martin（1860-1943）

骗子年年有，如今特别多

这年头，没接过诈骗电话或没收过诈骗短信的，可能只剩下外星人和那些从来不用手机的人了。电信诈骗可谓与时俱进，花样不断翻新，而且似乎还带有季节性特点。开学季他们骗新生，毕业季他们骗毕业生，征兵季他们骗军人，在平常的日子里他们就冒充公检法给守法安分的人送个"传票"。更可怕的是，他们的行骗对象也越来越"精准"，他们甚至知道你刚卖了一套房子，手头有笔巨款，然后用漏缴税款的桥段，让你一步步走进他们挖好的陷阱，乖乖地把钱转到他们的账户上。

好在魔高一尺，道高一丈，人们的防范意识也在不断增强。大多数人以置之不理的方式来应对，还有些人会和骗子来一场"智斗"，在保住财产的同时还能将诈骗分子戏耍嘲弄一番。当然其中也不乏"中招"的，往往还因此而酿成了很多悲剧。在2016年8月下旬短短的十天时间里，就有山东省的两名学生因遭遇电信诈骗而猝死，广东省的一名准大学生因被骗光了学费而自杀。这三起诈骗案之所以在社会上引起强烈反响，是因为被骗的都是些涉世未深的孩子，他们还来不及感受生活的美好，生命即已凋零，让人在惋惜之余，更痛恨那些诈骗分子的可恶。其实这样的悲剧早已发生过多起，只因被骗对象是成人而未引起人们过多关注。甘肃天水的一名中学教师遭遇了电信诈骗，多年来辛苦积攒的二十三万元被骗得分文不剩，后因无法承受巨大的心理压力而上吊自杀。在这些猝死和自杀的受害人背后，都有着一份可能艰辛却也有梦想的生活，只因一个猝不及防的电话或短信，人生便划上了休止符，难免让人唏嘘。

面对如此猖獗的电信诈骗，大家真可谓同仇敌忾，因为他们作案的对象是不特定的所有人，这一刻你的警惕性高，识破了他们的骗局，下一刻就有可能成为受害人。最让人窝囊的是，你本来这辈子都不会和这个人有交集，你不知道他是哪儿的人，姓甚名谁，长得丑俊，他却对你的信息了如指掌，在他那里你简直就像个透明人，想到这些就会让人脊背发冷，不寒而栗。所以，当学生被骗猝死或自杀事件发生后，老百姓群情激愤也就在情理之中了。和以往的任何热点事件一样，人们的关注点也是各不相同，有的人认为是孩子们太单纯，防骗意识不强，所以主张加强这方面的教育；有的认为是公安机关平时打击不力而放纵了罪犯，直到闹出人命了才"以迅雷不及掩耳之势"抓获了犯罪嫌疑人，可见其"非不能也，实不为也"；还有的人指责电信运营商为了部门利益，视实名制要求如无物，致使诈骗分子有机可乘，利用不受管控的特殊号段进行诈骗，以逃避打击；当然也有人认为银行或第三方支付平台在转账或支付过程中存在监管漏洞，方便了用户实时到账，忽略了资金的安全。之所以群情汹涌，实在是老百姓已不堪其扰！

这些分析都有一定的道理，从理想的角度而言，假如上述每一个环节中的漏洞都能堵上的话，电信诈骗也不至于如此猖獗。不过，我们在指责受害者的单纯愚钝、相关部门的打击不力和失于监管的同时，从法律功能的角度来思考，或许会给我们解决这类问题或预防这类问题的发生找到一条出路。

在现代法治理论中，尽管我们更多强调法律的权利保障功能，但通过劝善沮恶而维护基本的社会秩序，使每个人都能过一种安全平和的可预期的生活，仍然是法律存在最根本的理由。要实现"沮恶"的社会效果，还必须满足"罚严足畏"的条件，这虽然会落入古代法家"严刑重罚"的窠臼，却也是维护正常的生活秩序所必须。电信诈骗之所以屡禁不绝，与此前法律的打击不力有关。虽然诈骗犯可能会被治罪，结局也不尽相同，有的可能被判处较长刑期的徒刑，有的会被判缓刑，有的却只是退赃、接受批评教育了事。当犯罪的收益远远大于犯罪成本，甚至都算不上"铤而走险"时，自然会有很多人选择这种几乎是一本万利的"生意"。因此，立法上作出重惩的规定，或许就是一个不错的方案。对犯罪分子的宽纵，就是对善良守法公民的不公，一种犯罪若已严重影响到绝大多数人的正常生活，适时适当地对其加重惩罚，就变得必要且必须。

Louis Dalrymple (1866-1905)

The Great Unknown

事实上，即便是加重惩罚力度，电信诈骗还面临一个无解的问题。自古及今，一般人都会有认为违法犯罪是可耻的。对犯罪分子进行惩罚，一方面对当事人能起到"警示"的作用，另一方面对他人也能"以儆效尤"。在中国人的观念里，涉讼是很丢人的，即便是在民事案件中成了"被告"，心里都会不安，更何况是成了罪犯呢。可是在电信诈骗分子身上，我们根本读不出他们的耻感。由山东受骗女生猝死而牵出的诈骗犯聚集地福建安溪，居然有很多人以此为业。当地的百姓认为诈骗并不是什么可耻的事，反而认为骗不着才是可耻的，或者是行骗的时候被逮着才是可耻的！一些人为了金钱不择手段，认为只有骗到大钱才算"有本事"，即便法律再严苛，对他们也不足以产生震慑作用。古人云"行己有耻"，人应该对自己的不良行为有羞耻之心。然而，在这些诈骗分子眼里，受骗人的死活不会触动他们，良心和耻感不在他们考虑之列。面对这样一个只认钱的群体，全能的上帝恐怕也束手无策。

被讹者的"义务"

近年来，坊间时不时地就会有因帮扶摔倒老人被讹之事的报道，事件也会因之被冠以某地"彭宇案"的名头，进而引起社会上关于"扶不扶"的一轮又一轮的讨论。其实，在提倡"老吾老以及人之老，幼吾幼以及人之幼"这类传统美德的礼仪之邦，对摔倒之人，不拘老幼，路人都该去扶一把，这本是自然而然且天经地义的，而今居然成了热议之"事"！说实话，这倒不是因为现代社会世风日下，人们失去了守望相助的心力和能力，而是有被扶之人讹人的恶例，并因此造成了帮扶之人"扶不起"的后果。恶例在先，必然会使人们遭遇相同情境时变得谨慎，担心被讹，也就终至于都"不敢扶"了。

这几年因扶人而被讹的事件着实不少。前些年在四川某地，三名九岁的小学生去扶一位摔倒在路上的蒋姓婆婆，老人却抓住他们不放，声称自己是被孩子们撞倒的。随后，蒋姓婆婆及其子龚某某对孩子们不依不饶，要求赔偿医药费等各种"损失"。在纠缠了五个多月后，不堪其扰的家长们只好以蒋姓婆婆涉嫌敲诈勒索为名，向当地派出所报警以证清白。公安机关经过缜密的调查，认定老人系自行跌伤，并非三名小学生推倒所致，其向孩子们索要医药费的行为属于敲诈勒索，遂依法决定对蒋姓婆婆给予行政拘留七日的处罚（因其已满七十周岁，依法决定不予执行），同时对龚某某给予行政拘留十日，并处罚款五百元的决定。对此结果，孩子们的家长表示如释重负，认为在还孩子们清白的同时，"坏人也得到了相应的处罚"。而那三个涉世未深的小学生也很高兴，"我们终于解脱了"。当被问及以后是否还会搀扶摔倒的老人时，孩子们的回答是"老师和爸爸妈妈经常教我们，如果别人遇到困难，应该去帮助他们"。面对如此纯真依然的少年，讹人者不知会不会感到羞惭。

在江西上饶，也有三名中学生在放学路上结伴而行，当他们看到一位老太太摔倒在地时，毫不犹豫地上前将其扶起。而老太太非但不表示感谢，反而诬陷是三个孩子撞了她，并向他们索要"吃药钱"，开始时是五十元，最后居然狮子大张口，竟至要十万块钱去住院！幸得两名路过的大学生帮忙查看监控，还原了事件真相，才得证孩子们的清白。有评论认为，该老太太对他人的善意帮助不仅不感激，还反过来勒索钱财，其行为实在可恶，应对讹人者"入刑"，以惩其恶。

另一起事件发生在河南洛阳。一位老人在某商店门前买菜，不知何故，突然跌倒在地。商店店员小刘急忙上前将其扶起，却被老人质问"为什么要害她"，并坐在店门前"讨说法"。警察调出监控，证实在老人摔倒前和小刘根本没有接触，才使蛮横的老人闭嘴。嗣后，老人在其家人陪同下回了家，而对小刘却吝啬到连声谢谢都不肯说。小刘对此倒也顾不上计较，反而有些庆幸，"如果没有监控，我现在肯定在为她看病呢。"

在上述案例中，我们发现有一个共同点，那就是被讹者在好不容易证明自己清白后，都本着息事宁人的态度，对讹人者没有进一步追诉。在四川三个小学生的案例中，只是因为家长们不堪蒋婆婆及其子长达五个多月的纠缠，才最终选择了报警。当警察对讹人者做出治安处罚后，此案即告终结，更令人怜惜的是孩子们"小人儿不计大人过"，不仅原谅了讹人者，还表示以后仍会继续助人。在上饶和洛阳的案例中，讹人者竟是堂而皇之地拍屁股走人；做了好事的三个中学生和店员小刘，不仅未想到追诉讹人者的诬告行为，反而"庆幸"多亏有那些无处不在的"监控"帮忙，才免了无妄的纠缠和麻烦。

有了这些活生生的例证，人们在遇到摔倒之人时，对于"扶不扶"自然就得权衡一下。更有人支招，在扶之时要录下视频，留个证据，或者请其他目击者帮忙，提供有利于自己的证言，以便将来若被讹时好举证"自救"。人们在分析"扶不扶"之"成"问题的成因时，有从道德层面切入的，认为这些年在经济发展的同时，忽略了对人们精神世界的关怀，确乎是有些人心不古了；也有从医疗保障方面着眼的，认为摔伤后的救治与康复所用不菲，故摔倒老人及其子女也就能讹一笔是一笔，将自己的

Pavel Sokolov-Skalya（1899-1961)
The German Wolf in Sheep's Clothing

损失转嫁给他人，是符合人性的；还有人认为那些讹人者有品德问题，本来就坏，只不过是"坏人变老了"后的自然表现，不足为奇；当然也有人将其归结为"彭宇案"所开的恶例，认为是法院判决扼杀了助人之风。

找到产生问题的根由，并不意味着就有了解决问题的方法。上述分析听上去都有一定的道理，不过，单纯地埋怨讹人者的德行，希望他们能够良心发现，并不会有什么实际效果。与其如此，倒不如从被讹者方面入手更易见效。前述在救人前保留证据的做法就很值得提倡。而一旦出现被讹情况时，被讹者就要敢于拿起法律武器，去起诉诬告者，不仅不能让其从讹人的行为中获利，还要让其因讹人而付出沉重的代价。被讹者只有将维护自己的权利作为一项"义务"，才有可能根治讹人这一社会毒瘤。社会上若恶行成风，往往源于好人的沉默。

就在前不久，浙江的滕先生，就因在路上扶起骑车摔倒的曹先生，被对方报警而诬其为肇事者。在交警证实此事与滕先生无关后，被讹的滕先生决定起诉，请求法院判令被告在当地报纸的非广告版面上刊登致歉声明，并赔偿其精神损害抚慰金1元。金华婺城区法院受理了该案。在法院工作人员见证下，曹先生的儿子小曹最终向滕先生道歉，双方签字确认和解，决定不再继续进行诉讼程序，1元的损害赔偿不用再交，而原本要求登报道歉所需的五六千元费用，则将捐给金华市的红十字会。本案中滕先生起诉的意义，正在于让讹人者既受到金钱上的损失，又意识到对扶助者的歉意，且能真心悔过。社会上像滕先生这样"较真"的人多了，讹人者的机会也就会越来越少。

惩恶扬善是法律的功能之一，在许多讹人事例中，正因为讹人者的恶行没有受到惩罚，才使同样的剧情屡屡上演。讹人者的目的既然是诈取钱财，那就通过法律的惩罚，让其在钱财上遭受损失。只有惩罚到让其"肉疼"，才能有效遏制讹人之事的发生。古罗马哲人西塞罗在《论义务》中说："对曾经对你行不公正的人也存在一些义务，应该履行。要知道，报复和惩罚有一定的限度——有时行不公正之人也许只要能后悔自己的行为也就够了——使为恶者自己以后不再为恶，也使其他人较少为恶。"当被讹者担负起追惩讹人者的义务时，那些"变老了的坏人"自然也就无从发"坏"了。

只当消费者，
不当上帝

诚实守信乃经商之王道

我凭什么相信你

只当消费者，不当上帝

账折与水牌中的商业信用

讨价还价与公平交易

民间借贷的规制

只当消费者，不当上帝

David Forrester Wilson（1873-1934）
The Catch of the Season

THE CATCH OF THE SEASON

诚实守信乃经商之王道

这几年，"双十一"俨然成了网上购物者的狂欢节。"节"前，各家电商使出浑身解数进行促销宣传。打开电脑，满屏都是送红包、送券、打折、下单立减、跨店满减的广告，商品可谓"琳琅满目"，优惠更是实实在在，撩得人心痒复手痒，于是把购物车里堆得小山一般，待到 11 月 11 日凌晨"吉时"一到，豪气地付款并清空购物车。然后，坐等一件件宝贝从天南海北四面八方飞来，那种拆快递的心情仿佛坐拥一座宝藏，至于月底钱包里是不是还有银子买米，那就顾不上了。

电子商务或网上购物的发展确乎可以用突飞猛进来形容。笔者第一次听到电子商务一词，是在 2000 年的春天。那年四月下旬，我去湘潭大学法学院参加外国法制史的年会，彼时交通还很不发达，从济南需要坐二十多个小时的火车到株洲，再转车至湘潭。同车厢有个年轻人，要去广州参加与电子商务有关的培训，他很热情地向我介绍电子商务的现状与发展前景，言谈话语中有一种对未来新型行业的向往和期许。只是他说得兴高采烈，我听得茫然漠然。也难怪，对于一个从事法学教育的人来说，电子商务离得着实有点儿远，几乎是完全不搭界的事。

然而，随着网络的发展，特别是淘宝、京东等购物平台的横空出世，几乎每个人都被裹挟进了电商的世界。你可以不经营电商，可你的生活却似乎越来越离不开电商。实体店买不到的东西，你可以在网络店铺中搜到，你心仪的商品可能在哈尔滨，也可能在海口，甚至在海外某个国家的某个城市的角落里。由于无需支付店面房租，网上商品的价格会比实体店要低。我们常说买东西要货比三家，在现实中却不大可能做到，你得有时间有精力去"比"，而且还需有得"比"才行，如果遇到"仅此一家，别无分店"时，就只能有什么买什么了。而电商时代却可以让你真正做到货比 N 家，可以根据"网评"进行筛选。在网上"逛商店"，不会遭遇网店"打烊"，深夜下单绝不会被商家拒绝。采购的东西多吗？快递员的精准投递可免去你手提肩扛的辛苦。总之，"总有一款适合你"，是虚拟的网络世界提供给人们的真实生活，这种感受，与十几年前笔者初听电子商务一词时的无动于衷形成了强烈的反差。

　　不过，人们在享受网购便捷的同时，电子商务所暴露出来的问题也越来越多，这在"双十一购物狂欢节"的时候表现得尤为明显。譬如网上的东西是便宜，可买到假货或残次品的几率也相应地要高；在网上喜滋滋地买一款海外"代购"的产品吧，却发现它千辛万苦漂洋过海来的只是标签和日期，它的产地或许离你不足百公里；商家吐血降价大甩卖，只不过是在活动前刚刚把价格上调后再打折到原价而已；快递员的投递，减轻了消费者的劳顿辛苦，却也增加了毁坏和丢失的风险；消费者因产品质量等问题的投诉渠道还欠畅通；个人信息等隐私被出卖泄露的可能也增加了；诸如此类。

在电商网购平台上存在的问题，有些早已存在于实体商界，比如商家的夸大宣传，质次价高、以次充好、知假卖假、缺斤短两等，这些几乎是古今中外商人共通的，对此，除了一般的诚实守信要求外，还会有专门机构对商家进行管理，并有相应的规范对其进行约束。在西方文明发展史上，古希腊人不仅给人类贡献了哲学思想、建筑艺术、文学悲喜剧，还在私法领域几乎为文明法律奠定了一切必须的制度。作为依靠商业贸易发展的城邦，雅典很早就通过它的法律规范了商业活动，让自己成为地中海沿岸商业活动的中心。在罗马法的债法体系中，要求人们依据诚信和善良原则确定其行为模式，对出卖物的瑕疵担保，则使这一原则的落实有了制度保障。

一般认为，我国古代有重农抑商的传统，由此也导致了商法的欠发达。不过，这并非说我国古代没有对商业活动的规范管理。在《周礼》中，就规定货财交易须在专门设置的"市"中进行，设专职官员负责管理。"司市"负责市场规则及度量衡标准；"质人"负责处理买卖契约纠纷；"廛人"负责收缴赋税；"胥师"负责商品价格和质量，"胥师各掌其次之政令；而平其货贿，宪刑禁焉。察其诈伪、饰行、儥慝者，而诛罚之，听其小治小讼而断之。"即由胥师掌管本次的政令，使各肆货物价格公平，公布有关的刑罚和禁令。发现那些欺诈作假、巧饰其行以兜售劣质货物的人要加以惩罚，受理小事和小的争讼而加以裁断。"贾师"负责维持市场秩序与安全，"贾师各掌其次之货贿之治，辨其物而均平之。"即由贾师各自掌管对本次货物的管理，辨别货物，合理分类而使价格公平。他们的职能就是要"禁伪而除诈"，禁止假货，杜绝欺诈。这些机构的设置和职官的配备，为市场的有序运行提供了物质和制度的保障。

古语有云，"无商不奸"，似乎商人都是奸诈的。其实，"逐利"本是商人的天性，为了利润的最大化，商人有时确实"奸诈"至极。在这一点上，马克思的话或许不无道理，"一旦有适当的利润，资本就大胆起来……有50%的利润，它就铤而走险；为了100%的利润，它就敢践踏一切人间法律；有300%的利润，它就敢犯任何罪行，甚至冒绞首的危险。"不过，如果每个商人都如此一意孤行的话，将无人敢与其进行交易，市场将不复存在，他在毁灭整个市场的同时，也会最终毁灭自己，这种极端的状况并不必然也不会发生。某个人欲望的界限是另一个人同样的欲望，为了自己的获利能持久而长远，商人一般都会遏制自己的欲望，遵守为众人所认可的习惯和法律，在互惠和利益均沾的前提下，从事商业活动。所以，商法最初的产生，本就来源于商人之间的习惯而非国家的强制。试想想，缺斤短两、假货横行、以次充好的市场，怎么可能行之久远。

虽然网购的平台异于昔日集市类的有形的实体市场，但商家和消费者的关系依然如故。商家良好的信誉是赢得回头客的不二法门，货真价实则是树立其信誉的基础。要维持"双十一"这样的购物狂欢节，仅靠降价打折的吆喝是不行的。在聚集了亿万网民消费者的人气后，电商应该在保持其便捷优势的前提下，向提高信誉度的方向转型。毕竟，当人们兴致勃勃地在网络上下单，买到的却是一堆假冒伪劣产品的时候，继续网购的念头将大受影响。诚实守信乃经商之王道，电商也是商，理应如此。

我凭什么相信你

　　每天上下班的路上，总会碰上一些年轻人在路边散发传单，"不好意思，打扰您一下，这是某某健身房的优惠券，办一张年卡只需要三百九十八元，超级划算"，诸如此类。他们手上推销的产品大到海边的海景房，小到家居生活中的寻常物件，不一而足。或许是经历了这么多年市场大潮的洗礼，对各种打折促销早已见怪不怪，真正驻足的路人并不多。看到那些年轻人在凛冽的寒风中，从早晨辛苦地吆喝到傍晚，却递不出几张传单去，颇让人心疼。不过路人的心态也能理解：在大街上随便看看你的传单，就让我把真金白银交给你，办一张不知能否兑现的卡，你凭什么让我相信你？

　　这几年人们的警惕性确实是提高了不少，这也不奇怪。看看那些临街的店铺，一年半载就有可能易主。前几天还在卖面包呢，过几天可能就换成了擦皮鞋的，你刚在这家美容店办了张优惠卡，再去的时候变成了干洗店。存在卡里的钱取不出，消费者只好去维权。维权时也没什么招，最常见的就是把电视台的记者叫来，大家七嘴八舌地诉说自己的遭遇，记者打电话采访店家，结果往往是一句"您拨打的号码是空号"，消费者真是欲哭无泪。而办卡时信誓旦旦的优惠与便利，在实际消费时惨遭"打折"更是家常便饭。记者采访之后一般会做一番总结，告诫的话语中总少不了那句"切记，天上不会掉馅饼"，提醒人们消费的时候要"擦亮眼睛"，因为馅饼和陷阱总是同在。

人们在消费中保持一定的警惕性是应该的，不过若发展到对周围的人和事物均持怀疑态度，则有些反应过度了。之所以如此，固然有这些年来行骗者确乎增多有关，不过，"无商不奸"的古训也有深广的影响，而且这一点还可以从古代法律中得到佐证。比如说在明朝的法律中，就有在粮食中掺水掺沙，比照在官盐中掺水掺沙进行处罚的规定，这似乎从反面印证了"奸商"的存在。其实，商业社会中虽然不乏奸诈的商人，但"无商不奸"则难免有以偏概全之嫌。因为法律规定了那样的条文，就认为当时的社会上到处是奸诈的商人，这样的论证很牵强，就像我们不能因为今天的法律中有对诈骗罪的规定，就认定社会上的人都是骗子一样。

其实从浩瀚的古史中，要找出正面或反面的例子都是很容易的，这就要看我们想说明的问题是什么了。总体来看，中国历代王朝普遍采行重农抑商政策，加上儒家重义轻利的观念，商人逐利似乎天然具有一种道德上的瑕疵。不过，尽管有重税、科举考试等方面"困辱"商人的政策，使得古代商品经济欠发达，但仍阻止不了商业文化的发展。而一个行业的存在，必然需要从内部形成一些自律机制。试想如果真正是无商不奸，每个商人做的都是"一锤子买卖"，商业自身很快就会萎缩以至消弭，根本无需外力来摧毁。在古代政府打压、法律规制、社会困辱的大环境下，仍然有如《清明上河图》中那样的市场祥和与繁荣，这与大部分商人能够公平买卖、诚实经营、恪守商业信用有很大的关系。

商业贸易离不开资金的周转与流通。所以，即便是前现代时期，金融行业即银铺或银号的信用，也具有特别重要的意义和价值。银号的业务主要是兑换、存放银钱。齐如山先生在《北平怀旧》中记载了这样一个故事。清末，北京城里信誉最高的金融机构是恒和、恒利、恒裕、恒源这"四大恒"。当时，那些留着辫子的金融家是这样维系自己信誉的：同治末年，四恒之一的恒和银号关门歇业了，但他有许多银票还在外边流通着，一时收不回来。彼时没有报纸，无处登广告，只好用梅红纸半张，印明该银号已歇业，所有银票，请去兑现等字样，在大道及各城镇中贴出，俾人周知。可是仍然有许多票子未能回来，但为了信用，必须候人来兑。等了一年多，还有许多未回，不得已只好在四牌楼西边路北租了一间门面房，挂上了一个钱幌子，不做生意，专门等候人来兑现。如此等了二十年，直到光绪庚子年才关门。恒和银号对社会伦理和商业伦理准则的恪守，到了其"恒"如此的程度，这的确是我们民族"自生社会"曾经育出的果实。

Robert Blum（1857-1903）
The Ameya

不过，在前现代社会，人们彼此之间的信任，以及"四大恒"这类银号的信誉，主要还是建立在对个人或其"东家"德性或品行了解的基础上，而这些"东家"们之所以如此自律，也与当时社会相对较少流动有关。正如费孝通先生在《乡土中国》中为我们提供的分析框架那样，在熟人社会里，礼俗、德性是人际交往的基石，而在陌生的工商社会中，商业往来中对诺言的践履，则主要靠法律制度的制约。一位在美国的朋友给我讲过她亲身经历的故事。前些年，她在一家经营中国家具的店里买了一套红木家具，家具是从中国运过去的，老板也是中国人。按照美国法律的规定，销售出去的商品均可无理由退货。在购买家具时，朋友问商家将来是否可以无条件退货时，导购员答应说没问题。朋友的老公是美国人，他要求在购物单上必须标明能退货，且退的时候必须是退现金，因为有的商家会打擦边球，退给你购物券，让你将来还得在他们的商店买东西。后来朋友因为要买与家具配套的凳子，发现家具有开裂的可能，心里觉得疙疙瘩瘩的，于是要求退货。原来热情的导购及老板立马变了脸，她打过去的电话老板一概拒接。于是朋友给他的信用卡公司打电话说明情况，并将写有退货且退钱的购物单传真过去，信用卡公司很快就把购物款返回到了她的账上。过了两月，商店老板派人将家具拉了回去，因为如果他不拉的话，损失的只能是他自己。

　　如此看来，在美国这样高度商业化的社会里，人们之间的交易往来并不是靠彼此的了解和信任，而是靠一套完善和健全的制度。假如在工商社会中的交易只能寄希望于遇到"四大恒"那样的东家时，交易成本无疑会大幅增加，而许多交易也将无法进行。所以，当我们遇到在路边搞促销的商家时，油然而起的不信任是很正常的。只有构建一种完善的制度，营造出让制度正常运行的氛围，人们互信的基础才有望生成。

只当消费者，不当上帝

"顾客就是上帝"或曰"消费者就是上帝"的说法不知起自何时，不过在我们这样一个大多数人不信上帝的国家里，把顾客或消费者喻为上帝还真有些不伦不类。一般来说，人们在上帝面前是很诚实、很规矩的，不敢欺谩，不敢造次。可是，被当成上帝的顾客或消费者，有几个没上过当受过骗呢？在菜市场买个菜吧，缺斤短两是常有的事，作为上帝的顾客经常得自带小弹簧秤称一称；买一箱水果吧，上面一层个大光鲜，下面的一层则是"歪瓜裂枣"；过年过节的时候串个门儿走个亲戚，在街边买盒鸡蛋吧，盒子上明明写着四十五只装，里面却敢给你少十五只。试想想，如果他真把你当"全知"的上帝，敢这么欺骗？当然，从另一方面来看，很多时候人们又真把消费者当上帝看，因为当你买了假冒伪劣产品，去相关部门投诉、找媒体曝光，希望有人替你做主的时候，往往会被告诫买东西时一定要"擦亮自己的眼睛"，谨防上当；好心人还会教你一套鉴别真伪的方法，这个时候的消费者，俨然就得是"全能"的上帝！这年头，做个只想放心安全消费的消费者还真不容易。

在现实生活中，一般消费者在遇到缺斤短两、以次充好的问题时，大多数人都自认倒霉，"就当是丢了一笔钱""算是破财免灾吧"。一则不愿生那个闲气，再就是维权成本高，搭上时间精力不说，折腾半天，还不知道结果如何，因此也就不愿"斤斤计较"了。当然，因为这些年假冒伪劣产品充斥市场，加上《消费者权益保护法》的助力，也催生了一批"职业打假人"。他们出没于各大商场，"知假买假"，然后直接索赔或诉诸法院，将"打假"发展成为一条谋生之道。这种极端的做法，虽然会对无良产商销售商起到一定的约束作用，但也是杯水车薪，难以为继。要想从根本上解决这个问题，还需另觅他途。

制定一部相关的法律，是现代人解决问题的基本思路。一般认为只要法律出台，问题即可迎刃而解。事实上，通过法律来为消费者维权是一回事，而真正地执行法律则是另一回事。法律的执行从来都不是一劳永逸的事情，它需要时间、金钱和人力。譬如说，假如没有"职业打假人"，《消费者权益保护法》中的许多条文就会处于休眠状态；我们虽然有《食品安全法》，不过市场上"不安全"的食品却很多，甚至触目惊心；而《药品管理法》也并没有杜绝假药的流行。人们常说的"立法易而行法难"，在这个领域体现得颇为明显。

这也并不是我们独有的现象。在一百多年前，当中国人还以自给自足、自产自销为主要经济形态时，处于工商业发展突飞猛进阶段的美国，已开始关注食品药品等的安全问题了。1906

年，美国的第一部《联邦食品和药品法》获得通过，具有里程碑式的意义。不过，在此之前，各州并非没有相关法律，只是它们都没有发挥相应的作用而已。美国法律史学者、斯坦福大学法学院劳伦斯·弗里德曼教授在《二十世纪美国法律史》中曾介绍说，当时已有不少州制定了与食品质量有关的法律，比如密苏里州一项法律就规定，出售"任何未经由屠宰场宰杀或带有疾病之肉类"，或者出售"不卫生之面包饮料"，或者"为了销售或其他目的，于食品、饮料或任何药品中不实掺入添加物"者，属于刑事犯罪行为。然而在法律制定后，后续跟进行动却很少，州政府并没有强制执法。并且，在美国的联邦制结构下，这些法律也没有权力去控制那些出售到全国各地的商品，致使国家在打击腐烂和危险的食用产品方面无所作为。1906 年，厄普顿·辛克莱的小说《屠场》出版，讲述了令人作呕的屠宰场景，此后，食品法案及与肉类检查的法案才被国会通过。

《屠场》对立陶宛移民朱吉斯·路德库斯工作场所（芝加哥的屠宰场）的环境做了生动逼真又令人惊骇的描述。在那里，腐败的香肠被浸泡在"硼砂和丙三醇"中，再"放入贮料器"中，然后卖给民众。这些肉品被储藏在老鼠出没的房间里；肉品公司用有毒的面包来消灭老鼠；但是，老鼠、面包和肉最后都会被加工成产品。而这并不是最恐怖的，辛克莱还描述了一幕如地狱般的场景，即有时候"烹调房间"里的工人掉进大缸中后，被煮得"只剩下了骨头，最后成为销往世界各地的达拉谟猪肾腰油"。这让阅读该书的西奥多·罗斯福总统都惊恐不已，而且，他任命的调查员去往芝加哥调查后，居然发现辛克莱作品中所描述的情况并非虚构，乃是实情。这些故事或"丑闻"，最终推动国会通过了《联邦食品和药品法》，并且这一严苛的法律被很好地贯彻执行。结果，它既帮助肉类工业和食品公司修复了信心，也使民众再度心甘情愿地回到芝加哥肉类产品的购买市场。

进入二十世纪中期以后，一方面，美国国会通过制定各类健康和安全的法规，为民众即消费者提供保障；另一方面，美国的司法又通过严格责任原则的运用，使产品制造商步步精心，不敢为非。许多去美国旅游或生活过的人，对美国商店出售的食品都有一个从疑虑戒备到放心享用的过程，而这样一种市场氛围的形成，与其法律的完善和严格执行有密切关系。

然而，在我们的消费市场中，这种对产品质量的信任还没有建立起来。这并不是我们没有相关的法律法规，而是执法方面经常缺位。每年的"消费者权益保护日"，总会有一些黑心的作坊等被媒体揭露出来，这一天也使得许多商品制造商如坐针毡。而在央视报道过后，又会见到当地的执法部门连夜查封、查扣的情形，工作可谓投入和卖力。可是从另一个角度看，如果执法部门的日常工作也能这么雷厉风行，又何须在三月十五日的时候连夜出击呢？新闻记者能发现的问题，为什么执法者竟会让其在自己眼皮子底下存活？究其原因，依然是执法不力造成的。

　　作为一个消费者，要求其实很简单，花了钱，买到真正的、安全的、健康的消费品足矣。估计谁都不愿当上帝，因为既要知道购买商品的真假，还要做鉴别消费品真伪的多面手，太累，没必要！

账折与水牌中的商业信用

在任何时代，商业贸易都是一个社会最活跃的因素，原因很简单，逐利是人的本性，而商业正可激发人们将这种本性发挥到极致。哪里有"铜臭味儿"，哪里就会有商人，即便在极端"抑商"的恶劣环境中，也能见到商业的破土而出与艰难生长。从社会需求的层面来看，无论是怎样自给自足的社会，都难以生产出供所有社会成员享用的生活必需品。没有商业的供给和调剂，群体的生活将难以维系。因此，所谓的"抑商"，"抑"得了一时，却难以长久。而对于"民"与"国"而言，只有商业繁荣了，才能走向民富国强之路。

商人逐利，要实现利润的最大化，需要有丰富稳定的货源，要有购买力强大且稳定的客源，"一锤子买卖"注定行之不远，而这些都离不开信用良好的市场环境。在当今社会，商人们几乎能在任何地方发现商机，中国传统的节日是毫无悬念的销售旺季，而那些漂洋过海引进的"洋节"，也都很快变成商家促销的噱头。虽然圣诞节、情人节、母亲节、父亲节等都遭到过大大小小的抵制，不过无一例外地效果甚微。倒不是人们"崇洋"过头，实在是商家利之所在，就连"六一八"这种看不出什么特别之处的数字，都能被炒成网购狂欢节。在商家炒作出来的莫名其妙的"六一八"购物节，许多网购平台早早就开始了大促销活动，商品琳琅满目，优惠券、礼品券、红包等扎着堆儿地推送，以往不予送达的偏远地区，也开始有了快递小哥的身影。在新增客户中，小镇青年成了新的买家主力，这无形中扩大了网购的客源。而在结算方面，微信、支付宝等则使支付变得越来越便捷，即便这个月手头比较"紧"，也并不妨碍人们的"买买买"，因为像花呗这样的消费信贷产品，鼓励人们"寅吃卯粮"，让那些中低收入的消费人群也有能力加入网购大军，大大地"提升"了消费力。

在这种现代商业模式中，可以轻易地完成跨区、跨省甚至跨境的交易。作为消费者，在网购的时候基本上不用操心电商在什么地方，只要产品式样、质量、价格等合适，即可"下单"。等到进入物流环节，消费者才有可能注意到发货点或许在贵阳或广州，或许在安徽或福建某个从未听说过的地方。电商也无须了解他所"打交道"的消费者人品怎么样，因为与客户支付方式"绑定"的银行卡信息，足以使电商信任其具备足够的购买力。即便将来有了纷争，也会有可以值得信赖的投诉或诉讼渠道帮助解决。这样的"操作"手法，在古代社会实在是无法想象的。

历史学家王尔敏先生在《明清社会文化生态》一书中，有一篇文章谈及"账折"与"水牌"。在二十世纪六十年代末，美国的大百货公司为了招揽顾客，允许顾客挂账赊欠，而这就是"美国使用信用卡的前身"。这样一种模式，在明清时期的庶民社会中，则表现为当时普遍流行的账折与水牌这些挂账或信用工具。

王尔敏先生介绍商人使用账折的目的，既在于拓销，又兼以巩固顾客的长期购买。明清时期的商人对老顾客每户均立一折，不过折上并不用人名区别，因为没人愿意把自己的姓名开在账折上。每户开一折，都是开明堂号，如果是大姓富户，一个堂号又会有若干分房独立之户，例如"六桂堂翁记""六桂堂汪记""三槐堂长房""三槐堂五房"等堂号标示。如果没有堂号，就会用各种特用专字加以区别，如"福记""喜记""寿记""宇记""宙记"等，但都须出于顾客的自行选择，并长久使用。这种做法，旨在保障个人的隐私，其性质类似于今天的密码。对于资本雄厚与货源丰足的商家，他们为了拉拢顾客，一般会发行长期赊欠的账折。结算账折的时间，大抵在每年的清明节、端午节、中秋节及冬至日前的十来天。届时，商家会派专人到各客户住宅收账，而依一般的社会习惯，客户也会到期结清。发行这种账折的商家，有绸缎庄、布商、油坊、酒坊、酱园、饼干糖果店、杂货店等。顾客平时到这些商店购物，带着账折即可，选好物品后，立即算好市价记入账折，即可完成交易。商家则定时送货到家，再将日期货价记入账折。这种账折模式，有利于市井商贾广纳客源，长期保持稳定的收益。不过，账折一般只流通于大城市，而不会逾越至其他城市，以避免讨债赖账之事。

在一般的贫穷小民居住的社区，一些小杂货店、小贩货摊等则用"水牌"做赊欠的工具。水牌只是杂货店所备的一块白漆木板，所有往来赊欠账户，一概用黑色笔写在水牌上面，每户占一行或两行，名下记载何日购何物钱若干。待顾客还清旧欠后，账目即用水布擦去，所以称之为水牌。每家商号的赊欠网都不会超过一条街巷或一个小村落，赊欠户与商户必是十分相熟的。水牌记账一般如此记录：陈麻子打酒半斤、二十文；二黑驴香油二斤、大盐半斤、醋一斤、二百八十文等。因为熟识，所以小商贩账目清楚，绝不会弄错人，而顾客也不会欠钱不还，因为水牌天天悬挂壁上，来往人等俱可一目了然，还钱后当面将水牌擦拭干净。人们只要手头有钱，都会立刻还上，因为谁也不愿意将名字长期挂在水牌上，如若成了"老赖"，街头巷尾之众人很容易知晓。所以，对于商户来说，这种赊欠是没什么风险的。这大概就是费孝通先生笔下"熟人社会"之情状吧。现代的农村人，一般都会想起村中或村头"代销点"里的那块小木牌吧。

在明清庶民社会中，账折也好，水牌也罢，都是商人为了扩大客源而使用的一种工具，类似于我们今天的信用卡或曰"花呗"。它使客户手头的暂时拮据不会影响其消费，而对于商户来说，暂时的通融，为的是日后更多的收益。只是以往的账折与水牌的使用，只及于同一城市或同一街巷村落，逾此则可能生出欠账不还的担忧，这也就局限了这种"信用"工具使用的范围，也必然影响商业的繁荣与发展。不过，在电商网购急速发展的今天，我们虽已有了诸多的平台或工具，使商贸往来跨越了区域省份的界限，甚至走向了国际，但无论买卖大小，信用依然是经商之重要根基。一锤子买卖式的交易或可占得一时便宜，却使其难在商界立足。明乎此，世间的商贸纷扰也就会减少许多。

讨价还价与公平交易

　　经常逛菜市场或小商品市场的人，往往用不了多久就会练成一个砍价高手，因为在这些地方，几乎所有东西都是可以砍价的，即便遇到"嘴硬"的摊主，打出"一口价""不还价"的招牌，依然会遇到一些逢买必砍、百折不挠的顾客，不降下个块儿八毛来誓不甘休。如今，砍价的场所早已延伸到了虚拟的网络市场，电商和买家之间互相亲昵地叫着"亲"，砍起价来可是毫不含糊，实在没什么可砍的了，也要在包邮或不包邮上做做文章。虽然有"从南京到北京，买的不如卖的精"的说法，不过最后的结果依然是卖家为赚了钱偷着乐，买家则为省了几个子儿兴高采烈，各自欢天喜地过日子去了。

　　这砍价的风习不知道是什么时候形成的，反正连那些常住中国的老外，在中国待久了，也会成为砍价的行家里手。被称为"头号中国通"的中国问题观察家费正清，在他的自传《费正清中国回忆录》中，就曾活灵活现地讲述过他和夫人跟店主讨价还价的"技巧"。与那些只和官方打交道的外国人不同，费正清夫妇在二十世纪三十年代初抵达中国后，就几乎完全融入了中国人的生活。他们会在露天市场听人说书，或者是在北京前门外的天桥观看杂耍，或者去老北京剧院观看各类精彩的表演。那些戏剧舞台上依靠演员的动作凭空表演出来的跨门槛、上马、下马、船行驶在碧波当中、穿山越岭等剧情，他们也能看出"门道"来。正因为这样"接地气"的生活，才使他们在商店买家具、艺术品或日用品时，与卖家的讨价还价显得那么驾轻就熟。

商店里商品的价格一般都不是固定的，费正清分析说店家看到富有的外国人时，可能就会将价格抬高一些。其实他的说法不太准确，因为商品价格的"虚高"，倒也不是只针对外国人，否则国人普遍的砍价本领也就无从练起。一般来说，卖家对本地人买家要价相对适中，而对外地人或外国人就会"宰"得狠一些。费正清说如果他们以前去过某家商店，再去的话就是"老主顾"了。假如老板要价十美元，他们就会还价到五美元，同时他们还会解释其实并不是特别需要这个东西。这时老板就会提醒这个东西的稀缺性，然后降到九美元。他们会表示遗憾，只能出六美元，一边说一边准备离开。紧接着老板会说"最低价"了，看在与他们友谊的分上，赔本只卖八美元。而他夫妻二人又会看在真诚的分上，会提价到七美元。最终则以七点五美元的价格成交，皆大欢喜。

看了这段描述，让人不得不佩服费正清这位"头号中国通"真不是浪得虚名。深谙砍价之道的人都知道，老板给出的价格一般要高出实际价格一倍以上，所以还价的第一招就是先来个

"腰斩"，同时还要表现出一种漫不经心、可买可不买的态度，适时地作出要去别家看看的样子。而老板则会夸耀自己商品的质地、做工是如何一等一；如果卖的是古玩，还会编一些祖传或出土之类的故事来吸引顾客。在这样一种你来我往讨价还价的心理战中，达成一个双方都能接受的价位。买家以"吃亏了"的结语掏钱，卖家以"赔本了"的口气交付商品，最后在"欢迎下次再来"的道别声中完成了一宗交易，同时又有结束了一场"智斗"的快意，倒也符合双赢的格局。

讨价还价是买卖双方寻求价格和价值对等的动态的博弈过程，不过，这样完成的交易，也容易让人产生对商家甚至是对整个市场的不信任感。交易过程讲求的是公平，顾客即便因为砍下价来而觉得占了些许便宜，仍然不如"明码实价"更能给人一种心理的平和。人们会想，虽然把价格"讲"下来了，商家还是有得赚，谁会做亏本的生意呢？既然砍价后能买到，那就说明商品本来就不值那么些钱，或者是质量有问题，以次充好，或者是有缺斤短两的其他猫腻，市场上设置"放心秤"是有来由的。反正经过一番讨价还价后，买到了东西，却也失去了对商家的信任。在这样的氛围中，市场呈现出来的繁荣就是病态而非健康的。另外，因砍价磨嘴皮子而增加了每笔交易的时间成本，其实也是对社会财富的一种侵蚀，这却往往被买卖双方忽略了。

—WHY?—

AMERICAN WORKMAN (to John Bull).—Mr. Bull, if Free Trade is such a blessing, why are your agricultural interests in such a wretched condition? Why do your manufacturers cry out for 'Fair Trade,' and why does your skilled English workman come to this Country INSTEAD OF THE AMERICAN WORKMAN GOING TO ENGLAND?

Bernard Gillam （1856-1896)

Why?

在交易发展史中，也有既讨价还价又不失诚信的例子。在希罗多德的名著《历史》中，便有关于迦太基人与利比亚人之间的一场"国际贸易"的描写：

利比亚有这样一个地方，那里的人是住在海拉克列斯柱的外面的，他们到达了这个地方并卸下了他们的货物；而在他们沿着海岸把货物陈列停妥之后，便登上了船，点起了有烟的火。当地的人民看到了烟便到海边来，他们放下了换取货物的黄金，然后从停货的地方退开。于是迦太基人便下船，检查黄金；如果他们觉得黄金的数量对他们的货物来说价格公平的话，他们便收下黄金，走他们的道路；如果觉得不公平的话，他们便再到船上去等着，而那里的人们便回来把更多的黄金加上去，直到船上的人满意为止。据说在这件事上双方是互不欺骗的。迦太基人直到黄金和他们的货物价值相等时才去取黄金，而那里的人也只有在船上的人取走了黄金的时候才去动货物。

以当代人的眼光来看，这种不可思议的买卖方式无疑是笨拙而费事的。但不可否认，这种方式是诚实而守信的。在我们今天的市场上，经常见有人赌咒发誓，表明自己童叟无欺，事实上却是骗你没商量。津津于砍价过程的交易双方，却也越来越失却了赤诚之心。没有诚信的市场，最终将沦为人与人之间互害的竞技场，这样的讨价还价"技能"，不要也罢。

民间借贷的规制

　　山东聊城中院一起刑事案件的判决，因媒体报道中"辱母杀人"的概括性用词而引发了坊间的热议。众多法学家就被告于欢的行为是犯罪抑或防卫过当、法官对其无期徒刑的量刑是否适当等问题发出专业的声音；网友们则从古今中外寻找因辱亲杀人而被网开一面的案例，以期为于欢开脱；即便是一般的"吃瓜群众"也会在相关网文下表示一下愤慨，足见该案的杜姓"被害人"实在是触碰到了国人"是可忍，孰不可忍"的人伦底线。不过，不要总以为我们就一定比法官更有人情味或更有正义感，案子既然已进入了上诉程序，大可"让真相再飞一会儿"。我们相信二审法官会以更专业的眼光进行审视和考量，在以证据支持的事实的基础上，精当地适用法律，做出更有说服力的判决。毕竟，法官适用的是当下的而非汉唐明清的法律，亲历庭审的是法官而非我们这些只看"传闻证据"的人。那些被一般人忽略的细节，或可成为判决的关键。义愤或可留给民众，对于法官，则需要更专业且客观的省察。上诉程序的设置，本来就是为了纠偏的。

　　在这个案件背后，其实有更值得我们关注的民间借贷问题。"刺杀辱母者"案的缘由，是于欢的母亲苏银霞因公司资金周转的问题而被迫举债，由于未能偿清债务，讨债人在催债过程中对于母采用极端的手段进行侮辱和威逼，于欢在激愤之中将讨债者杀死一人，重伤三人。于欢杀人的个案可能很快就会有定论，但该案的诱因——民间借贷——却潜藏或渗透于诸多领域，它关涉个人生活的安定、经济的健康发展和社会的和谐有序，要防患于未然，就须对其进行有效规制。

历史上，借贷起于何时虽没有明确的界说，不过"欠债还钱"这一基本信条却和"杀人偿命"一样古老。古代法律一般都注意保护债权人的利益不受损失，对于不按期归还债务者规定了相应的法律责任。在汉代即有功臣列侯负债违期不还，被夺侯除国之事，如河阳侯陈涓就曾坐"不偿人责（通'债'）过六月，夺侯，国除"。一般老百姓当然更要受到处罚。当然，为防止出现高利盘剥，汉代也将超过法定利率的行为称为"取息过律"，违者要受到惩罚。武帝元鼎元年，旁光侯刘殷坐"取息过律"，只是遇到大赦，才得以幸免。而陵乡侯刘诉就没这么幸运了，他在成帝建始二年坐"贷谷息过律"，被夺侯免国，可见处罚之重。不仅如此，一定级别以上的官吏还不允许放贷。据张家山汉简《二年律令·杂律》中的规定，六百石以上官员及皇帝身边的朝官如有放高利贷的，要一律罢免官职。汉以后各朝也都有抑制高利盘剥的规定。五代后梁时私人借贷以"一本一利"为准则。宋朝时更是禁止"回利为本"，也就是以利息进入本金，重复生利，即民间所谓的"驴打滚"利。对于那些"取利过正条者"，即使是"两情和同"的私契，也允许"任人纠告，本及利物并入告人"，即明确规定高利贷属于犯罪行为。明朝的"违禁取利"条则规定，利息总额与本金相等时即停止计息，利息最高不得超过本金，违者"笞四十"；同时还禁止债权人强夺债务人财产抵债，违者要"杖八十"。

不过，虽然许多朝代都对"取息过律"的行为进行打击，只是各朝对"过律"利率的规定又有所不同。比如汉代的官贷民钱为月息三分；唐代利率分官方贷放与私人贷放，分别为月息五分和四分；而宋代所定的利率则比较高，为月息六分。

比较有特色的是元代，可能与蒙古人的游牧生活经验有关吧，其民间贷款利率被形象地称为"羊羔儿利"。"如羊出羔，今年而二，明年而四，又明年而八"，年利为百分之百，并且转利为本，结果是"累息数倍"，往往使债务人家破人亡。为此，元朝中后期规定"本利相侔而止"，以本金数额为借贷利息的上限，即"一本一利"。关于这一点，我们从关汉卿的《感天动地窦娥冤》即可窥见一斑。窦娥的婆婆蔡氏是一个"职业"放贷人，整个剧情的展开都与她的高利贷有关。窦娥的父亲窦天章是个穷秀才，"幼习儒业，饱有文章"，只因生活"一贫如洗"而向蔡婆婆借了二十两银子，一年以后即"本利该还四十两"。虽经蔡婆婆数次索取，窦秀才还是无钱可还，只好将女儿窦娥送给蔡婆婆做媳妇。蔡婆婆则不仅连本带利免了窦秀才的债务，还又另送他十两银子做上京赶考的"盘缠"。然而，蔡婆婆所放的另一笔款子却几乎给她带来杀身之祸。"死的医不活，活的医死了"的江湖郎中赛卢医，从蔡婆婆处借得十两银子，本息当还二十两，可这赛卢医想赖账，遂将蔡婆婆诓到僻静无人处，欲将其勒死。只是这蔡婆婆时运不济，躲过了赛卢医的勒绳，却逃不过无赖张驴儿的魔掌，捎带着还将窦娥推入了万劫不复的深渊。我们都知道窦娥遭遇千古奇冤之后的"六月飞雪"，却很少将她的故事与元朝的民间借贷联系在一起。事实上，蔡婆婆在当时的放贷及其"本利相侔"的高利率，在元朝都是合法的。只不过一笔贷款使她得了个孝顺的儿媳妇，另一笔贷款却给她和窦娥带来了无妄之灾。

民间借贷对于任何社会来说都是必不可少的，窦天章这样的穷人要举债度日，赛卢医这样的"商人"则需借此来融资。正是这种资本的流转互通，才使社会生生不息，得以发展。而"禁止利息"则既不符合人性，也会妨碍贸易往来，还会使处于困境中的人得不到帮助。在世界范围内，犹太教、基督教与伊斯兰教都有禁止放债取利的教义，倡导人们无偿借取，使富有者能无条件地帮助贫穷者。这充其量只能算是一种美好的宗教理想，缺乏实现这一理想的人性基础，所以伊斯兰教徒才会设计出"重复买卖"这一规避禁令的"法律技巧"——借方向贷方借财物时，卖给贷方一物品，然后借方再以高于卖出的价格买回所卖物品，通过这种所设的"一卖一买"，借方买回原物品所多付的价金就代表双方私下约定的借贷利息。这种以技巧来规避宗教义务的现实事例，正说明了民间借贷的不可或缺。

如果说在古代自然经济社会里，民间借贷还主要集中于窦天章这样解生活中燃眉之急的情形，在今天的市场经济条件下，民间借贷已为社会发展所必须。像于母这样的公司经营者，在银行贷款难以为继时，民间借贷可能就成为公司存活的唯一出路。只是不管借方还是贷方，都应有预防风险的意识。对于政府，则应如古代的统治者那样，既允许民间借贷的存在，又采取严格的管控措施，严禁"取息过律"，严禁催债过程中的过激行为。这或许既可以避免于欢的悲剧，也可以避免讨债者的悲剧。

Jan Gossaert （1478-1532）
Portrait of a Merchant

我的价值不多，但也不比你少

与厨房无关的地位
我的价值不多，但也不比你少
防不胜防的家暴
"三八妇女节"里的遐思
新时代的女人怎样做女人

我的价值不多，但也不比你少

Edvard Munch（1863-1944）
The Girls on the Bridge

与厨房无关的地位

记得多年前和一些朋友聚谈，聊及女性在争取到走出厨房、进入社会工作的权利后，是否对女性更有益的话题。一些女同胞认为，女性其实比以往的生活更辛苦了。原来你只需待在家里操持家务、相夫教子，就算是尽了本分；如今却不仅要在社会上抛头露面、摸爬滚打、挣钱养家，回到家后"厨房重地"并没有人抢着"占领"，它依然是你的地盘，洗衣做饭、洒扫庭除须样样经手。所以，对于女性来说，并没有翻身农奴得解放的感觉，反而既需出得厅堂，还须下得厨房，实际上是增加了负担。面对众女性的啧啧烦言，座中一位美国男性友人幽幽地说了一句："走出厨房去社会上工作，是你们女性自己争取的权利，我们男人无意占领厨房，也从来没有争取过走进厨房的权利，厨房就还是留着你们用吧。"听了这句玩笑话，在场的女性竟无言以对！

毋庸讳言，过去的一百多年里，"权利"攻城略地，滚滚向前。人类无分国籍、年龄、肤色、种族、宗教信仰，在理论上或法律上取得了平等的地位，而性别自然也不再是区别对待的理由，反对性别歧视的女权主义也风行全球。不过，这些成绩的取得却并不容易，早期那些为争取妇女参政权或其他权利的先驱所经历的磨难，当代人是无法想象的。在 1872 年的美国总统大选中，当苏珊·安东尼与纽约州罗彻斯特的妇女到投票点投票的时候，就曾遭到一群男人的冷嘲热讽，"该死的，你们在这里干什么？你们女人回家干你们自己的事情去！回家刷碗去！如果你们不快点从这里出去，我就要报警把你们抓走！""快溜吧，夫人们。你们的孩子都成泥猴了。"在这些讪笑中，有着对女人"刷锅洗碗带孩子"职分根深蒂固的定位——言下之意，像投票选举这类事情天然地属于男人。不难想象，当年这些嘲笑苏珊的人若是搭乘时光机器来到今天，看到希拉里与特朗普"同台"竞选时，会有何等震惊。可在当时，当苏珊她们庄重地投出手里的选票后，遭到的却是逮捕和起诉，最终还被判有罪，判处罚金一百美元。当苏珊那番"我们不再请求立法部门和国会给我们以选举权，但我们要呼吁各地妇女行使起她们早已被遗忘的'公民权'"的演说，被其美国同胞誉为"感动过一个国家的文字"时，感动的又岂止是"一个国家"的人民！

时过境迁，当女权主义者通过争取投票权而使妇女获得了政治上的发言权之后，女性在各个领域里的权利也开始疯长，她们的工作也从洗衣服、打扫卫生、缝纫、钉纽扣、纳鞋垫等这些低薪的苦差事，逐步扩展到了社会上几乎所有的行业。当然，在中国大地上，女性的解放则首先发端于身体的解放，这就是对缠足陋习的革除。以往我们将其归功于孙中山在南京临时政府时期颁布的"劝禁缠足令",其实,据《帝国的回忆》一书的记载,在晚清时期,清廷就曾颁诏禁止妇女缠足。当然,《纽约时报》的记者对其施行的困难还做了类比,"设想美国国会立法禁止妇女缠胸或束腹,那些崇尚时髦的妇女即会停止那样做吗?尤其在目前最新流行时尚就是女子好细腰的情况下,其结果可想而知"。所以,"由于清国妇女已习惯了这种陋习",记者担心"清帝制定法律禁止妇女缠足恐会陷入无尽的麻烦中"。不过,清政府推行这一诏令的举措,仍使记者感到别具一格,"清帝自有他的办法,他随之又颁布另一项法令,即一切清国官吏如妻女有缠足者即不得在政府任职。"记者分析说,缠足虽能表现出女人温柔的特性,但"它无疑缩小了一个人生活的空间和她能在社会上所能发挥的作用",是完全违背人的本能的,所以清廷的诏令如能推翻这一长达几个世纪之久的习俗,"那么这将比其他任何事都更有价值"。但这一禁令并未因为有"妻女缠足者官员不得在政府任职"而得到很好地贯彻,这也是在几年后还需孙中山再次颁布"劝禁缠足令"的原因。

客观地说,中国女性在争取女权的过程中,并没有多少标志性的事件,美国妇女经过数十年斗争才争得的选举权,在新中国成立后就被我们写入了共和国第一部宪法。"妇女有同男子平等的选举权和被选举权""妇女能顶半边天"的豪言壮语,则形象地描述了女性的作用,而女性从事的职业,则是"男子能做到的事情，我们女人也可以做得到"。这可不是随便说说的，"第一位女拖拉机手""第一位女将军""第一位女航天员"等都实有其人，三从四德时代的烈女节妇，实在是无法同日而语的。

当然，理论上或法律上平等了的男女，并不意味着现实中没有区别对待。近几十年来，女性通过自身的努力，证实了她们有和男子一样的能力和才华，而且在某些方面还以其精细与爱心，展现出女性独有的特质和魅力。然而，在性别平等这样政治正确的话语背景下，女性在择业时所遭遇的歧视并不鲜见。比如，现在的用人单位虽在招聘之初，已不太敢明目张胆地增加性别限制条件，但会在笔试或面试中，通过内部操作淘汰女性求职者；有些用人单位虽不拒绝招用女性职工，却会附设"何时结婚生子"作为未婚女性求职者的必答题；在招用后，又会有单位内每年允许结婚生子的限额，女性职工只能按资历等"排队"；在"二孩"政策放开后，孕期、产期、哺乳期的工作都会成为考评女性职工的指标。在大学里教书的女教师，倒也颇受人尊重，不过，社会上"女人糟蹋学术、学术糟蹋女人"的流行语，听上去是不是也挺刺耳呢？

男人和女人的交融成就了丰富有趣的生活，也使人类自身得以绵续。缺乏男人或女人，都会使这个世界残缺，而不甘寂寞的我们却偏要人为地区分个你高我低。笔者曾看过《妇女参政论者》这部英国电影，女主人公说的一句话令人难忘——"我的价

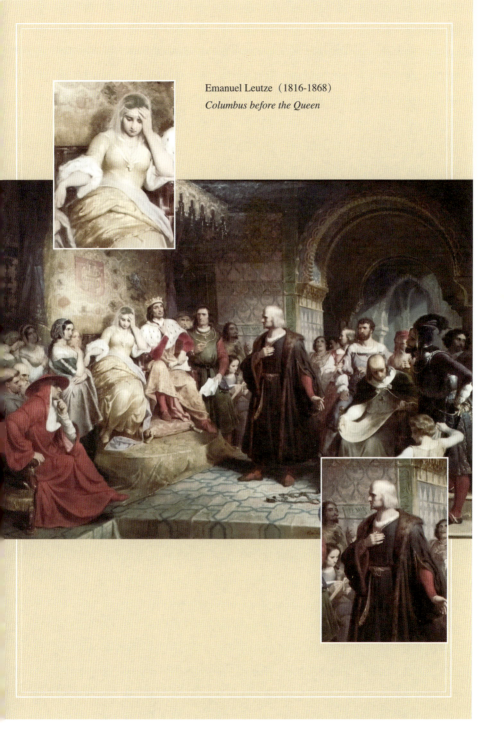

Emanuel Leutze （1816-1868）

Columbus before the Queen

值不多，但也不比你少"。男人和女人，无论是谁进入厨房或走出厨房，又有什么打紧呢？只有每个人都尽自己的本分，"你耕田来我织布，你挑水来我浇园"，互相温暖，才会使人间成为美好和谐的乐园。

我的价值不多，但也不比你少

　　说实在话，看英国电影《妇女参政论者》时颇有点儿不适应。在一般观众的潜意识里，英国电影或电视剧讲述的多是庄园里的故事，比如《傲慢与偏见》《理智与情感》，或者干脆就是《唐顿庄园》这样的。剧中的景色之美自不必说，在绿草如茵、恬淡宁静的乡村中生活的女孩儿们，似乎只需要打扮得花枝招展，吸引那些"有钱的单身汉"们的目光，就可以"从此过上幸福的生活"了。而《妇女参政论者》中展现的却是一群生活在不同境遇中的女人。她们顶着一头枯草般的头发，身着廉价破损的衣服，每天拖着疲惫的身体在昏暗的洗衣房忙碌，在狭窄脏乱的伦敦市井中穿行，居住在贫穷破败的居民区，过着没有尊严、没有希望的日子。

　　不过，就在这种迥然不同的生活场景中，不同身份地位的人们之间并非没有交集。在简·奥斯丁关于达西与伊丽莎白、布兰登上校与玛芮安小姐的这些乡村爱情故事中，似乎都离不开穷姑娘高攀高富帅的桥段，而这些姑娘的"穷"，则是源于被观众忽略了的英国当时的法律规定。在《傲慢与偏见》中，班纳特先生没有儿子，他的家产就只能由古板平庸又善于谄媚奉承的远亲柯林斯来继承，而他的女儿们则一个子也得不着。所以，班纳特太太才着急忙慌地给她的女儿们物色对象，把那些有钱的单身汉"看做自己某一位女儿理所应得的一笔财产"。而在《理智与情感》的开篇，奥斯丁就不厌其烦地介绍了亨利·达什伍德的家产继承情况，偌大的诺兰庄园要由其长子约翰·达什伍德来继承，而他现在的太太及其三个女儿却得不到财产。虽然亨利在临终前紧急交代其子要照顾好他的继母和三个妹妹，但由于约翰的冷漠无情及自私自利，在亨利刚刚去世后财产就"依法"发生了彻底的转移，玛芮安母女只能过起寄人篱下的生活。正是法律规定的限定继承权使这些女孩儿们致贫，她们的父亲爱莫能助，而她们也只能逆来顺受，任由命运的摆布。好在她们都遇到了如宾利、达西或布兰登上校这样的如意郎君，有了大团圆的结局，才使读者或观众心里多少有了些安慰。

在一百年后的 1912 年，发生在《唐顿庄园》中的故事，限定继承权导致的庄园"危机"依然在延续。格兰瑟姆伯爵因为没有儿子，他的三个女儿不能继承爵位，当然也就不能继承庄园。"泰坦尼克号"沉没后，庄园的合法继承人遇难，老伯爵夫人为了保住庄园，认为必须得改变限定继承权，"我从来没法理解为何家产只能由继承爵位的人接管"。为了"不让一个来路不明的陌生人"成为庄园的新主人，一直势如水火的伯爵夫人婆媳宁可联起手来应对。然而，身处贵族阶层的她们所能想到的也只是设法规避法律，却没有想到通过行使选举权以改变法律、改变限定继承权。甚至在比较叛逆的三小姐西珀尔偷偷参加议会选举集会后，在被问及女人该不该有自己的权利时，老伯爵夫人的观点依旧鲜明且直截了当，"她当然有权发表自己的观点，那得等到她嫁人，到时候她丈夫会告诉她该有什么观点。"而这竟然和《妇女参政论者》片头的画外音如出一辙，"女人没有冷静的性格或平衡的心理在政治上进行判断，如果我们允许女人选举，这意味着社会体系的失败。女人是以他们的父亲、兄弟、丈夫体现出他们的价值。"影片以画外音的处理手法，使观众无法确知谁在言说，其用意也正说明了它代表的是当时社会的一种普遍认识。庄园里的老伯爵夫人不希望孙女参加这样的活动，担心她会被捕，会绝食，然后会被强行灌食。笔者本以为这是编剧编出来的一个桥段，没料到却在《妇女参政论者》中得到了印证——当底层洗衣女工因参加争取妇女权利的活动被捕后，在绝食抗议时被灌食的场面，真是让人不寒而栗，毛骨悚然。

其实，在观看《妇女参政论者》时，思绪是极易扩散的。试想想，有人类以来就一直相依为命的男人和女人，为什么除了生理上的差别外，还要规定那么多人为的"男女有别"，这确实是匪夷所思的。所以，影片中那些"女权主义者"——潘克斯赫特夫人、霍顿夫人、女药剂师——会讲出很多男女应该平权的大道理，诸如妇女与男子的工作是平等的，所以与男人一样有投票的权利也应该是平等的；男女应该同工同酬；女孩儿应该和她的兄弟一样享有平等的受教育权，等等。而女主人公莫德，一个生活在底层的洗衣女工，从一个运动的看客，转变为一个战士的心路历程，或许才能说明普通女性为什么那么迫切需要去投票，为什么需要选举权。

发生在十二岁的女童工玛姬身上的性骚扰，唤醒了莫德发生在自己身上的屈辱的记忆，也促使她去参加议会的听证。机缘巧合之下，由她在下院向财政大臣劳合·乔治作证时，她只是讲述了一些客观的事实：她被绑在同为洗衣工的母亲背上长大，而她的母亲在她四岁时即因为铜缸翻倒而被烫死；她七岁成为兼职女工，十二岁成为全职，每天的工作比男人多，薪酬却不及男人的三分之二，而工作条件的恶劣导致的工伤事故和职业病总是与女工们如影随形。她的证词似乎打动了威斯敏斯特的那些立法者，却没有换来任何境遇的改变。莫德拥有一个普通的家庭，他们有着和普通人一样的小欢乐、小幸福，也有去海边度假的小愿望、小憧憬。当莫德问其丈夫桑尼，如果有个女儿，她将过什么样的生活时，桑尼漫不经心地回答"跟你一样的生活"！是的，如果不改变法律，她的女儿的命运不会改变。莫德在重复她母亲的生活，她的女儿将重复她的生活，这似乎是祖祖辈辈女人们的一种宿命。正是这种改变宿命的想法，坚定了莫德争取妇女选举权的信念，对她来说，选举权的意义就在于女人们"也许有其他的生活方式"。

对于一个女人来说，家是她心灵的栖息地；当她在外面遭受欺侮和伤害时，家也是她疗伤的港湾。在影片中，当莫德第一次被捕出狱后，想向桑尼诉说"他们是怎么对我们"时，桑尼在乎的只是周围人看他的眼神。他只关心自己受损的面子。孩子是母亲的寄托，然而，莫德对儿子乔治却没有任何权利。在社会上一向懦弱的桑尼，在家里却可以自己一个人决定将乔治交由他人领养，任凭莫德哭到撕心裂肺也无济于事。正像桑尼所言："乔治属于谁都是我说了算，这就是法律!"

这样不近情理的法律，迫使莫德积极地投身争取投票权的活动，因为"你想让我尊重法律，那就让法律变得值得尊重。""如果法律说我不能见我的儿子，我会争取改变法律。"而她们之所以成为一群类似砸橱窗、搞爆炸的行动者，正是因为她们在制定法律时没有发言权，她们的言说没有人倾听，她们的诉求没有人关注。"我们不想成为违法者，我们想成为立法者。"

正是有了像莫德这样来自社会底层的劳工妇女的觉醒和斗争，妇女的选举权才得以被承认。影片中参加听证的财政大臣劳合·乔治，因其没有支持莫德她们的诉求，被妇女们称为"说谎者"。但他在 1916 年成为英国战时首相，在 1918 年更是促成议会通过了《选举改革法》，扩大了选民范围，规定年满三十岁的某些妇女享有了与男子同等的选举权；同时通过另外一项法律，赋予妇女享有当选议员的权利。1928 年，曾经领导了"妇女社会政治同盟"参政运动的潘克赫斯特夫人去世。也就在这一年，英国国会再次改革选举法，将妇女投票的合法年龄降低为二十一岁，使妇女享有了与男子同等的选举权。

影片开始时的画外音中，曾有这样的"警告"："一旦允许他们选举，就会一发不可收拾，之后女人会要求成为国会议员、内阁大臣、法官的权利。"今天，这些女议员、女大臣、女法官早已活跃在各个领域，发挥着与男人一样出色的作用。而当女同胞们享受这些貌似天赋的权利时，不可忘记那些曾为此奋斗甚至牺牲的人们，因为权利从来不是天上掉下来的，而是要靠人们自己去争取。就像 1872 年在总统选举中投票而被捕的苏珊·安东尼女士所言：

> 我们不能再乞求立法机关或国会来施舍我们投票的权利，而是要呼吁全国的妇女行使她们被忽视了太久的"公民权"……我们还是把政府赋予权利的陈旧观念丢到一边去吧。《独立宣言》《美国宪法》以及各州的法规都说要保护人民天赋的权利。他们没有一个人想给予我们权利……今天，这个国家的一半人口完全没有权力废除不公正的法律，也没有权力制定一部新的公正的法律。女人们对这种形式的政府管理非常失望：它在没有解释的情况下征收苛捐杂税，强迫她们遵从从来没有经过她们认可的法律；在婚姻的牢笼中，它们

Paul Signac（1863-1935）

Femmes au puits

被剥夺了人格、薪水和孩子。这一半人群完全处在另一半人群的控制下。

奥斯丁时代的女性只能等待一个好男人出现在生活中，《唐顿庄园》中贵族之家的女性也只能在法律的缝隙中谋求自己利益的保障。而经过莫德们的争取，女同胞们在社会上有了发言权，对生活方式也有了更多的选择。如今，有些女权主义者还在为女性获得其他权利而奋斗着，这也自然引起了一些男士的不安与不快。其实女性的要求并不多，她们所希望的无非是被人尊重的人生。正像莫德所说，"我的价值不多，但也不比你少。"实现自己的价值，仅此而已。

防不胜防的家暴

2017年3月20日，鄂尔多斯中院对备受瞩目的女记者红梅遭家暴致死案进行了宣判，被告人金柱以故意伤害罪，被判处死刑，缓期二年执行，剥夺政治权利终身。从媒体报道出来的细节看，被告人金柱有家暴的恶习，在与被害人红梅订婚后不久即有殴打的行为，婚后的家暴更如家常便饭。红梅则因顾及面子、顾虑孩子及担心家人遭报复而选择了隐忍，终至在丈夫醉后的铁拳下丧生。这样的消息读着实在让人愤慨，法庭上的金柱虽然貌似有几分悔意，说他很想红梅，不过以他往日里的表现，相信假如红梅不死，他依旧会整日老拳相向。而选择息事宁人的红梅，却以自己生命的代价结束了她噩梦般的婚姻，着实令人唏嘘。无法想象一个终日生活在暴力恐惧中的女人为了维持这样的婚姻需要有多么强大的抗击打能力和勇气。

我国的《反家庭暴力法》是从2016年3月1日实施的，该法所指称的家庭暴力，虽是指"家庭成员之间"以殴打、捆绑、残害、限制人身自由以及经常性谩骂、恐吓等方式实施的身体、精神等侵害行为，不过，在现实生活中，家庭暴力的受害者则主要表现为女性、儿童和老人，而尤以夫妻关系中女性为受害者居多。

有些妇女因长期遭受家暴，在不堪忍受的情况下，只能选择以杀夫的极端方式"以暴制暴"，求得最终解决。比如 2015 年发生在云南省武定县的张殿如杀夫案，即是由于凶犯遭受其丈夫持久、频繁的殴打、侮辱和谩骂却又求告无门所致。在此期间，张殿如也曾寻求合法的救济：她曾报警求助，而警察只是让她住到旅社躲避，却未对其丈夫进行惩处，有时警察还会以属于家务事为由而不出警；她也曾向妇联寻求帮助，妇联也只负责调和矛盾，若离婚就建议她"去法院"；她向娘家人求救，却又被劝说要"忍一忍"；当她鼓起勇气想要离婚时，却又担心自己没钱，打不起官司，也不知道该怎么向法院起诉。她挨打的时候，偶尔也会反抗，结果是招致更为残酷的毒打。"走投无路"描述的大概就是张殿如的这种境遇。在"避无可避，忍无可忍"的情况下，她终于将熟睡中的丈夫杀死，将她自己及家人推进万丈深渊。

曾几何时，家庭二字让人想到的是爱情、呵护、扶持、守望、相濡以沫等这些温暖的词，而在女记者红梅和农妇张殿如这里，却变成了"你死我活"的战场，这不能不让人思考解决家暴问题的出路到底在哪里？

在我国古代，虽没有"家庭暴力"的说法，却有关于"夫妻相犯"的情形。在"夫为妻纲"这样的大原则下，夫妻之间的不平等是天经地义的，丈夫对妻子的虐待虽有一定的法律规制，许多时候却由民间自行处理。据钱泳宏博士《清代"家庭暴力"研究：夫妻相犯的法律》一书介绍，清律赋予丈夫对妻子最大限度内的权利。"对于夫犯妻，除非涉及人命、贞节或造成重大伤害，官府一般不予理会"，只有"当夫对妻做出卖休、典雇、抑勒与人通奸、有妻更娶、杀妻等行为时"，清律才给予夫以相应的惩处。而在现实生活中，面对丈夫的种种虐待，妻子要么默默地顺从忍受，要么进行反抗"以暴制暴"，要么选择自尽。无论何种情形，均以付出惨烈代价而告终。对那些"顺从"者的鼓励，则是在她们死后编入"列女传"，作为女性学习的榜样。以这些结局来看，当代的红梅和张殿如，并未走出前清女性悲剧的轮回。

事实上，即便是在早已全面实现现代化的美国，女性也经常是家暴的受害者，美国女性的境遇也好不到哪儿去。在《二十世纪美国法律史》中，劳伦斯·弗里德曼教授曾介绍了二十世纪七十年代女性运动兴起时家庭暴力问题的严重程度。他说，虽然在每个州，殴打妻子都属于犯罪（殴打任何人都是犯罪），但警察通常对介入家庭事务都很勉强。许多死于家暴的女性在受到醉酒或发怒的丈夫或男友一连串可怕的虐待后，虽会一再打电话报警，然而，警察或者选择不介入，或者只是敷衍了事，只有到了紧要关头才可能干预。而所谓的"紧要关头"，就是一些警局所奉行的"缝针规则"：只有在女方受伤的伤口严重到必须缝针时，丈夫才会被逮捕，否则，警察来了也只是说几句"别再打架了"，或者只是让当事人冷静下来而已。不过，"被虐待妇女"成为一项抗辩理由的法律改革，对女性在遭受虐待后其权益的保护多少还是有益的。弗里德曼认为女性并不经常犯下谋杀罪，如果她们真正动手杀了人，通常是因为她们觉得自己处于被虐待而且无望的状态之下。有些妇女主张，她们在丈夫或情人熟睡时枪杀了他的行为只是属于一种"正当防卫"，而陪审团也相信"死者在熟睡的时候，不过是一段持续性暴力的短暂间隙"，法官也对杀夫女性抱有同情。虽也有人质疑受虐妇女"为什么不逃跑"，法院的解释更能还原受虐妇女的处境，因为"她们不敢逃跑，也没有地方可逃，没有地方可以躲避暴力和暴怒……"

我们看到，无论是清朝的妇女还是二十世纪美国的女性，无论是内蒙古的女记者还是云南的农家妇女，在面对家暴时，竟是一种穿越了时空般"无处可逃"和"你死我活"的惨烈。古今中外都有法律对家庭暴力进行预防和规制，却又都因其执行乏力而形同虚设。本来在家庭这一领地中，人们需要保有更多的隐私。爱或如何爱，其实都是很私人的事情，并不希望也不愿意有外来人的干扰。然而也正是这种私密性，使得家暴本身也具有了私密的性质，家庭成员尤其是夫妻之间的身份，决定了必须"亲密无间"地"朝夕相处"，这也就使得家暴变得防不胜防。在我国实施的《反家庭暴力法》中，"人身安全保护令"的申请适用被称为一个亮点，但其实效却并不如人们所预期那样明显。要破解家暴频发这一难题，仍需从多方面着手。组成每个家庭的人具有不同的品行和性格，滥施家暴者显然存在人格缺陷，对这样的人在法律干预的同时进行心理的干预，或许才有可能遏制其家暴倾向故态复萌。但愿世界上少一些红梅或张殿如这样让人心惊肉跳的悲剧，毕竟家庭应该是人们心灵休憩和互相温暖的港湾，而不应成为男女双方比拼体力的竞技场。

Max Švabinský（1873-1962）
The Poor Country

"三八妇女节"里的遐思

大凡有节日可过的人群，一般来说都是社会上的弱势群体，譬如说到现在农村的留守人员，我们会戏谑地称其为"三八六一九九部队"，这组数字由妇女、儿童和老人三个"庞大"人群的节日组成。因某一特殊的身份，在某一个特殊的日子里被人们普惠性地想起，这大概就是过节的意义吧。当然，有时候也会有些相应的"福利"。比如"三八妇女节"，基本上每个单位多少都会给女职工发点儿纪念品，有的还会举办一些女职工参加的文体活动，看场电影，甚或放半天假，让她们在工作日里有逛街的机会。

相较而言，生活在今天的女性，其社会地位确乎是提高了不少。女人除了充当传统的妻子与母亲的角色外，她们的身影还活跃在几乎所有的领域，从事的职业范围也几乎和男性一样宽广，从收银员到航天员，从园丁到教授，从清洁工到科学家，应有尽有。而在权利方面，无论是选举权、被选举权一类的"公权"，还是财产权、继承权一类的"私权"，也与男性一样平等。曾经因性别而横亘于男女之间的沟壑，至少在制度与法律的层面已被填平，这也是时代进步的一个面向吧。

而所有这些变化，对于一百多年前的祖辈来说是不可想象的。晚清时候，绝大多数的女孩子要把脚缠裹成三寸金莲的模样以取悦男人，那长长的裹脚布则浸透了她们的泪水；女子要谨遵"三从四德"的古训，无论你有怎样的才情，也只能勉做闺中乐趣；中国古代有漫长的科举取士历史，它以"至公如权衡"的公平性，使"天下英雄尽入吾彀中"，却将占人口一半的女子排除在外，即便你有经国济世之才，也只能尽相夫教子的职分。在今天有女权情结的人看来完全不可忍受的情形，居然能延续如此久远，这实在是不可思议。

其实，这种对女性角色的固化与歧视，不独古代中国如此，即便是在近现代启蒙运动较早开展的西方国家亦不例外。在今天的西方国家中，有女总理、女首相、女部长、女教授、女法官、女律师等，女人们在各个领域各领风骚，几乎占据了职场的半壁江山。这在一百多年前仿佛天方夜谭。美国当代著名历史学家、耶鲁大学教授弗兰克·特纳尝言，在十九世纪，当生活的诸多领域里自由大张其势的启蒙时代，"不少人在其他社会群体中推进自由行动的思想，实际上却反对妇女在私人生活和公共生活中取得自由"。

卢梭就是这样一个典型。特纳教授认为，卢梭在他那个时代及之后两代人的心目中，都是一个离经叛道的人，他以不同的方式挑战了旧制度文化的思想和道德预设。然而，在社会性别领域及其活动方面，卢梭却给妇女的社会地位设了重重限制，并且由于他是文化和政治的激进分子，以至于他对女性加以限制的立场，还让其他男性激进分子认为在他们改造世界时，无需根本性地改变妇女的社会政治地位。在《爱弥儿：论教育》中，卢梭认为在男人和女人的关系中，"女人天生地就是要取悦男人"。既然如此，对于女性的整个教育就"应该围绕着男人。取悦于男人，对男人有用，让她得到男人的喜爱和尊重，男人小的时候予以抚养，男人长大了予以关心，劝勉他们，安慰他们，使他的生活惬意而甜蜜——这就是女人恒时的责任，他们应从小就受到这样的教育。"作为启蒙运动的倡导者，卢梭在赞美理性的同时，却又认为"女人无法胜任健全思考和抽象理性"。他要求女人要一直待在家里，因为那是"女人的帝国"，而且断言"一个过于聪明的妻子，对于她的丈夫、她的孩子、她的朋友、她的佣人及所有人都是一场瘟疫。"这些出自启蒙大师笔下的话语，简直是中国古代"女子无才便是德"的翻版。由于卢梭的激进主义影响力，还使后继的思想家们也将共和国公民的世界视为男人的世界，而把锅碗瓢盆、宜家宜室作为女人的世界。

卢梭之后的世界风云激荡，权利思想高歌猛进，但这一切却与女性无缘。法国大革命中普遍的平等理念并没有惠及女性，在1794年，妇女参加政治组织的权利还被取消。在十九世纪前半期，欧洲没有向女性开放的大学。十九世纪六十年代，苏黎世大学首开先河。随后，伦敦大学于 1878 年、索邦大学于 1880 年陆续允许女性学习知识，进入职业生涯，而普鲁士的大学直到 1900 年才走出这一步。即便如此，各学校招生的数量都很少，而向女性开放的职业也只有小学教师，因为"这是与她们在人们心中作为母亲的天性最接近的职业"。

一般认为，十九世纪后半期已是科学昌明的时代，但那时的生物学和医学思想都维系了女性比男性低劣的观念。达尔文作为社会进化论者，支持的却是对女性的传统观念，他那位著名的拥护者赫胥黎则声称女人劣于男人；孔德、斯宾塞、涂尔干这三位社会学的开创之父，把女性看成主要依靠感觉的生物，认为只有当她们做妻子、母亲时，才是最适得其所的；心理分析师们信奉弗洛伊德的各种理论，认为女性的天性和宿命就是做妻子和母亲。正像特纳教授所言，从卢梭到弗洛伊德，整个世纪的思想进步洪流中，几乎所有的思想家都拒绝把他们的自由进步观念延伸到妇女问题上，两性领域间的壁垒依然如故。

进步的思想界如此，一向以保守现有秩序为第一要义的法律领域更是如此。十九世纪的大清律例自不必说，其维护的依然是夫为妻纲的礼教伦常；而同一时期的西方法律制度在这方面也没什么进步可言。被拿破仑十分看重且对欧洲乃至整个世界都产生了广泛影响的《法国民法典》，确立的是国内法及婚姻家庭法所有领域中男性的优势地位。作为判例法国家的美国，在十九世纪

O. Louis Guglielmi （1906-1956）

The River

六十年代的家暴案件中，法官对施暴的丈夫给予十二分的宽容，其理由竟是"妻子必须服从丈夫。每个男人都必须统治他的家庭"，因此，"法律授权丈夫使用必要的强力使妻子安分守己"。

进入二十世纪后，我们看到女性在理论上和法律上都逐步取得了和男子平等的权利，女子可以走出家庭接受教育，自谋生计，管理处分自己的财产，通过选举参政议政，担任政府或企业要职，而这些进步，则得益于无数人不懈的努力和争取。在现实中，我们有时还能感受到性别歧视的存在和对女性智力能力的质疑，毕竟，与漫长的男权社会相比，两性平权的历史要短得多。制度的建构易，文化的改造难，要真正实现女性地位的提高，仅有一个妇女的节日是不够的，它还需要男女双方去除芥蒂后的精诚合作。只有这样，才能使既属于男人又属于女人的这个世界变得更加和谐美好。

新时代的女人怎样做女人

这几年，女德的话题一再被人提起，似乎突然之间，女人们都不知道该如何做女人了，需要一些所谓的"知书达礼"之人教导一番。于是，一些号称肩负弘扬传统文化之职的女德馆开班授徒，还有被冠以传统文化研究学者的"公益讲师"到大学里宣讲所谓的女德。不过，看看他们所传授的内容，无非是如何旺夫旺家的指南，要不就是当家庭出现矛盾时，坚持"打不还手，骂不还口，逆来顺受，坚决不离"的"原则"——当遭受家暴时要隐忍，因为"打打更健康"——甚至还有"女子点外卖不刷碗就是不守妇道"奇谈怪论。另外，网络上居然有为了"恢复传统、学习女德"而给小女生缠足的图片，虽然疑似炒作，真假难辨，不过出现这样的消息还是让人震惊。总而言之，在这一片女德的传教和传诵声中，弥漫的是挥之不去、令人作呕的酸腐气息。

不错，中国古代对妇女确有三从四德的要求，无论是在家庭中，还是在社会上，女性都不具有独立的人格，"未嫁从父，既嫁从夫，夫死从子"，一生都要在妇德、妇言、妇容、妇功等方面加强自身的修养。即便如此，随时还有可能因"无子、不事舅姑、淫佚、妒忌、口多言、盗窃、恶疾"中的任何一项而遭遇被休弃的厄运（即古代的"七出"）。著名的东汉乐府诗中刘兰芝被逐及至最终"举身赴清池"，就是这种悲剧的真实写照。除了人格上的低贱及精神上的摧残外，至少从宋代开始，女性还要承受缠足的陋习——女孩子健康的正常发育的双脚被缠裹成三寸大的小脚，因走路不稳而显得"婀娜多姿"。尽管美其名曰"步步金莲"，却掩盖不了将四个脚趾压在脚底致其骨折的事实，说古代缠足将女性摧残为残疾人，一点儿也不过分。而且缠足绝不仅仅是女孩儿初缠之日的痛苦、哭喊和泪水，它还是一种终其一生无止无休的过程，正像美国学者高彦颐在《缠足》一书中所提到的，它是"此后悠悠岁月里，对于双脚一天也不得松懈的辛勤保养和照护"。而且只有脚缠得小的女孩儿，才有可能赢得较好的婚姻，因为媒人和男方所关心的不是她的相貌，而是她脚的大小，"平凡的脸是老天给的，但绑得差的小脚则是懒惰的迹象"。女人的双足就这样被硬生生地毁损，使她们无法走出户外从事正常的生产，只能在"深深庭院"中做着相夫教子等"主内"的事。身体被禁锢的女子，只好"三从"，也正好修养"四德"，她们无从施展自己的才能，也无法实现自己的社会价值。这样的"女德"确乎可怕，为了一些说不清道不明的"审美"抑或是"把玩"等原因，竟将占人口一半的女性的脚故意弄残，这种残忍简直匪夷所思。

女子双足的"解缚"实际上是女子"解放"的起点，而这一过程也并非坦途。在晚清时期，清廷就曾颁布诏令，禁止妇女缠足，但收效甚微。民国初期，孙中山曾发布"劝禁缠足令"，列举缠足给女性造成的痛苦及危害。"缠足一事，残毁肢体，阻阂血脉，害虽加于一人，病实施于子孙……因缠足之故，动作竭蹶，深居简出，教育莫施，世事罔问，遑能独立谋生，共服世务？以上二者，特其大端，若他弊害，更仆难数。"所以，民国肇建，"此等恶俗，尤宜先事革除，以培国本。"由于缠足之事多自幼女始，所以该禁令的主要对象是家长，"其有故违禁令者，予其家长以相当之罚。"不惟如此，官方和民间还成立了天足会或反缠足会。不过，要想铲除这一古老的陋俗或恶俗，绝非易事，即便人们早已认识到了缠足的危害，而且还要冒着因缠足而被定罪的风险，但劝禁令依然遭到了或明或暗的抵制。曾经深受其苦的母亲们，还在继续给女儿缠足，而成年女性还会想方设法躲避政府派来的"查脚队"，或者当"查脚员"一离开，就又缠起脚来。生活在大城市的女性尚且如此，那些一辈子都未曾走出过大山的目不识丁的农村妇女，就更不用说了。在二十一世纪初，一些地方偶尔还能看到小脚老太太。直到1999年11月份，位于哈尔滨的最后一座专为缠足妇女制鞋的鞋厂才停止了最后一道生产线，因为随着小脚女性的逐渐离世，"莲鞋"也最终走进了博物馆，走进了历史。女性身体的解缚实乃"步步惊心"，步步心酸。

　　与"劝禁缠足"这一身体解放同时进行的，是赋予女性与男性一系列平等的权利。比如，奖励女学，女子可以与男子一样上学堂，享有受教育权；在家庭中，女儿和儿子一样享有平等的财产继承权；女性可以从事各种社会工作，并要求给予同工同酬待遇。不过，纸上的权利并不会自动变为现实，即便在男女平等早已成为一种政治正确的话语的今天，在人们思想观念的深处，女性的地位依然遭遇着各种质疑和挑战。尽管在分数面前人人平等的前提下，女性在各种考试中脱颖而出，但背后总有些不以为然的论调，"女人只是会考试而已，至于能力嘛……"在招聘中的性别歧视，虽已不再那么明目张胆，但各种高门槛却还是隐约可见。女人要和男人一样在社会上打拼，可当她回归家庭的时候，依然还要符合贤妻良母的框范，因为"上得厅堂，下得厨房"是现代女性的标配。如果你运气太差，遇人不淑，遭遇家暴又会成为家常便饭。在这时候，居然有人出来教你如何做一个旺夫旺家、恪守妇道、持守女德的驯顺女人，真让人不知今夕何夕了。

如果要讲新时代的女德，也应该告诉她们，女人可以小鸟依人，但一定要经济独立，能养活自己。女人要爱自己的家人，却也不能活得没了自己，因为家庭是相互温暖的地方，女人也有被爱的权利，而不仅仅做一个送温暖的人。女人要成就自己的事业，却不必刻意地去做女强人，因为女人更应着意生活的品质，而事业或职业只是生活中的一部分而已。新时代的女德应该是独立、自尊、达观、优雅，而配得上这份"女德"的"男德"应该是担当、责任、尊重、包容、关爱。

那些在讲台上信口开河的女德教主，有没有想过自己抛头露面口若悬河的行为，其实也不符合古代大门不出二门不迈的女德要求？而网络上那些难辨真假的缠足狂人也赶快收手吧，你自残尚可，倘若是在自己的女儿或"弟子"脚上"动手"的话，那可就不再是弘扬传统，而是典型的故意伤害，离获罪也不远了。在教别人如何做女人的时候，先环顾四周，看看时代背景，这还是很有必要的。

Winslow Homer（1836-1910）
The Dinner Horn

远去的"江村"风景

何为"中国司法的精神"

民间习惯与公序良俗

往日不再来

如何"古为今用"?

为"争讼"正名

乡土社会契约的订立与履行

情法兼顾之两难

从身份到契约:我们准备好了吗?

强扭的瓜是苦的

彩礼啥的,政府就别管了

"随份子"之礼尚往来

远去的
"江村"风景

远去的

"江村"风景

陈抱一（1893–1945）
《香港码头》

远去的"江村"风景

在给学生开列的参考书目中，费孝通先生的《乡土中国》与《江村经济》，总是排在前列。费先生的书告诉我们，中国传统司法是在"熟人社会"场域中运行的。在《乡土中国》中，费先生所提炼出来的乡土本色、差序格局、礼治秩序与无讼诉求，生成于熟人社会中，而熟人社会的感性场景，则可以在一个叫"江村"的地方得到映现。"江村"是费先生在《江村经济》中实地考察过的太湖东南岸的开弦弓村，也是他写作《乡土中国》的模本。如果说《江村经济》是一部介绍江村人日常生活的黑白幻灯片，那么《乡土中国》就是贯穿其间、引人入胜的优美解说词。熟人社会中民众的交往方式，乡村秩序的培植与维护，乡民间的纠纷式样及解决机制，无不与每日里不断重复同时又在悄然变迁的生活方式及人际关系密切相关。这种"生活"，是各种规则赖以产生和运作最为直接和真实的场景。

费孝通先生对开弦弓村调查的时间是在 1936 年的 7 到 8 月间。这个时期，南京国民政府的六法体系已规模初具，最让时人深感自豪和颇得后人赞赏的《中华民国民法》也开始规范人们的日常生活。费孝通先生进行调查时的"江村""正经历着一个巨大的变迁过程"。国民政府在社会上推行的"法治",运作于江村这样的熟人社会时,遭遇到了无形却巨大的阻力。

现代工商社会的魅力和活力,在于其最大限度地增强了陌生人之间的商品交换。当然,由于人们之间互不了解,也就增加了交易过程的风险,"各人不知道各人的底细,所以得讲个明白;还要怕口说无凭,画个押,签个字。这样才发生法律。"于是,协议、契约、合同、字据也就进入了寻常百姓家。不过,在乡土社会里,人们由于熟悉而得到信任,这些凭据都是多余的。"我们大家是熟人,打个招呼就是了,还用得着说么?"这样的日常会话,即便是早已走出乡土、生活在今天的现代人,也会隔三差五地演练一回,更何况传统社会的乡民?因此,"乡土社会的信用并不是对契约的重视,而是发生于对一种行为的规矩熟悉到不假思索时的可靠性。"费先生笔下的"江村",就是这样一个无需字据也无需法律的熟人社会。

生活在江村的人们,日出而作,日入而息,日子在一种恬淡和静谧的氛围中展开,无波无澜。在这种单调、重复的生活方式中,每天面对同样的人,做没有什么变化的事,形成了较为简单的人际关系,由此而生成的交往规则也就便捷、实用,在这样的场景中,法律规则似乎是多余的,没有必要。即便有纠纷发生,也以在乡土社会中熟人之间的简单、便捷、无需法律出场为准则,或者以"约定"或"俗成"的习惯做法自行处置,或者靠第三方的调解解决。在乡土社会中生活的人，由于熟悉各种传统规则，并把这些规则化成了内在的习惯，所以人们不用问理由，理所当然地就认为应该加以遵守。遇到纠纷时，人们也一般不会去打官司，而是由乡村里的"长老"等权威进行调解。调解"其实是一种教育过程"，长老在"评理"中可能会把双方都骂一通，依着他认为是"应当"的进行处理，最后的结果则是双方时常就"和解"了。在这个过程中，无须交纳诉讼费，不需要请律师，也没必要拿证据来证明自己——没有签字、画押的"习惯"，实际上也就没有什么书面证据可以拿出来——事情就得到圆满的解决。在"疙瘩"解开后，大家还可以将此后的日子心平气和地过下去，唯一要付出的"代价"，也许只是长老要"罚"他们请吃一次饭！而这些年高德劭者的评理结果，比在律师和法官参与下的裁断更能令人信服。"两造同系生活于同一社会传统之下而彼此系属相识者"的"熟人社会"这一点，正是调解"成功"的关键要件。

阅读费孝通先生的《江村经济》，无疑会让人油然而生一种亲切感，那个类似于江村的场域，包括弥漫于其上的空气，都是我们所熟悉的，这是我们整个民族的共同记忆，是我们心头挥之不去的一缕乡愁。不过，无论这种生活怎样地富有诗意，我们还是要回到现实中来，直面这样一个问题，那就是在我们面前所描摹的这幅芬芳四溢、简单素朴、温情脉脉、人与人之间浑然天成的村居生活，是不是可欲的？或者说我们愿不愿、能不能再回到这样一个时代？熟人社会，是否只是一道迷人但已逐渐远去的风景？

实际上，就在费孝通先生写作这本书的时候，那种迫人的变革已经开始，他也感受到江村那种基于人与人的熟习而培植和维护的乡村秩序的规则已经不敷适用，"在我们社会的急速变迁中，从乡土社会进入现代社会的过程中，我们在乡土社会中所养成的生活方式处处产生了流弊。陌生人所组成的现代社会是无法用乡土社会的习俗来应付的。"那种看似便捷而经济的生活方式，所要求的是一个甚少变化的场域，"乡土社会是安土重迁的，生于斯、长于斯、死于斯的社会。不但是人口流动很小，而且人们所取给资源的土地也很少变动。"在这样一个封闭而比较单一的社会中，养成了对新成员、新合伙人和新生活方式的排斥，这种排斥既可能是心理上的，也可能是生意上的，它固化和简化了人们的生活需求，限制和堵塞了财富增值的其他路径，其结果自然是普遍的不富裕甚至是均一化的贫穷。

在当下的中国，随着城镇化的推进和人们观念的转变，一方面，农村的空心化现象越来越普遍，像媒体曾报道的陕西的"两个人的村庄"虽有些夸张和极端，却也勾勒出了由传统熟人社会向现代陌生人社会转换的大致轨迹；另一方面是大量农村人口的迁徙，他们暂居或定居在许多类似"江村"的城镇，生活在同一

Edvard Munch（1863-1944)

History

社区，虽然"鸡犬之声相闻"，却是"老死不相往来"。在这个由陌生人组成的快速变迁的社会里，人们的交往规则和纠纷解决模式也必然发生改变，它需要法律的在场，以增加陌生人之间交易的可能和安全。毫无疑问，这也是当下亟需推进法治的理由之一。

毫无疑问，我们熟悉的无数个"江村"正在远去。不过，无论在"两个人的村庄"，还是在繁华的都市，我们还会时不时地找到熟人社会的影子。正像我们经常会回眸逝去的童年一样，重情、重义、修德、守信，致力于生活的和谐与绵续，依然是我们这个民族共同的怀想。

何为"中国司法的精神"

在外国人写的论著中，对中国古代司法持首肯态度的不多。这也难怪，中国古代的司法官员，虽也有包拯、海瑞这样的清官形象，更多却是像《窦娥冤》中楚州知府梼杌那样的庸官、昏官或贪官，以"捶楚之下，何求而不得"的酷虐，将无辜之人屈打成招，炼成举世罕见的冤狱。至于被称为东方神话或"东方法治经验"的调解，似乎也摆脱不了"和稀泥"的恶名，被认为不分对错，不辨是非，以一种对权利和正义的牺牲，来成就一个貌似稳定和谐的社会。其实，不用说奉法治为神圣的西方人会有这种见解，即便是生活在当下的中国法律人，持这一看法者也不在少数。这很容易产生一种"事事不如人"的感觉，有时候也会感慨，我们的祖先怎么那么"愚"，为什么就弄不出一套能与西方陪审制或辩护制相媲美的东西呢！

事实上，不同的生态文明决定不同的生活方式，而不同的生活方式又会对争端解决方式起决定性的作用。明乎此，我们才会对"自己的一套"进行冷静的考察，这正如对"别人那一套"应取的态度一样。而且，如果阅读范围够广泛的话，不难发现，外国人对我们的司法制度也曾经有过"欣赏"，这就是美国现实主义法学家、事实怀疑论的代表人物弗兰克。在《初审法院：美国司法中的神话与现实》一书中，弗兰克对影响初审法官作出判决的诸种因素进行了分析，使人们不得不重视"初审"这一可能影响人们的生命和财产安全的司法过程。作为对美国司法事务处理方式的矫正，弗兰克提到了"强调案件的个别化"的两种文明，一种是古希腊文明，另一种就是我们的中华文明。

谈到中国的法律制度，弗兰克说："在中国，由于受到孔子的显著影响，诉讼总的来说被认为在本质上是不道德的，争议的当事人应当在法庭之外通过协商或调解来解决纠纷。如果一宗案件被提交到法院，法官首先必须尽力地促成案件的公正解决。如果这种努力失败，那么法官在庭审证据之后，必须追求一种公正的、合乎伦理道德的结果，法律规则的运用仅仅是作为一种一般性的指导，他必须根据案件的具体情况来做出判决。"他认为，"中国的司法活动曾经有过很多缺陷，然而，绝大多数研究者认为，总的来说，它的法律制度至少与我们的法律制度一样运作良好。"

弗兰克解释他之所以形成这种认识，"不仅以阅读已经出版的书籍和论文为基础，而且还以一些讨论为基础，讨论的对象是我的一些在耶鲁大学法学院的中国学生，其中的一个学生还在中国做过几年初审法官。"弗兰克的这本书出版于1949年，他提到的做过几年初审法官的中国学生，我们可以断定属于南京国民政府时期的法官，属于"去古中国不远"的时代。

作为法官、法学家的弗兰克，其著作中多处引用我国著名文学家林语堂的观点和看法，认为"在我们（美国）的法院中，有必要自觉地意识到'对个性的虔诚'"，而这种"虔诚"似乎体现着"中国司法的精神"，从事初审法院的审判工作，则需要体现这种精神的"一种诗人的洞察力"，即"一种对场景的综合性理解"。

弗兰克在这里所称许的"对个性的虔诚""一种对场景的综合性理解"，其实就是我们司法传统中一直存在着的对"国法"与"人情"的兼顾与交融，据此所做出的裁判，或许不符合我们今天的正义观，但在当时却不仅"胜败皆服"，而且产生了良好的社会效果。这可以从康熙雍正时期的官员蓝鼎元在其著名的《鹿州公案》中记录的一起兄弟争田案加以佐证。

平民陈智有两个儿子，长子阿明，次子阿定。陈智死后，阿明和阿定为七亩田产闹到了官衙。阿明展示了其父亲笔手书的"百年之后田产归长孙"的"遗嘱"（这应属于我们今天所说的书证）；阿定则找来证人，证明其父临终时有田产归他的"临终口头遗嘱"（此应属于证人证言）。蓝官人并不审查这些"证据"的真实性和有效性，而是说兄弟二人之所以闹到这步田地，责任在其父陈智，既然他死前没说清楚，那就只好开棺问询了。兄弟二人没料到蓝官人的这一手，顿觉惊慌失措，无地自容。蓝官人继续训斥，说田产比起兄弟亲情，实在是区区小事，为避免将来两兄弟各自的两儿子效仿，于是"判决"将阿明的次子和阿定的长子送人。兄弟二人一听，连忙表示"小民知罪"，并且开始互让田产。面对如此结果，蓝官人却又说怕他们各自的妻子不同意，让回去商量了再说。第二天，阿明妻子郭氏和阿定妻子林氏，邀请族人头领到官府要求和解，兄弟二人表示不再争产，且愿意把田产捐给佛庙寺院。蓝官人又骂俩兄弟为"不孝子"，最后判决田产作为祭奠父亲的资产，兄弟二人轮流收租祭祀，子子孙孙不得再起争端。最后当事人等"当堂七八拜致谢而去，兄弟姒娌相亲相爱，民间遂有言礼让者矣。"

对于这个案子的结局，蓝官人颇为得意，总结"心得"的时候，他说如按一般的审断方法，二人各打三十大板，将田地二一添作五，半儿劈分开，三两句话了断即可。现在费了不少口舌，苦口婆心，却收到了良好的效果，"此时兄弟姒娌友恭亲爱，岂三代以下风俗哉。必如是，吏治乃成循良。"

蓝官人这种不是"机械"地适用法律，而是对兄弟二人"晓之以理，动之以情、威之以刑"的做法，解决了纠纷，维护了家庭的和睦，既无违法理又顺乎人情，体现了父母官"司法为民"的情怀。这种司法观，在现代社会虽已式微，但并未消失，这也是为什么在司法实践中，一些符合"法律"却有悖"情理"的判决，会遭到百姓"恶评"的原因。最近有关"河南大学生掏鸟获刑十年半"的判决，就在法律界的"依法"与民众的"徇情"之争中歧义频出。新闻媒体的报道虽有标题党吸引眼球之嫌，不过，对法学者及实务界人士的"依法"解析，民众却并不怎么买账，认为即便有法律的规定，法官也尽可行使自己的自由裁量权，在衡平各种利益和价值后，依情理做出判决。法官不应只是一部适用法律的机器，而应个性化地解决纠纷，这才符合弗兰克所谓的"中国司法的精神"。

弗兰克对中国司法精神的解读是否精当或可存疑，但却可以用来强化我们的"法律文化自信"，也提醒我们当下司法改革的设计者们，应更切实地与中国本土法治环境的地气相接，以免上演南橘北枳的故事。

民间习惯与公序良俗

在 2020 年 5 月全国人大通过的《中华人民共和国民法典》中，第十条规定："处理民事纠纷，应当依照法律；法律没有规定的，可以适用习惯，但是不得违背公序良俗。"这确立了民间习惯作为解决民事纠纷的法源地位。不过，到底哪些"习惯"有利于维护"公共秩序"，哪些习惯属于"善良风俗"，却并不是那么明朗，这就需要法官在司法实践中进行自我判断，自由裁量。由于"十里不同风，百里不同俗"，民间习惯的地域化特征，决定了法官在适用习惯进行裁判时，会出现类似的案件不能类似处理的情形。因此，我们在解读《民法典》意义的同时，也需关注对民间习惯是否"公序良俗"的了解和认同问题。

民间习惯的产生和形成，像陈年美酒一样，需要时间去沉淀，也需要与其相宜的社会条件。身处二十一世纪的我们，在文化上却摆脱不了乡土中国熟人社会中人情关系的基因，它决定了人们的思维定式和行为方式，而只有尊重固有民情民俗的法律，才会在现实生活中得到人们的自觉遵守。事实上，从清末以来我们移植西方法律制度起，有关法律与民间习惯之间的关系及由此而兴起的对民商事习惯的调查，就一直是立法者所措意的事情，并且还形成了可供我们参考借鉴的文本。

费孝通先生把古中国描述为"乡土中国"，他认为，富于地方性特色的乡土社会，是一个熟人社会，"从熟悉里得来的认识是个别的，并不是抽象的普遍原则。在熟悉的环境里生长的人，不需要这种原则，他只要在接触所及的范围之中知道从手段到目的间的个别关联。"生活在这种社会中的人与人之间的关系，主要靠依赖于自发地生长于其间、为大多数成员所认可并熟知的个殊性较强的礼俗习惯来调整，换言之，民间规范的调整是一种常态。在安土重迁的乡土社会中，对礼俗习惯的遵守，为人们之间的行为提供了一个情理兼具的预期，反过来，这种预期又促进了人们遵循礼俗习惯的自觉性。因此，在传统社会中，那些与民众日常生活休戚相关的"户婚、田土、钱债"等"细故"，就主要依靠民间习惯来调整，它们自发地生成，又被自然地适用。由于其深植于民众生活中，不仅为乡土的民众所熟知和遵守，也为官方所认可，而且还是地方官处理纠纷的依据，所以能有效地发挥控制社会的效能。

不过，这种"民从私约"的状况随着晚清时期的法律"现代化"而终结。彼时的社会精英，多认为编纂法典为实现国家富强的基础，同时也认识到"一国之法律，必合乎一国之民情风俗"，尤其认为民商法的修订"皆当广为调查各省民情风俗所习为故常"，由此也开始了全国性的民商事习惯调查，以期制定出来的民律能成为"最适宜中国民情之法则"。嗣后清廷的覆亡与北洋政府时期的动荡，虽使民商事习惯的调查只能断断续续地进行，所幸从未中断过，所以在南京国民政府建立后，才会有其司法行政部对《民事习惯调查报告录》的编辑出版。在《中华民国民法》的第一条即讲到其"法源"的问题，"民事，法律所未规定者，依习惯，无习惯者，依法理。"紧接着的第二条规定了适用习惯之限制，也即"民事所适用之习惯，以不背于公共秩序或善良风俗者为限。"从文字表达上看，这与我们的《民法典》差别不大，不过由于它有《民事习惯调查报告录》做后盾，这就使法官对各地习惯有了一个综合性的了解，且由于报告录中有对某习惯的简单评价，法官在"公共秩序"与"善良风俗"的判断上也就不再盲目，而是有所依循。

当笔者翻检厚厚的两册《民事习惯调查报告录》时，很惊喜地发现自己家乡在祖辈们生活时代各种有意思的习惯，那是一种相当奇妙的超乎血脉的连结。笔者的老家是山西汾阳，就是那个"牧童遥指杏花村"的出产汾酒的地方。"报告录"中记载的当时汾阳县的"物权"方面的习惯之一，是"典业随带老契"，意思是"出典不动产，除立典契交付典主外，并须将该产原契随带交付典户收执。"在按语中说明了"此项习惯系据汾阳县知事牛葆忱、承审员张问明报告，与本会第一期报告内载太原县典产习惯大致相同"。随后还有对该习惯的分析，认为"典业必须随带原契，无非预防一产两典，而积时既久，往往有典户隐匿典契，捏立卖契，致成争讼，原业主反一无凭证，殊非两全善法。"这一为防"一产两典"而形成的由典户收执原契的习惯，又造成了典户用原契买卖典产致原业主无从主张自己权益的局面，这自然不利于典卖市场秩序的维护。在"债权"方面的习惯中，有"父债子还，子债父不问"一条，具体内容为"债务人死亡，债权人可向其子求偿，惟债务人之父则不负代子还债之责任。"该条的按语中只是介绍"此习惯系根据汾阳县知事牛葆忱、承审员张传敏报告"，并没有对该习惯良善与否的评价，可想而知，当民间借贷出现这两种情形时，法官即可据此做出判决。比较有意思的是一项亲属继承方面的"遮羞钱"习惯，即"男女离婚者，其原因不论由何方构成，均须由男家酌给女家钱财，名曰'遮羞钱'。"该习惯的按语表明了调查者的态度，"离婚原因如由夫构成时，给女以赔偿费，或慰抚费，于情于理，尚无不合，在大理院亦曾著为判例。该地习惯夫给妻之遮羞钱，想亦斯意，但不论何方构成，男家均须酌给女家钱财，似有未恰。"从最后一句评语来看，如离婚由女方的原因造成，此时还要求酌给女方"遮羞钱"的话，法官或可不支持女方的请求，"似有未恰"正说明此习惯当属该"限制"之列。

报告录中记载的习惯，在当下或已失去了存在的基础，比如有关"典产"；或已不复存在，比如以笔者对家乡人的问询，就发现民间现已没有"遮羞钱"的支付，人们甚至都不知道有这么个说法，可见这些习惯早已淡出了人们的生活。不过，从当时制定法典时对各地习惯调查重视的态度来看，仍值得时人感佩，因为"法律的生命或持久性实来自有选择性地吸收一些更能合乎时代需要的风习"，在民事法律方面尤应如此。立法时无论是借鉴英美法，还是吸纳大陆法，最终适用该法的是栖息在华夏大地上的人群，固有的交往方式，无论好坏，都构成了我们生活的一部分。由此观之，《民法典》仅有"可以适用习惯"的规定是不够的，还需要有对这些习惯的调查和挖掘。

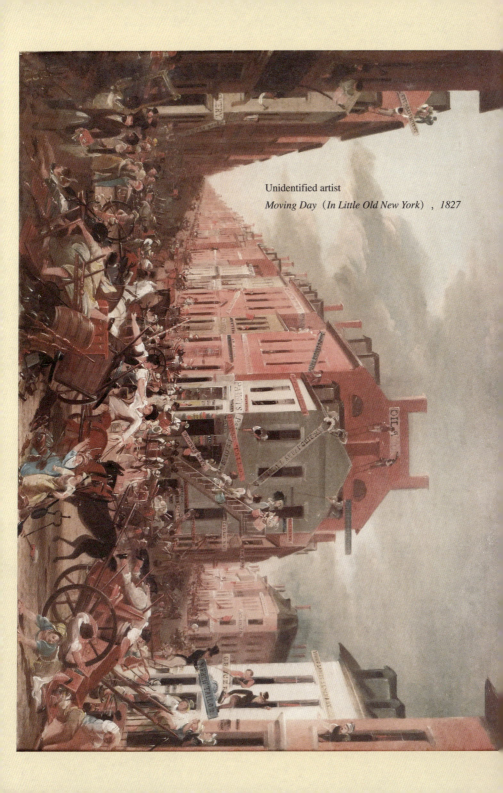

Unidentified artist
Moving Day（*In Little Old New York*）, *1827*

往日不再来

　　与现代人动辄"拿起法律武器维护自己的合法权益"不同，传统中国人是以建立"无讼"社会为理想的。虽说有人的地方就会有利益冲突，就免不了有纷争，不过历史上的古圣先贤们，为了"息讼"，曾想了很多办法，而最为常见的就是通过自己的言传身教，感化众人，以恢复社会秩序的和谐与稳定。传说时代的舜帝即是这样一位息讼止争的高手。我们都知道《五帝本纪》中所记载的舜的故事。当时，他面临的情况是"历山之农者侵畔……河滨之渔者争坻"。舜并没有采取强硬的手段进行治理，而是"舜耕历山，历山之人皆让畔；渔雷泽，雷泽之人皆让居；陶河滨，河滨器皆不苦窳。一年而所居成聚，二年成邑，三年成都。"即舜在历山耕种，感化历山的人，使他们都能让出自己的田界；在雷泽捕鱼，雷泽上的人都能让出自己的住所；在黄河沿岸制作陶器，其出产的陶器再没有粗制滥造的。一年之后，他所居住的地方成了村落，两年后即成为城邑，而三年以后便成了都市。笔者所居济南城内的千佛山，古时即称为历山，又名舜耕山，相传正是舜帝为民时"躬耕"之所在，市内的"历山路""舜耕路""舜井街""舜和酒店"等，处处散发出悠久的历史文化气息，或许我们每日呼吸的这座城市的空气，即是大舜之"遗风"吧。无论如何，舜以其德政收社会治理之功，的确在《史记》中有"据"可查。可以说，舜为后世树立了以德止争的榜样。其后的周文王，也以"笃仁、敬老、慈少、礼下贤者"而使周国境内"耕者皆让畔，民俗皆让长"，同样是一派温暖祥和、其乐融融的景象。

经过后世儒者的提倡，大舜、文王这种行德政以平决狱讼的方式，逐渐成为历代朝野为政者的追求，而手握司法权柄的地方父母官也将以道德教化平息纷争的事迹加以纪录，作为自己的政绩传之于世，诸如清代知县陆陇其、蓝鼎元等处理兄弟争财争田案的"妙判"不绝于史。虽然这些司法官们在审案时的智谋与策略各不相同，但都以德教化解纷争为尚，体现了谦和礼让息讼止争的精神，最终还收到了兄弟姒娌"友恭亲爱"的功效。这样的故事或有夸饰渲染之嫌，但父母官们通过调解息讼所营造的和煦温暖的意境、淳厚的民风与温良恭俭让的社会风尚，还是令人神往的。

当然，要使调解达到"息讼"的目的，必须有争讼的一方能做出牺牲，或者是双方都能"搁置争议"，或"各退一步"，放弃对是非对错公平正义的追求才可能达致。如果有一方"认死理"，非要争出个所以然来，结局可就不那么美好了，所以调解也被戏谑地称为"和稀泥"。这一点，在那些被特别传颂的兄弟争田案中均有体现，因为那些父母官并不关注争田兄弟中谁伪造了遗嘱，谁收买了证人，不判断当事人手中"证据"的真伪。他们所在意的只不过是"调解结案率"。而在那些由乡绅、长老等主持的调解中，和稀泥的倾向更为明显。费孝通先生在《乡土中国》的"无讼"一节中，曾讲到他参加过的一些调解"集会"。他说，"调解是个新名词，旧名词是评理。"在每一次调解活动中，"都由一位很会说话的乡绅开口。他的公式是把那被调解的双方都骂一顿。'这简直是丢我们村子里脸的事！你们还不认了错，回家去。'接着教训了一番。有时竟拍起桌子来发一阵脾气。他依着他认为'应当'的告诉他们。这一阵却极有效，双方时常就'和解'了，有时还得罚他们请一次客。"这位乡绅并不管被调解双方孰是孰非，也不分析所"评"之"理"是什么，只那么不分青红皂白地骂一顿，责骂的理由竟是"丢了村子里的脸"，而他认为"应当"的就成了权威。其结果是虽然双方和解了，但纠纷却并未有实质性的解决，只是摄于威权之下的暂时"息讼"而已。

其实，姑且不论地方官如此处理案件占比多少，单就其适用程序来看，最多属于不可复制的非制度性的"一次性智慧"，这在安土重迁的传统社会或可收定分止争之功，若是在社会流动急速的工商社会中，这种立基于人情伦理的调处息讼的纠纷解决方式，其效果则不得不让人怀疑。中国人是在清末开始告别传统走向现代的，其表征之一即是权利观念的流行，而国家的法律也突出了其保障权利的功能。法官们摒弃了以往父母官们在纠纷解决中管束和引导其子民的职能，代之以专业化的司法技能来处理案件，"办案"已演化成为一种职业，对当事人的道德与伦理观念则不再负有责任。加之现代人多不愿意被不清不楚地"和稀泥"，拒绝放弃在以往可能被销蚀掉的那些权利的情况下，调解的功效自是要大打折扣。而随着那些拍一拍桌子、骂一顿就能让人"和解"的长老、乡绅的消失，人们不再服膺于传统社会的权威时，民间的调解也会日渐式微。

"调解"曾被汉学家们称为"东方的法治经验"，而当我们谈论优秀的传统法律文化时，也常常津津乐道于此。只是任何一种解纷机制的形成，都有其特定的历史文化背景，调解也概莫能外。林语堂先生在《吾国与吾民》中，曾分析中国人理想中的社会，是人民皆能甘其食、美其服、安其居、乐其俗，"保存着上古淳朴之风的优良生活的社会"，对"政府与法律的概念常深染着人类情感的色彩"，对法律、律师和高度机械化的社会普遍地不信任。在这样的社会中，既无权利的观念，也缺乏法律的保障，当遭遇不法侵害与纷争时，只能隐忍自己对公义的追求，听凭县令、长老等的慈悲恻隐之心的发散，而倡导谦让追求和谐的调解，自然也可发挥其非同寻常的效能。

时移世易，调解所依凭的田园社会中日出而作、日入而息的生活方式早已离我们远去，在今天人们生活变动不居、权利观念凸显的时代，倡导德政，依赖调解作为基本的解纷机制，多少显得有些不合时宜。人们会渴望那些美好的旧时代，或者怀念旧有的好日子，对大舜时期素朴的生活致意；但无论是好是坏，那些日子已经一去不复返了。社会结构已经发生变迁，人们的观念、想法、价值观和习惯也已经发生了根本性的变化。过去的已然过去，没有人可以将过去的东西重新找回来。"往日不再来"虽让人伤感，却又是一句大实话。适宜的，才是最好的，生活方式如此，纠纷解决机制亦如此。

如何"古为今用"？

在评阅硕士生法史论文的时候，发现大家的写作非常"格式化"，都是在梳理介绍完某一制度的发展历史后，总结其特点，分析其成因，在最后的评论部分，忘不了加上一段对完善当下制度的"启示"或"可资借鉴"之处，仿佛不写这些，研究就没有了"理论意义"和"应用价值"。然而，细读这些被他们称为"创新点"的部分，会发现有将古代与现当代制度之间"生拉硬拽"在一起的痕迹，这种"混搭"，除了有凑论文字数和完善文章结构的作用外，实际上并无多大"价值"。这样说似乎有些绝对，"打击面"过宽，不过大致上是没有问题的。

话说回来，也不能苛责学生，即便是研究某专门史的专家，要想把古代某一行之有效的制度直接拿来指导今天的社会实践，恐怕也会凿枘不合。譬如从秦汉以来就已产生并逐步完善起来的监察制度，曾被孙中山当作"中国固有的优良制度"之一，在其设计五权宪法并以"监察权"的名目出现时，实际上早已不复往日监察制度的再现；而在国民政府"监察院"的设置与运行中，也并非孙中山图画的照搬。说到我们当下"监察委"的设立，虽然也有学者将其历史渊源追溯到古代与国民政府时期，但无论是设置的理念，所处的法律地位，还是其具体的机构与社会职能，也已"今非昔比"。在此情形下，古代独具一格的御史监察制度能为我们所"借鉴"的地方，恐怕也只是一些枝节性的技术或技巧。要想在一篇文章或一本著作中，透彻地分析其"实践价值"，单靠"论道"之"书生"的想象是难以为继的。由此想到，在我们时常将"继承和发扬优秀传统文化"挂在嘴边的时候，如何"古为今用"，就成为一个值得思考的问题。

有些"古已有之"的东西，我们一直还在沿用，比如马拉车与牛耕田，至今仍是偏远乡村农民的劳作方式；对于舞文弄墨的书法家来说，毛笔依然是他们龙飞凤舞时的工具；阳历纪年引入中国虽已有一百多年，但其主要具有"办公"的意义，在人们心中，春节依然是一元复始的起点；而二十四节气的时令标志，则至今没有与之相匹敌的替代品。这些生产或生活的方式，仿佛凝固在了岁月中，时间的长河无论流淌到什么年代，它们都有亘古不变的机能，这或许就是我们的文化基因，无所谓古，也无所谓今。与此相反，在另外一些场域中，却因了时代的变迁，表面上旧时的风物犹存，其内涵则早已发生质的变化。当此之时的发扬与借鉴，就不再是简单机械的重复，而须在时过境迁的背景下，进行"创造性"的传承。

比如说传统社会中儒家所提倡的孝道，可谓最基本的人伦规范，即便是在二十一世纪的今天，有谁敢否认其意义和价值？如果说中国有什么"政治正确"的话语的话，子女要孝顺父母无疑就属于这一范畴，一个不孝子，不仅会被路人侧目，连生意恐怕都没得做。"一个连自己父母都不孝顺的人，谁敢和他交往"，因此"尽孝"似乎成了一个人生存的前提之一，而怎么尽孝自然也是一个常新的话题。

撇开儒家提倡孝道时"君子事亲孝，故忠可移于君"的政治因素，在日常生活中，要求子女尽孝，旨在让子女感恩父母的辛勤养育，这也是培养人伦关系最基础的一环。那么，怎么才算是尽了孝道，法律上虽有"善事父母""无违父母"等的规定，但生活中的表现则又各具情态，二十四孝的故事本身就说明尽孝其实并无一定之规。所谓"百善孝为先，论心不论迹"。即便是再孝顺的子女，做事也有不周全的时候，但他只要能让父母感受得到他的"孝心"，让他们心满意足，也就算是尽了孝。但在今天，却有一些人把感恩、孝顺父母，变成一种机械的要求，好像只要做了这些"规定动作"，忤逆之子也能立马变成孝子。比如有的学校组织学生在大操场上给母亲洗脚，读者可以自行脑补一下那种数百人坐在马扎上，脱了袜子，由子女给洗脚的壮观场面。接受采访的校长自是无限地拔高其活动的意义，家长们则表现得很受用，很暖心，认为孩子给自己洗脚是最舒服的，甚至涕泪交流，而学生们则"体会到了父母养育自己的不易"，表示以后一定要听父母的话，孝顺父母，等等。然而，搞这么一次集体洗脚活动，就能培养起学生的孝心，却颇让人怀疑。还有公司为了显示自己的人文关怀，要求自己的职员在春节期间，为自己的父母洗一次脚，并且要上传视频作为完成"任务"的"证据"，致使一些员工只能改变旅游计划，乘飞机或坐高铁回家，拍摄给父母洗脚的视频，其目的只是不愿意被扣工资。

在这里，校长或公司老总的初衷无疑是好的，但他们却机械教条地理解尽孝的含义，并且将孝道简单粗暴地浓缩为一场粗鄙的洗脚活动，除了"作秀"外别无他解。其实，在父母生活不能自理时，自是需要子女们的悉心照料，洗脚反而成为一件最简单不过的事情，而真正发自内心的孝道，是无需他人观看或拍摄记录的。另外，从另一个角度看，让父母在大庭广众之下洗脚，暴露他人的身体隐私，大概也是组织者没有想到的问题吧。

我们今天依然提倡孝道，是要延续传统家庭中父母子女之间那种亲密敬爱、温暖友善的关系，而绝不是教条式地践履儒家的那些格言警句。假如我们遵从《论语》中的"父母在，不远游，游必有方"，那是否意味着我们必须都"宅"在家里？外出求学、打工是否都属于不孝的行为？其实，在父母身边承欢膝下是孝，而闯荡江湖创造一番事业，让父母内心欢喜，又何尝不是在尽孝？

古代传统文化的启示或可资借鉴之处，当是其中所蕴含的精神或情怀，比如根植于人性中的仁爱、友善、诚信、和谐，生活

常玉（1900–1966）

《八尾金鱼》

中的忍耐、勤奋、朴实，面对族群社会时的责任、担当，等等，而不是机械地崇古尚古，食古不化。从这个角度而言，我们实在无法说清该如何"古为今用"，但却有助于辨明什么不是"古为今用"。对于那些已经持久并且将继续影响着我们及后代的思想和行为方式，给予尊重和认同，或许正是我们传承传统的正确方式。正如我们对御史监察制度、监察权的借鉴一样，我们不可能复制御史大夫，也无须设置监察院，但我们通过对权力的运行进行监督，建立一支勤政廉洁高效公正的公务员队伍。这正是我们传承这项"固有的优良制度"的目标之所在。

为"争讼"正名

在孔子的职业生涯中，曾做过一段时间的鲁国大司寇，其依法断狱理讼的职守，多少与孔子惯常主张的克己复礼、为政以德、先教后诛有些冲突。不过，孔子对此却不以为意，且对自己处理案件、解决纷争的能力颇为自信，《论语》中有这样的记载，"子曰：听讼，吾犹人也，必也使无讼乎！"他认为自己"在审理裁断案件方面，和别人也是一样的"，只是"我的最终目的，是使人们之间不再有争讼发生。"很显然，孔子并不和普通司法官吏一样，仅仅满足于一个个具体案件的解决。他怀有更宏伟的理想，那就是通过礼乐仁义的德政与教化，以实现一个人人有君子之风、礼让不争的和谐社会。

在这里，孔子只是简单地描述一下了他的职业理想，可到了"独尊儒术"的后世，他的"无讼"主张，却成了评判人们德行的标准和衡量为官者政绩的依据。在民间，它要求民众以忍让为美德，并逐渐形成了一种普遍的厌讼、贱讼心理，人们以争讼为耻，即便在遭遇明显的损害和不公时，也是"冤死不告状"，能忍则忍，不能忍要强忍；在官府，则以各种手段来调解息讼、禁止民讼，因为讼事的多寡已成为衡量社会治乱的标志：讼事多，就意味着民风浇薄，世道大乱，也说明治者的无能或政治的黑暗，讼事少，则体现了民风的淳朴和天下的大治。在民间广泛传唱的《忍讼歌》，以写实的笔法，描述着人们涉讼之后可能面临的各种纷扰，力劝人们"世宜忍耐莫经官"，以使"人也安然己也安然"。法史学者在总结传统法文化的特征时，认为国人"诉讼观念淡薄"，这一说法不无道理。

既然"无讼"属于古代社会的"政治正确"，因此，在各种警世铭文中，就充斥着对世人"不论其是非"的劝诫，譬如"是与非，甚勿理；略不逊，讼自起；公差到，悔则迟"，再譬如"当面证人，惹祸最大；是与不是，尽他说罢"，等等，而对争讼正面价值加以肯定的文章却是凤毛麟角。不过，"少"并不等于"无"，只是读者在一般读物中难得一见，属于非主流而已。清代曾历任上杭、罗源知县，同时也是著名辨伪学者的崔述，就曾著文为争讼"正名"。

现代法史学者杨鸿烈先生，在《中国法律思想史》一书中，曾给予崔述很高的评价，认为他"最富于历史实证的精神"。在该书中，杨先生大段引述了崔述有关争讼的文章，在一片"无讼是求"的喧嚣中，为"争讼有理"赢得了一席之地。

崔述在《争论》中提出，人与人之间的争，是一种"必至之势"，古之圣人"知其然"，所以并不反对或指责这种"争"，最多只是要区分争讼者的是非曲直而已。"曲则罪之，直则原之"，其结果是使人人竞做正直之人，而不愿为邪曲之事，"人皆不肯为曲，则天下无争矣"，所以圣人之"不禁争"，反而能达到"禁争"的目的。他认为，作为一个人，以"让"来自勉是可以的；如果其他人因其"不让"来指责他，则断不可，因为我们不能强求他人的礼让或善行。崔述的这种观点，即便放在今天也并不过时，因为一个人能做到"让"，这只是表明他个人的一种美德，如果他"不让"，则是他的本分，别人以此来指责他，是毫无道理的。

如果说崔述在《争论》中，是在为普遍的"争"，寻求一种通常的意义和价值的话，他的《讼论》，则可以说是在专门为"争讼"进行辩护了。他在文中指出：

> 自有生民以来，莫不有讼；讼也者，事势之所必趋，人情之所断不能免者也。故《传》曰："饮食必有讼。"柳子厚曰："假物者必争，争而不已，必就其能断曲直者而听命焉。"讼之来也久矣！

这有史实为证：在古代唐虞这样的美好时代，尧舜还得解决诸侯之间的讼事；春秋时期鲁国叔孙昭子这样的贤大夫，亦不可能做到无讼。而且对于争讼，圣人的态度是不反对不责难，即便是贤人也并不避忌讳言。只是发展到了西汉时期，人们好言黄老，才出现了因不与人讼而"博长厚之美名者"。及至唐、宋已降，则有一些为士之人，他们自己凭藉门户的庇荫，不为市井之徒所侮，却对其他争讼者鄙薄以待，使得那些听讼之吏以此为借口，认为争讼者都是好事之徒，遂对其"怒之责之，而不为理"。由此而形成了古人贱讼、厌讼、息讼、禁讼的心理。

崔述认为争讼是一种正常人情人性的表现，"凡有血气皆有争心"。一方有争，若另一方甘心让与，自然无事；假如另一方"不甘于让"，则必然产生诉讼。现实社会中，"争而甘于让者"，只有那些贤者或孤弱之人。按照他的分析，人世间有些事是当让也能让的，而有些事则是不当让也不能让的："所争者非一人之得失，则不当让；让之而争者不已，让之而争者得逞，人皆从而效之，则亦不能终让，故虽贤与孤弱者亦不能尽无讼也。"对于为政者来说，理应站在那些常陵于不肖的"贤者"、受陵于豪强的"孤弱者"一边，而官府却非但不为他们撑腰，反而对这些希望通过诉讼辨其曲直是非者进行打压，致使"陵人者反无事，而陵于人者反见尤"，错用赏罚，颠倒黑白，必将造成严重的社会后果。因为人们之所以遭受欺凌而不反抗，是他相信可以通过诉讼以使其冤抑自伸；但如今官府却"不许之讼"，这种情况下，人们自然不甘于束手待毙，那就只好通过"角力"以为救济，最终导致贤者改行而孤弱者结党，"天下之事从此多，而天下之俗从此坏矣。"长此以往，老百姓倒是可能不再争讼了，但却造成了"豪强愈肆，而良善常忍气而吞声"的局面，"无讼则无讼矣，吾独以为反不如有讼之为善也。"

至于说到"书役之鱼肉，守候之淹滞，案牍之株连，有听一人一朝一讼，而荒千日之业，破十家之产"的诉讼之"害"，崔述对此亦并不讳言，而是认为应该分析造成这种状况的原因：

> 苟官不护其下，书役安得而鱼肉之？讼至而即听，当逮而后逮之，何淹滞株连之有哉？此乃己之不臧，反欲借口以禁人之讼可乎？且讼而果诬，反坐之可也，不治诬者而迁怒于他人，而禁其讼，是使直者代曲者罹殃也。

由于官府吏员之贪腐、无能、庸政、懒政等原因而造成的民众讼累，却开出了要求百姓不讼的药方，实在是本末倒置。

从崔述的分析来看，争讼是有人类、有私财以来即产生的正常现象，通过争讼，人们可以辨别是非曲直，回归公道，并使社会复归于原有的秩序与和谐，进而达到"无争"。这个过程所需要的，不仅仅是儒家礼让的道德说教，也不是对争讼的刻意打压，而是理讼者对公平正义的持守、对礼乐政刑的精准把握、对诉讼技艺的精当运用，这才是实现孔子"必也使无讼乎"的有效路径。

乡土社会契约的订立与履行

在《乡土中国》一书中，费孝通先生认为古代中国社会的基层具有浓郁的"乡土性"，因为种地是乡下人最普通的谋生办法，所以只有他们才明白泥土的可贵，"土是他们的命根"。又因为种地的人搬不动地，长在土里的庄稼又行动不得，伺候庄稼的老农也就像是半身插入了土里，所以靠农业来谋生的人是"粘着在土地上的"，如果从人和空间的关系上来看是"不流动的"，这就使得乡土社会的生活富于地方性的色彩。人们生于斯、长于斯、死于斯，在一个村子里生活的人基本上都是"熟人"，因为"每个孩子都是在人家眼中看着长大的，在孩子眼里周围的人也都是从小就看惯的"，由此而形成了一个几乎没有陌生人的"熟悉"的社会。在这样的熟人社会里，其信用并不靠对"契约"的重视，而是发生于对一种行为的规矩熟悉到不假思索时的可靠性。相反，在陌生人组成的社会里，由于各人不知道各人的底细，所以凡事都得讲个明白，又怕口说无凭，还须画个押，签个字，这就离不开法律了。也就是说，乡土社会的秩序靠礼俗维系，法律无从发生，"我们大家是熟人，打个招呼就是了，还用得着多说么?"签字、画押，显得"太见外"。

费先生笔下的乡土社会，是一个缺少流动的、甚少变化的、安宁祥和的、温良恭俭让的所在，符合一般人对田园牧歌生活的想象。不过，现实社会却从来都不会是静态的。从日常生活中观察，也许乡土社会中熟人之间的交往确实是"打个招呼"就可以了，张三借用李四家的铁锹铲土，王二用邻居家的铁铧犁耕了一块儿地，自然不需要签字、画押，有时甚至连说一声都不需要，借用东西的人可径直去主人家的工具棚里取用，用完了再还回去就行。如果涉及大额财产的借贷或买卖，是否也能因基于信任而如此地不"见外"呢？事实上，从大量的史料中我们看到，古人在日常生活中是非常重视订立契约的，而且契约的使用相当普遍，尤其是在涉及他们的"命根"即土地买卖的时候，更是不敢马虎。正像美国学者、著名汉学家芮乐伟·韩森在《传统中国日常生活中的协商：中古契约研究》中所说，几乎"各社会阶层的人都使用契约"，这些契约在形式上简单明了，内容上生动鲜活，"与生活息息相关"，当然订立的契约大多与交易有关，涉及"买卖或租赁房屋、土地、役畜、奴仆、妾、甚至是孩子"。而且这些经过"签字""画押"的契约，虽说其履行有赖于人们之间的信任，但其法律效力也是显而易见的。官府在适当的时候，会对契约的订立与履行进行干预，而并非如费先生所言，在乡土社会中"法律是无从发生的"。

　　韩森的研究所运用的资料，包括在新疆吐鲁番发现的七至八世纪的 250 份契约、甘肃敦煌留下来的大约数量相同的九至十世纪的契约，同时还有残存的十至十四世纪的有关购买土地的30 多件契约，所涉时段从公元 600 年至 1400 年，跨度从隋唐五代两宋元一直到明初。他在研究中虽然用了大量的二手资料，但其中的一手资料也不少，这就增强了其研究结论的可靠性。从留存下来的书面契约来看，它们大多有固定的格式，出卖的土地要标明其四至边界，借贷契约一般要写明利息和还钱的时间，买卖牛马等牲畜要有对其"健康"状况的考验期，保人自然是少不了的，签字、画押后通常还会摆一桌酒席以示完满。由于古代很多人都不识字，所以"朗读契约"就成为必不可少的"程序"。而且因为生活中的普遍需求，教人如何订立契约的习书册也应运而生，比如在一本属于十世纪的习书册中，就包括有教人练习书写用的遗嘱、分产、收养、卖舍、放良及雇佣等内容，看来，当时的学生除了学习四书五经外，学习这些日常生活中更为实用的文书，掌握这门"手艺"，似乎更有助于他们的谋生。

韩森在书中引用大量文书，以说明古代社会人们契约使用的普遍性，同时，他还用外国商人的札记或资料对其加以佐证。据介绍，有一位曾于公元 851 年到访中国的阿拉伯商人，在他于公元 916 年出版的札记中记载：

> 如果一人借钱给另一个人，他会写一纸凭据给他；然后借款人也要写一份凭据，都要画上两个手指印作为标识，

一般是中指和食指。两份凭据放在一起，折合起来，在其接缝处印上几个印记。然后，再把它们打开，将注明借款人承认其债务的凭据交给贷款人。

尽管其中的某些细节不太准确，不过这份记录说明在九世纪时的中国人，是很注重使用契约并尊重契约的。其中提到的凭据中"画上两个手指印"，也契合了我们在契约中经常能看到的"画指为证"，在另外一位于 1304 年来到中国的波斯编年纪作者的记载中，也特别提到这一点，并解释了原因：

> 经验表明，没有两个人的手指是完全相同的。立契人把手放在契约文本的尾部上面，然后照着手指描画出关节线。这样，如果其中有人拒绝履行其义务的话，就可以把它与其手指相比照，并给他定罪。

这让我们想到如今也经常会使用的按手印或采指模的情景，"指节""指纹"的独一无二特性，是"张三确实是张三"的明证。

订立契约后，不仅当事人要守约、履约，政府也对其给予相当的尊重，所谓的"官有政法，民从私契"，即"私契"具有与官方"政法"同等的效力，这种认可即便在改朝换代之后都能得到体现。人们通常认为蒙古人建立的元朝是腐败无能的，然而有史料证实，元朝在取代宋朝后，蒙古统治者对人们在宋朝时订立的契约是承认的。1286 年，中书省在回复瑞州（今江西高安）知

Jean-Baptiste Greuze（1725-1805）

The Marriage Contract

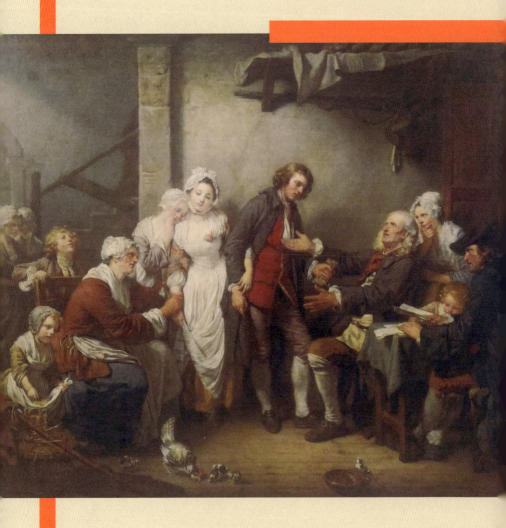

州提出的疑问时规定，允许持有宋代契约的人买回土地，其前提是契约不能是伪造的。而且这并非元朝统治者为缓和民族矛盾所采取的权宜之计，因为直到 1302 年，仍有以宋朝契约为依据的裁判。一个潭州（今湖南长沙）的汉人百姓，控告一个蒙古高官侵占了他的桔园。由于事涉蒙古人与汉人关系的处理，所以该案被呈送到了礼部。礼部最终命令蒙古高官将桔园归还汉人，因为汉人百姓曾出示了一份 1241 年的印契。礼部依据的原则是谁拥有契约，哪怕是来自宋朝的，比起没有任何书面证明的另一方，都更有权利拥有那块土地。

从韩森的研究来看，古代中国人在生活中是离不开契约的，并且契约的履行离不开官方法律做后盾，这似乎与费孝通先生对熟人社会的描摹有冲突。其实，我们若换个角度来看，二者并不矛盾：人们使用契约并尊重契约，契约的履行靠的是人们对立契"规矩"的"不假思索"的遵守，而非靠法律的强制；而政府的强制或干预，也旨在强化人们对契约的遵守，哪怕在王朝更迭之际亦如此。也许正因为这样，才有了费孝通先生定义的"不流动性"，才有了乡土社会的生生不息和中华民族的赓续繁衍。

情法兼顾之两难

2017 年 5 月 9 日，居住在广州市越秀区西华路的八十三岁的黄老太，趁其他家人离开之机，将其四十六岁的"智障儿子"杀害，随后向公安机关投案自首。黄老太在供述中称，她的小儿子黎某乙，在出生后即被确诊为大脑发育不良及软骨症，不会说话，生活也不能自理，到三十多岁时，大脑衰退加快，身体也越来越差，再加上臀部肌肉逐渐萎缩，只能长期卧床，活得很痛苦。黄老太悉心照料儿子四十余年，四十七岁时即因此申请了退休。随着年事日高，担心自己离世后黎某乙无人照顾，遂产生了喂他吃安眠药弄死他的念头。在动手前，黄老太还在纸上写明其小儿子的身体状况，并表明整件事情均由她自己一人决定，与他人无关。越秀区法院在审理此案后认为，被告人黄某某非法剥夺他人生命，致人死亡，其行为已构成故意杀人罪；同时，因有自首、犯罪时年满七十五周岁、认罪认罚、得到被害人家属谅解等从宽量刑情节，"其悲可悯，其情可宥"，于 10 月 26 日对该案做出一审判决，判处被告人黄某某有期徒刑三年，缓刑四年。宣判后，控辩双方均表示没有意见，该判决遂为终审判决。

在庭审现场，黄老太的众多亲属出庭作证，为其求情。黄老太的大儿子黎某甲证实，其母亲一直与长期卧床的弟弟睡同一间房，给弟弟喂饭。他虽曾劝母亲将黎某乙送至政府福利机构安置，但老太太担心照顾不周而未能成行。他认为母亲不同于一般的杀人犯，其本意并不是想害弟弟，"她是想帮弟弟解脱"。黄老太的小姑子也到庭作证，证实其嫂对黎某乙照顾非常好，"我也觉得我嫂子很苦"，尽管她不赞同杀子行为，但也希望法庭能对年迈的黄某某从宽处理。而居委会的工作人员出庭作证时也表示，残联会定时发放残疾金，平时也有义工上门帮忙，也曾多次动员让黎某乙入住福利院，但都被老太太拒绝了。

判决做出后，该案审判长、越秀区人民法院院长万云峰曾向记者阐释了判决的理由。"这件案非常特殊，黄某某是因爱杀子，与其他暴力性故意杀人有很大区别，反映出被告人作案动机并不是十分卑劣。本案事实清楚，主要是如何处理好情、理、法的关系，如何做出既合法理又合情理的判决，这是需要认真平衡和考量的。"

与其他社会热点问题不同，该案判决经媒体报道后，并没有像往常一样把网友们分成针锋相对的两派。相反，人们更多的是同情这个已入耄耋之年的黄老太，在其风烛残年的时候不得已做出这样耸人听闻的事，可能"需要比自杀更大的勇气"。作为一个母亲，她的心该有多痛！对于法院的判决，网友们也认为"法律不外人情"，法律既是严肃的，但也要具体问题具体分析，而"法官能合理合法合情地运用法律，正是我国司法体制进步的表现"！

面对这样一个令人唏嘘的人伦悲剧，法院的判决确乎顺应了国人朴素的情法观，即"原情审法""酌理准情"。人们常说中国是一个人情社会，而在司法方面，则早已形成了兼顾天理、国法、人情的诸多原则和制度。在传统法文化中，人情所代表的伦理道德是法的根据，法律应据此适时变通，而在具体的审判过程中，如发生伦理道德与法相抵触的情形，审判官又当"屈法以申情"。日本研究中国法律史的学者滋贺秀三就断言，"情理经常在法官心中起作用"，甚至可以说"国家的法律或许可以比喻为是情理的大海上时而可见的漂浮的冰山"。

审判官考量的"情理"，既有人的年龄、身体状况等自然情况，也有导致犯罪发生的具体原因或心理动机，而在黄老太杀子案中，这两方面都属于可原宥之"人情"。马小红教授在《礼与法》一书中，曾系统梳理了古代社会对孤寡老弱笃疾者怜恤宽宥的相关法律规定。在儒家经典中曾有过"三赦之法"，即"幼弱""老旄""蠢愚"三种人犯罪时可获得赦免或可改重从轻。"幼弱"为七八岁的儿童，"老旄"为八十岁以上的老人，"蠢愚"即痴呆之人。汉律则规定了"年未满八岁，八十以上，非手杀人，他皆不坐。"到唐律时则更为详备，规定七十岁以上、十五岁以下及废疾之人，犯一般流罪以下，以收赎代刑；八十岁以上、十岁以下及患有严重疾病者，犯死罪则上请皇帝定夺，听敕处分，犯其他的罪则皆免于刑罚制裁；至于九十岁以上、七岁以下的，即便是犯死罪，也不予处罚。我国现行刑法有"已满七十五周岁的人故意犯罪的，可从轻或者减轻处罚"的规定，即是对传统法律文化中恤刑观念的吸纳和继承。黄老太在"作案"时已是八十三岁的高龄，符合我国现行刑法法定的从轻或减轻情节，也就是说，法院的判决既符合法律规定，又体现了传统法文化的精神。

在《明镜高悬：南宋县衙的狱讼》一书中，作者刘馨君分析，亲民官在判决民讼时，"法"固然是恪遵不可违离的宪纲，但察其"原情"又是定罪的基础，也即当时的地方官所谓的"听讼之道固当执法，亦当原情"。而且在《名公书判清明集》中也有这样的判文，"决断大辟公事，要见行凶人起争之因，所谓原情定罪者是也。"作为审判官，必须了解行凶杀人的"起争之因"，才能决定大辟死囚的罪与罚，切不可固执于"杀人则偿"的一定之法。黄老太杀子案确实符合故意杀人罪的构成要件，不过她的"杀人之因"恰恰是出于对其子的爱，基于对自己身后其子无人照料的担忧，其情可悲复可叹，可悯复可怜，实属可以"宥过"的情形，法院的轻判也因此而赢得了人们的赞同。

不过，在这个被社会广为认可的"情法兼顾"的判决中，总让人觉得我们忽视了什么。仔细想想，应该就是那个被黄老太杀死的儿子黎某乙的权利。我们把关注点置于黄老太照顾儿子的辛苦上，她所做的一切，包括她拒绝将其子送往福利机构等，都认为是符合人之常情的，甚至在她杀子后，还被冠以"爱"之名，她的令人心痛的抉择也赢得人们广泛的同情。然而，却很少有人意识到，她的儿子，即便"智障"，即便生活不能自理，即便不能表达自己的情感，他也有和正常人一样生活下去的权利。这是法律赋予他的权利，任何人，即便是他的母亲，都不可以任何理由，即便是以"爱"的名义，去杀死他。黄老太作为黎某乙的监护人，当她"没有能力再爱"时，必须有一种机制能使他人或机构"接盘"，让其子继续活下去。黄老太虽生养了黎某乙，却绝没有剥夺他生命的权利。在有关这个案件的讨论中，我们认同法院判决中情理法的结合，只是深深体味到在"原宥"黄老太杀人之情时，却又实在无法兼顾其子的正当法律权利的两难。或许只有在完善监护人制度与提高福利机构的信誉后，方可避免类似悲剧的发生吧。

从身份到契约：我们准备好了吗？

受"君子喻于义，小人喻于利"思想的影响，古人在说到钱的时候，总是含含糊糊，尤其是在父子兄弟、亲戚朋友之间，好像明白"计较"地说出钱的问题就俗了。不过这种"含糊"，也给人们的生活带来很多麻烦。

在江平先生的《沉浮与枯荣：八十自述》一书中，《我的青少年时代》一节曾讲述他的"家史"。其中提到在他祖父过世后，按照分家协议，他的大伯本应承担起抚养两个未成年的弟弟、即江平的叔叔的责任，相关的遗产也因此而分给了他。然而，他的大伯在拿到应属于他的两个叔叔的遗产后，却撒手不管了。他的叔叔们只好大老远地跑到北京去投奔江平的父亲，最终由江平的父亲将他们抚养成人。

在这则小故事中，涉及到一个传统社会里比较通行的规则。民间有"长兄如父"的俗语，"兄友弟悌"的礼，虽然要求弟弟对兄长的服从与恭顺，但也包含了兄长对诸弟的呵护和友爱，而且这不仅仅是一种道德要求，在现实中还赋予兄长承担起在父亲过世后，照顾和抚养未成年弟弟的实质性义务，"养活"他们，使他们长大成人。为此，在民间分家析产时，虽应遵守"诸子均分"的通例，不过对于要承担养家糊口责任的兄长，也会像江平的伯父一样，多给他们分一些家产，以便他有能力抚养弟弟们。兄长因其长子的"身份"，在辅之以多分财产的前提下，"安排"其履行照顾抚养之责，然而对不尽责任的兄长，如江平伯父这样的人，却没有相应的制约。在这个故事中，江平的叔叔们实际上由江平的父亲抚养长大，假如没有他人的接济，他们该如何去维护自己的"权益"，就成了一个难题，即便如今作为民法学界"泰斗"的江平先生想必也无计可施。

我们今天在阅读江平先生的"家史"时，会觉得先人们处理类似问题的方式有些奇怪。由老人在世时干干脆脆地立个有效的遗嘱，或者大家一起拟定一份分家协议，确定好财产的分配方式和份额，让有能力者或由顾及手足之情者承担起抚养的责任，在遗嘱或协议中对不尽责任者约定一个处罚或制裁性条款，不就没有后顾之忧了嘛！这种"先小人后君子"的做法，或者直截了当地订立契约以使"亲兄弟，账很清"的方式，从理论上说，可以免去老人身后子孙们为争夺遗产而对簿公堂的尴尬。话虽如此，在现实生活中，一些"观念超前"的老人却在立遗嘱分配财产后，将自己置于无人赡养的困境。

有一则"九旬老人立遗嘱分割财产后失去子女照顾"的新闻，讲的是一位年过九旬的李姓老人有三儿一女，在老人的财产未分割前，孩子们时常去探望他，可在他立了遗嘱将财产分割后，子女们却都躲得远远的，生了病也没人管，只有一个孙子和孙媳妇对他悉心照料。老人一气之下撤销了已经过公证的分配遗产的遗嘱，又办了一个遗赠公证，将财产遗赠给照顾他的孙子。与一般的中国式父母相比，老人的思想观念可谓超前，即便那些富可敌国的商界大亨，在生前也不大处置自己的巨额财产，结果是尸骨未寒，子女孙儿辈就已为财产的事打得不可开交。

可李姓老人这样立遗嘱分配财产的做法，又会造成另一种困境。对于有钱或有房产的老人来说，在未分割财产时，儿女们都在尽孝心方面互相"攀比"，似乎一个比一个孝顺；一旦老人将财产各归其"主"后，儿女们很可能立马变脸，"尽孝"时互相推诿，有时甚至会为谁多做了一顿饭、多给了一袋米而斤斤计较。这样看来，我们传统文化中对财产按照"身份"进行"模糊化处理"还是有一定道理的，这样做或许正好可以"考验"子女们的"孝心"。黄仁宇先生说我们中国人在很多方面都不能做到"数目字化"，可从另一个角度看，我们的祖先或许不是"不能"精确，而是"不想"精确。按照身份进行模糊的分家析产，或许会造成身后子孙们的纠缠，而按照遗嘱进行精确的财产划分，带来的却是生前生活的不堪。古代形成的养儿防老的习惯，相对应的一定是财产处理方面的模糊，"难得糊涂"的老人更有可能安度晚年。九旬老人立遗嘱处置自己财产的做法，虽然更符合"法治社会"的要求，然而他在成功"挑战"了世俗观念并"考验"了儿女们的孝心后，迎来的却是满目凄凉，这无疑是谁也不愿看到的。

在今天的现实生活中，为了市场的繁荣和交易的安全，以契约的形式来规范人们财产关系的做法已越来越普遍，立法和司法的实践，也更认同和保护这种"白纸黑字"的效力，只是观念的更新似乎还跟不上这一节奏。每日浸淫于裁决民事纠纷中的法官们，时常会遇到一些让人无奈又无力的案件。比如有些人因抹不开面子，基于"朋友"的"身份"，为他人在银行的巨额贷款担保，可一旦借款人还不上钱，根据白纸黑字的"契约"，就需替其"朋友"还债，以至严重影响自己和家人的生活。不是说我们不应该讲温情，而是要以理性的态度来审视曾经左右我们生活的各种关系，朋友的"身份"实在不足以成为你签订巨额担保"契约"的理由。江平伯父的故事不应重演，李姓老人的做法却值得提倡，社会的发展需要我们对"约定俗成"有所舍弃，尽管舍弃的过程会有些不舍和艰难。

英国学者梅因曾在其名著《古代法》中有言："所有进步社会的运动，到此处为止，是一个'从身份到契约'的运动。"身处法治建设大潮中的中国人，对这一运动的到来，理应做好充分的准备。

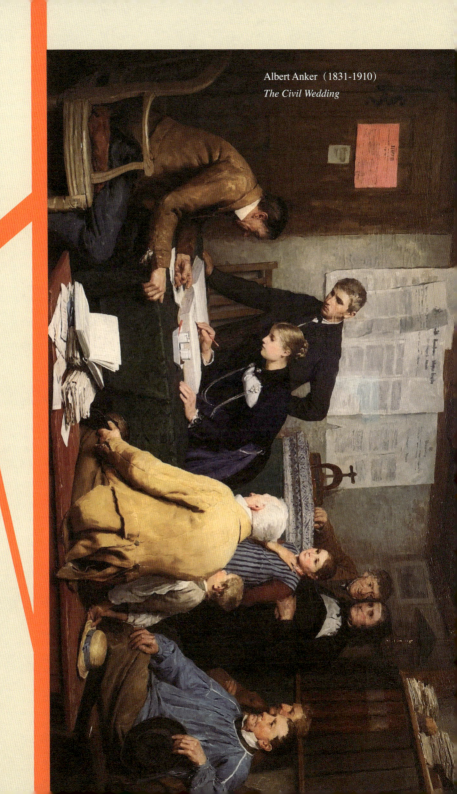

Albert Anker （1831-1910）
The Civil Wedding

强扭的瓜是苦的

婚姻讲究的是男女自愿、两情相悦，而依貌似"般配"的"条件"撮合到一起过日子的两个人，往往会因为缺少感情而显得貌合神离，进而衍生成一段孽缘。这样的婚姻即便是夫妻二人携手到了白头，也难有幸福可言，俗语所说的"强扭的瓜不甜"就是这个道理。在当今社会，允许男女自由恋爱，婚姻自主，而当缘分不再时，离婚以追求幸福生活，也已不再是困难或难堪的事情。不过，在强调"父母之命、媒妁之言"的传统社会里，幸福的婚姻似乎就只能靠运气，尤其对于并无离婚自主权的女性来说，忍气吞声是基本的生存状态，即便想求得一份"休书"也非易事，终至于在忍无可忍的情况下，做出违法犯罪之事，酿成无可挽回的家庭悲剧。

传统社会的婚姻，目的是"合二姓之好，上以事宗庙，而下以继后世"，至于说两个当事人感情如何，是否"琴瑟和鸣"则不在人们考虑的范围内。所以，大户人家更在意的是门当户对，而草民百姓婚姻中的"条件"则更为实际和琐碎，譬如女方家里穷得揭不开锅了，只好将女儿"嫁卖"出去；或者男女双方家庭处于同样贫穷的状态，只好通过"换亲"的方式来解决儿女的婚事。由此而结成的婚姻，自然不能奢望有较高的幸福指数。在这些因各种原因而成就的婚姻里，女性更有可能成为悲剧主角，因为在"瓜"被"强扭"的过程中，女方"父母之命"可以说起着关键性作用，而受"嫁出去的女儿泼出去的水"的观念影响，婚后即便是父母知道女儿在婆家受苦，也并不能救其于水火，似乎只有"认命"这一条路可走。

《档案中的历史：清代政治与社会》一书中，有一篇《也是历史》，讲述的是清代雍乾年间四个女人的不幸遭遇。一个为了生活，被丈夫让售他人；一个迫于生计，被丈夫默许卖奸；第三个因为坚拒丈夫白日求欢而送了命；最后一个则自觉与丈夫和好无望，愤而将其杀死。读这些故事，让人唏嘘。其实这并非"故事"，因为作者写作此文时，均取材于"中央研究院"历史语言研究所（通常所说的"史语所"）收藏的内阁大库档案中的刑案数据，正如其自述"不是我杜撰的，也不是我改编的"。在中国的历史典籍里，通常记载的是帝王将相的事迹功勋，至于如这四个女人一样的平民百姓，则都属于"上不了历史舞台的小人物，要不是偶然犯下或牵涉重大刑案，他们的一生就像过眼烟云，随风而逝，不会留下任何记录。"而通过这些刑事档案中作者"未做任何剪裁或修饰"的当事人的口供，让人读出故事主人翁人生的大不幸，也让人看到生命有时竟是那么"卑微、无奈，甚至荒诞"。传统社会中女人的世界其实很小，也就是家庭那么大，她们的爱恨情仇，她们的悲欢离合，几乎都在家庭这个舞台上展开，然而，即便在家庭这个小小的世界里，她们也完全不能自主，甚至包括对自己的身体。她们有对美好生活的向往与追求，只是在传统的碾压下，不仅不复有实现的机会，有时还会酿成无法挽回的悲剧，让人痛惜。

在《也是历史》篇里所讲的第四个故事中，说的是乾隆年间发生在河南归德府的一件案子。燕秀的女儿燕氏自幼与杨二小结亲，不过从成亲之日起，两人的生活就过得"不甚和睦"，经常吵嘴打架。由于杨家穷苦，燕氏将女婿"请到"家里一起生活，实际上即是杨二小入赘燕家。后因家庭琐事，使杨二小觉得伤了自尊，遂搬回自己家中居住，而燕氏则长期住在娘家。作为家长，燕秀认为出嫁的女儿住在娘家不合体统，为了"顾及面子"，于是将女儿送回夫家，燕氏则因不堪忍受杨二小的打骂又逃回娘家。在"送回"又"逃回"的几个"回合"之后，燕氏竟做出了"谋杀亲夫"之事，"老子把小的送到男人家去。男人见面，又骂小的说，你有什么脸面又来了？小的想，杨二小无情无义，见面就骂，叫小的无处容身，看这光景是终不能和好的了，日后怎么跟他过活，就起意要打死他。"从燕氏的供述中，透露出的是一种对未来生活的绝望：娘家是不能常回去了，和杨二小的日子又没法安生地过下去，而在杨二小不给休书的情况下，燕氏就只能在杨二小这棵树上"吊死"。既然如此，倒不如以死亡的方式来断绝其二人的夫妻关系，于是，燕氏就在杨二小熟睡的情况下，用砖块将其砸死了。"故事"的结局是燕氏为自己的行为付出了生命的代价，"燕氏最后依谋杀夫已杀者凌迟处死律，被凌迟处死。"我们学法制史的时候，讲到凌迟刑的适用，想象中一般是施用于犯谋反、谋叛、谋大逆的政治犯，或者是杀人越货的"响马""江洋大盗"，而这样的极刑被施及一个正当年的花季女子时，那种心惊肉跳的感觉所产生的不适，实在久久难以平复。

在这个"故事"中，无论对于燕氏，还是对于杨二小，甚至是对于燕氏及杨二小之父母来说，都是一场悲剧。这样的事如果在今天，则是完全可以避免的，因为男女可以自由选择自己的人生伴侣，而"离婚自由"的原则，又使那些"所托非人"之人提供了摆脱婚姻枷锁并重新出发的机会。只可惜在当时的情境下，似乎所有的人都走入了一条死胡同，正像作者所言，故事中的四个女人虽然遭遇不同，但有一个共同点："她们无法掌控自己的命运。用现代的术语说，她们没有'人身支配权'。在社会上，'在家从父，出嫁从夫'的观念将他们完全束缚住；在法律上，她们受到差等待遇。简而言之，他们是在父亲、丈夫的意志支配下生活。"人们虽然都知道"强扭的瓜不甜"的道理，可是在历史的长河中，人们却在"父母之命，媒妁之言"的观念影响

Antoine Watteau（1684-1721）
The Swing

下，一代又一代乐此不疲地"强扭着"瓜们，曾经的受害者又不可避免地成为施害者，使得类似燕氏们的悲剧不断地上演。好在如今社会已进步到了"结婚自愿，离婚自由"的时代，也祈愿燕氏们的"故事"能真正走进历史。

彩礼啥的，政府就别管了

十冬腊月，是农耕社会的农闲时节，辛苦了一年的庄稼人，这时候也闲不住，有成年子女的家庭，还得为儿女们的婚事忙活。新时代里虽有自由恋爱一说，可那些没"恋着"的青年男女，一般还要走传统路线，相亲、合八字、送彩礼、订婚、拣日子、举办婚礼。当这些"程序"走完的时候，很多人的身份会因此发生改变，有的人成了公公婆婆，有的人成了岳父岳母，当新娘再回去看自己父母时，曾经的家已变成了"娘家"，而新郎则要承担养家糊口的责任了。每个人在一生中会都遭遇许多事情，不过，婚姻却绝对是"头等大事"。自古及今，也因此形成了诸多相关的礼俗，举办"婚礼"则成为人们最为"郑重其事"的部分，即便是一个平日里大而化之的人，也希望自己的婚礼是一份独一无二的美好记忆，几乎无人可以"免俗"。

虽然如今婚姻成立的关键"节点"在于"领证"，不过民间老百姓更在乎的，却是婚姻"礼俗"中的两个环节，一是彩礼，一是婚礼，在农村则尤其如此。近年来，随着人们收入的提高，彩礼和婚礼的花销也水涨船高，成为许多人家的一种负担。在网友晒出来的彩礼清单中，就有很多名堂，比如在某地流行的

"一动不动，万紫千红一片绿"，意味着"一动是一台车，不动是一栋房子，万紫是一万张五块的，千红是一千张一百的，一片绿是一张五十的"，仅"万紫千红一片绿"一项就高达十五万元，靠种地或打工，一般娶不起媳妇。至于婚礼，对新人家庭来说也是一笔不小的花费，与此同时，还给亲朋好友带来"随份子"的困扰。有人将彩礼与婚礼的大操大办斥为陋俗，倒也有几分道理。

对此，一些地方政府出于好心，就想办法"规范"婚俗。比如，有的地方出台了"指导标准"，规定彩礼总数"不得超过 6 万"，不执行的要惩戒；有的地方则规定了可以"办酒"的范围，特别强调"复婚不准操办酒席，再婚除初婚方外，另一方不得操办"，也就是说，复婚肯定不得办酒，而对于再婚者，则只有另一方是初婚的才可以操办，再婚的一方大概只能像普通客人一样"出席"婚礼了；还有地方明确规定了"红事"的用餐标准，要求"正席不超过十菜两汤，白酒、红酒一般每瓶控制在三十元之内，最高不超过五十元，每桌不超过两瓶；烟一般控制在每盒六元以内，最高不超过十元，每桌不超过两盒；大力提倡不用烟酒或少用烟酒"。这些地方在出台上述规定或标准时，都有充分的理由，如"大力倡导文明新风，创新社会管理，提高社会治理能力，坚决制止巧立名目滥办酒席、借机敛财的不正之风"之类，不过，老百姓对此并不领情，认为其初衷再好，用心再良苦，也掩盖不住权力部门手伸得过长这一事实。

每个社会都有一些自发形成的、为大多数人所认同的社会风俗习惯，它对人们的影响潜移默化。人们对它的遵守无需任何理由，"老辈人传下来的"一句话足矣。而在所有的风俗习惯中，又以婚俗的强韧与绵长为盛。在云南的泸沽湖畔，生活着一支摩梭族人，他们走婚的婚俗就与汉人大异其趣。政府也曾为了"移风易俗"，强制摩梭族人实行男娶女嫁的一夫一妻模式，不过他们始终接受不了这种所谓的"文明"形式，在改革开放后很快又恢复了走婚。一种历史悠远的婚俗，是强制性的法律和命令所不能改变的，惟有当他们从心底有了思变的观念，改变才可能发生。

同样的道理，汉人的婚俗也非一朝一夕形成的。譬如说婚礼的流程，我们虽不能说明其起于何时，不过至少在西周时期，即已有了明确的"六礼"程序，即纳采（男方通过媒人把愿意结亲的意愿告知女方，女方如若允婚，男方会派人交纳采择礼品）、问名（询问女方姓氏及生辰八字，占卜婚姻吉凶）、纳吉（求得吉兆，将结果告知女方）、纳征（男家携带财礼至女家，正式缔结婚姻）、请期（确定婚期）和亲迎（新郎按父命至女家迎娶，经过成妇礼，女子正式成为男方家庭的一员）。而在纳采、纳吉、请期等过程中时，男方都不能空着手，需携带礼品大雁，因为大雁"木落南翔，冰泮北徂"，有顺阴阳往来之意，暗喻妇人从夫之义，还因为大雁一雌一雄终身相守，"不再匹配"，带有女子忠贞不二之意。

六礼中重要的环节之一是纳征，即当女方接受男方家的财礼后，婚姻关系就算正式成立，自此以后女子不可再另配他人。后世的一些朝代，虽将六道程序简化为"纳采、纳征、亲迎"，不过"纳征"却历来是婚姻成立的关键要件。比如唐律中规定，只要女方尊长收下聘财，即视为婚姻成立，所谓"婚礼先以聘财为信"。女方尊长在受聘财后又悔婚的，要被杖六十；男方悔婚的虽无罪，结果却不能再要回已交付的聘财。即便在蒙元"异族"统治时期，也有类似规定，即在"男家婚书"和"女家回书"这一婚姻必备条件中，必须写明聘财礼物数额，以免发生纠纷。在古代，"彩礼"或"财礼"或"聘礼"的数额并不确定，因为它和物质生活水平联系在一起，有点儿"随行就市"且"与时俱进"的意味。在今天也复如此，譬如曾经领数十年风骚的手表、自行车、缝纫机"三大件"，早已退出历史舞台，而冰箱、彩电、洗衣机这新"三大件"也已风光不再，如今风行的"一动不动"，或许也坚挺不了多久。在这过程中，变的是彩礼的品种与数额，不变的则是"彩礼"本身。而彩礼的变与不变，其根源在于社会与时尚，而非政府的一纸命令。如此看那"不得超过6万"的指导标准，实在有蛇足之感。

六礼中的另一个重要环节是"亲迎"，其实就是我们今天迎娶新娘的婚礼，作为一道貌似可有可无的程序，实则蕴含了诸多的社会功能。因为即便是复婚或再婚，当事双方也希望择个良辰吉日，通过"办酒"，向亲朋好友们"昭告"一下，同时也期盼得到人们的祝福。参加婚礼的人凑"份子"及主人备好酒菜款待宾客，也有亲友圈子里接纳新人的隐喻。无论初婚、复婚或再婚要不要办酒，皆属于由当事人自行决定的私域，主人待客的酒席用餐标准及烟酒规格数量，与各地的消费观念及物价水平有关，与主人的经济实力和行事风格有关，实在是无需政府发红头文件去"指导"的。

在涉及人们的婚姻问题上，政府所唯一能做的，就是由民政部门审核当事人是否符合结婚、复婚和再婚的条件，只要双方完全自愿，达到法定婚龄，非直系血亲和三代以内旁系血亲，没有医学上认为不应当结婚的疾病，发给他们结婚证并祝福他们就可以了。至于说他们要不要彩礼，要多少彩礼，是不是举行婚礼，婚礼办多大规模，酒席花费多少，交给当事人自己决定即可。政府不可能包办一切，老百姓也无需政府包办一切。政府的权力之手往笼子里缩一缩，大家反而会更轻松愉快一些，而这其实也是法治政府之要义。

"随份子"之礼尚往来

　　和一位工作不久的小伙子聊起他的收入，他说杂七杂八地加起来，每个月能有四千多块钱的进项。按说在济南这样一个消费水平不算高的城市里，这些钱足够他一个人生活了。不过小伙儿说有时候还得问家里要钱，"同学们陆陆续续结婚，得随份子，关系一般的三百五百，关系铁的就得千儿八百，一个月来那么三四个，工资就花得差不多了，还要付房租水电伙食费，有时候就得问父母要。"看来现在年轻人不仅有房子、车子的压力，还有这"天大的"人情呢。

　　中国确乎是一个人情社会，而人情最主要的体现就在于礼尚往来，最后则落脚在这"随份子"上。人们平日里还讲究个"十里不同风，百里不同俗"的，为了粽子是甜的或是咸的、过年是吃饺子还是吃汤圆，在网上口水仗打不停，但在随份子这事上，可就既无关南北，也不分东西了。所以我们会看到西南某市的消息，说同学在微信上发喜帖，等大家把份子钱转过去后，却发现同学收钱后把自己列入了黑名单！收钱的同学有点儿像貔貅，属于"只进不出"的主儿。过几天又有报道说，东北的同学结婚了，无锡的同学包了一张"新婚快乐！手头有点儿紧，红包先欠着，等哥们发达了，补你一个大的"的"欠条"；等到无锡同学结婚时，东北的同学欣然前往，只是其作为"回礼"的红包，既有无锡同学手书的原"欠条"，又有一张"抵消了"的白条，还真是"礼尚往来"呢。当然也有闹得脸面上都不好看的，有一"事主"设一"鸿门宴"，专请既不参加婚礼又不随份子的同学，这"礼不到"结下的"梁子"可是不易解的。当然还有一些替人"捎礼"的，事后委托人忘了这茬儿，受托人又不好意思要，只能赌咒发誓再也不干这吃哑巴亏的事了。在网上搜搜随份子的事，奇葩者还真不少，花样迭出。

随份子的事无分贵贱，每个人都会遇到，谁还没有个亲戚朋友呢！人们是不堪其扰，却又无可奈何。不过，这种无需约定却早已成俗的礼尚往来之举，在一个旁观者看来，却有其特殊的社会功能，只是我们身在其中，反而不知其所以然了。

曾在《中国人的素质》一书中将中国人的国民性写得颇为不堪的美国传教士明恩溥，还有一本流传甚广的书，就是《中国乡村生活》。明恩溥于1872年来华，在鲁西北传教三十年，社会学家李景汉说他在演讲的时候，带有明显的山东口音，可见他对中国农村生活的熟悉。当他观察中国人的时候，带着异域人独特的惊奇的眼光，寻找并揭示维系着中国人乡村生活秩序的各种纽带和习俗。比如在"乡村婚礼和葬礼"一节中，就有他对份子钱功能的解读。

明恩溥认为中国人和其他民族一样，也希望使婚礼成为一个喜庆场合，所以婚礼最常见的婉转的提法就是"喜事"，而喜庆的最高形式在中国则表现为吃。"如果中国人把某一事物变成了一门精确的科学的话，那就是吃。表达真挚友情的最好方式就是请一个人吃上一顿。"中国人的日常生活条件虽不宽裕，在婚礼中吃的开销却必不可少，而从吃的数量和频率来看，这类花费都会使哪怕是殷实的家庭也不得不叫穷。在这种压力下，中国人很早以前就发明了"份子"，人们正是借助"份子"，才得以摆脱婚礼筵席的经济负担。由于主人很少能够准确地预知出席婚礼的人数，所以酒饭必须按可能出席者的最大数目置办。"每位客人或每一家，不仅被期望着而且被社会礼节严格规定着，要为这类事物的花费捐出'份子'。'份子'有时是以实物形式捐出，但流行的做法是交钱，其数额依据每个人都准确领会了的标准而确立。"

婚礼上都有专门的财务委员会，在我们山西老家叫"礼房"，收管和登记客人捐来的钱款，"因为每个人都处在一个双重位置上，今天他是受赠者，而明天当对方家里有红白喜事时，他要回赠同样多的钱物，那时他又成了捐赠者。"每个人送礼的数量，视两家关系的亲疏而定，特别是要看以前在同样的场合下收到对方多少礼物而定。若谁家漠视这种还礼的数量要与收礼的数量相当这种不成文的"法则"，会被认为是对礼仪的严重冒犯。在现实生活中，"还礼"的数量其实还要考虑到社会变迁和物价上涨等因素。笔者听说老家发生过下面这样的事。改革开放前后那会儿的婚礼上，亲戚街坊一般随的"份子"是三块或五块，这在当时可是笔大数目呢。到二十世纪九十年代末期的时候，村里有一家人随礼还是三块五块，而那时的"行情"早已普涨到了五十或一百。人们对这家人的做法虽有非议，但也都能猜出个种原因，"可能是对着以前的礼账本来还礼的"。虽能理解，不过大家都认为这家人"不通人情"。上文提到的同学之间随"欠条"后收"欠条"，也正符合这种"还礼"的旧俗。

明恩溥的犀利之处，就在于他还观察到出席婚礼的几乎每位女宾，"必定会带来一个或几个胃口极好的孩子，这些孩子从宴会开始直到结束一直专注于埋头吃喝，他们的肚子就好像是个无底洞。"孩子们不用出礼钱，却会大幅度增加宴会的开销。看到这里，今天的人也会不禁莞尔，有时候听到人们说"把礼钱吃回来了"，就是这个意思。另外，如果主人准备的饭菜酒水档次较低，还会遭到宾客的埋怨，"抠门""吝啬"甚至人品低下的话也会四处传开。

在明恩溥的眼里，中国人表现喜庆的最高形式，是请大家"吃一顿"，是"独乐乐与众乐乐"的结合；而"随份子"则是"一家的事大家办"的互助的体现。正是这种随份子的礼尚往来，将乡土社会凝聚在一起，形成了和睦和谐的关系。从这个意义上说，随份子正是中国人解决一时困窘的"智慧"的体现。

这样一种根植于心的生活习俗，即便在二十一世纪的今天也不易消弭。只是如今的随份子有些变味儿。在一些村镇或县城，人们"办事"上瘾，儿娶女嫁办酒席自不必说，子孙的满月礼、周岁礼、十三岁生日礼；中年人逢四十、五十、六十等整寿的寿礼、老人的丧礼等，弄个名头就广撒请帖，即便只有一面之缘，都会"敬请光临"，将红白事变成了敛财手段。更恶劣的是一些小有职权的领导干部，将收"份子"钱变成纳贿的隐蔽手法，因为这种礼是有去无回、不尚往来的，而今这之所以成为反腐的一个阵地，也自有其道理在。

Lyonel Feininge（1871-1956）
Carnival in Arcueil

图书在版编目（CIP）数据

穿越古今的法律智慧／马建红著. —北京：北京大学出版社，
2022. 8

ISBN 978-7-301-33181-1

I. ①穿…　II. ①马…　III. ①法律—文化—文集　IV. ①D909-53

中国版本图书馆 CIP 数据核字（2022）第 132398 号

书　　　　名	穿越古今的法律智慧	
	CHUANYUE GUJIN DE FALÜ ZHIHUI	
著作责任者	马建红　著	
责 任 编 辑	柯　恒	
标 准 书 号	ISBN 978-7-301-33181-1	
出 版 发 行	北京大学出版社	
地　　　　址	北京市海淀区成府路 205 号　100871	
网　　　　址	http://www.pup.cn　http://www.yandayuanzhao.com	
电 子 邮 箱	编辑部 yandayuanzhao@pup.cn　总编室 zpup@pup.cn	
新 浪 微 博	@北京大学出版社　@北大出版社燕大元照法律图书	
电　　　　话	邮购部 010-62752015　发行部 010-62750672	
	编辑部 010-62117788	
印 　刷 　者	北京九天鸿程印刷有限责任公司	
经 销 者	新华书店	
	880 毫米×1230 毫米　32 开本　12.75 印张　207 千字	
	2022 年 8 月第 1 版　2025 年 5 月第 3 次印刷	
定　　　　价	69. 00 元